대한민국 미래경제를 살릴

바이오헬스케어

바이오헬스케어

초판 1쇄 인쇄 2016년 5월 1일
초판 1쇄 발행 2016년 5월 9일
초판 2쇄 발행 2016년 5월 16일

지은이_ 박종호, 임정희
펴낸이_ 전익균, 황선경

기 획_ 조양제
마케팅_ 정우진, 권태형, 김지혜
교 정_ 허 강
디자인_ 김 정
행 사_ 새빛에듀넷

펴낸곳_ 도서출판 새빛
전 화_ 02)2203-1996 팩스_02)417-2622
출판문의 및 원고투고 이메일_svedu@daum.net
홈페이지_ www.bookclass.co.kr
등록번호_ 제215-92-61832호 등록일자_ 2010. 7. 12

값 15,000원
978-89-92454-25-4(03350)

이 도서의 국립중앙도서관 출판시도서목록(CIP)은 서지정보유통지원시스템 홈페이지(http://seoji.nl.go.kr)와 국가자료공동목록시스템(http://www.nl.go.kr/kolisnet)에서 이용하실 수 있습니다.
(CIP제어번호: CIP2016009993)

대한민국 미래경제를 살릴

바이오헬스케어

대한민국 미래산업의 성장동력

박종호 & 임정희의 바이오헬스케어 산업 예측보고서

저자 박종호, 임정희

도서출판 새빛
SAEVIT

나는 21세기의 최대 혁신이 생물학과 기술의 교차점에서
이뤄지리라고 생각합니다

– 스티브 잡스

바이오톡톡, 바이오 전문가들의 수다를 엿듣다

어느날 사무실로 대학후배가 찾아왔다. 지금은 조그만 마케팅 회사를 운영하는 사장인데 같이 공부했지만 우리와 다른 길을 걸어가는 친구였다. 마케팅을 하는 친구답게 트렌드에는 밝았다. 그리고 바이오가 앞으로 반도체만큼이나 우리 산업의 주역으로 맹활약할 것이라고 큰 소리치기도 했다. 김선형이라는 이름의 그 친구와 나임정희 그리고 박종호 부사장이 사무실에서 나눈 이야기가 그대로 지금 우리 앞의 바이오헬스케어 산업에 대한 진솔한 이야기들이었다. 편안하게 얘기를 나누었더니 재밌는 얘기들이 많이 나왔다. 우리는 사무실에서 나눈 그 이야기들을 이 책의 머리말로 그대로 올리는 게 더 재밌을 거라 생각했다. 그래서 그때의 이야기들을 더듬어 정리해 보고자 한다.

김선형후배 형님들, 오랜만이십니다. 잘나가는 분야에 계셔서 그런지 뵙기가 힘드네요. 정희 형님은 대통령상까지 받고 대단하시네요. 종호 형님은 올해 올리패스로 대박치시는 거죠? 오늘은 두분을 붙잡고 바이오헬스케어에 대해 알고가야 할 것 같습니다. 그래야 두 형님들의 활약을 제대로 이해할 수 있을테니까.

임정희 너도 잘 알겠지만 그 시대의 트렌드를 알려면 서점에 가보라고 하더라. 엊그제 잠깐 서점에 들렀더니 바이오 관련 책들이 꽤 많이 나온 거야. 김치원 후배가 쓴 〈의료, 미래를 만나다〉도 눈에 띄고 〈바이오 대박넝쿨〉은 바이오 관련 기업들에 대해 일목요연하게 잘 정리되어 있더라. 예전에 황우석 때문에 전 국민이 줄기세포를 알게 되었듯이 최근 한미약품의 활약 덕분에 바이오헬스케어가 유망 투자분야라는 걸 모르는 사람이 없게 된 거 같아. 너도 우리 두 사람 얘기를 듣고 바이오헬스케어에 투자 해보는 게 좋을 거야.

박종호 선형이 너 술 좋아하지? 술이 사실 가장 기본적인 바이오야. 우리 인류에게 가장 오래된 바이오산업은 바로 술이지. 술을 만들고 파는 산업, 거기서 바이오는 시작된 거지. 막걸리도 바이오산업이고, 와인도 바이오산업이지. 오늘 아침에 너 뭐 먹었는지 모르겠지만 우리가 흔히 먹는 된장도 바이오산업이야. 우리는 그것들이 어떻게 부가가치를 올리는지 잘 몰랐을 뿐이야. 그저 경험으로만 축적된 거고 산업으로 발전하지 못했던 거지. 설사 산업으로 전환되었다고 해도 우리 생활과 멀리 떨어져 있다는 생각으로 가깝게 대하지 못했었지. 바이오는 우리 세명 이상으로 인류와 가깝게 붙어있었던 친구같은 존재야. 우리가 먹는 음식, 아플 때 소중한 약, 사고를 대비하는 보험, 1년에 한 번 이상은 찾아가는 병원이 다 바이오인 거지. 그것들이 이제 과학적인 배경과 이론적인 데이터로 무장해서 우리 앞에 서서히 모습을 드러내고 있는 거지.

김선형 근데 사실 바이오헬스케어라는 분야가 아직까지 조금 어려운 거 같아요. 용어도 어렵고. 조금 전에 종호형님의 박사학위 논문을 보니 무슨 얘기인지 도저히 모르겠더라구요. 온통 영어로 쓰여 있어서 더 그럴 수도 있고. (웃음) 저도 요즘 바이오 관련 서적을 조금 보기는 했지만 이해가 안 되는 얘기도 많아요. 그래서 형님들 두 분의 역할이 좀 필요할 거란 생각이 들어요. 이제는 일반인들에게 쉽게 이야기하는 바이오책이 있었으면 하는 마음이죠. 제가 이해하기 쉬우면 되요. 그러면 다른 분들도 쉽게 알아들을 거예요. 좀 전에 술 얘기는 아주 심하게 와닿습니다ㅎㅎㅎ.

임정희 종호형님하고 나하고 바이오벤처 분야 투자관련 일 많이 하고 있는 건 잘 알고 있지? 그 분야 일을 하다보니 그 흐름이 어디로 이어지는 지도 잘 보이더라구. 그리고 바이오헬스케어가 다양한 분야에서 일반인들 속으로 많이 스며들고 있는 추세지. 너 스마트폰 앱 검색을 해 보면 건강관련 앱이 꽤 많이 보일 거야. 그게 U헬스의 시작이지. 이미 해외는 바이오헬스케어 산업이 미래 먹거리라는 인식이 강해서 투자와 연구가 무지 활발하게 진행되고 있어. 우리나라는 이제 걸음마 단계지만 중국은 예전부터 국가차원에서 바이오산업을 육성하고 있거든. 마치 우주선 사업에 국가적 운명을 걸었던 것처럼. 이미 바이오는 생활이고 대세야. 우리 두 사람은 바이오를 많이 투자하는 벤처 캐피탈에 다니면서 바이오산업을 대중화시키는 데 앞장섰다고 볼 수 있어. 두 사람이 했던 바이오 대중화 작업을 정리해서 책으로 한번 내보자고 결심을 한 거지. 투자도 뭘 알아야 할 수 있는 거잖아. 잘 모르고 더듬 더듬 투자했다가는 낭패보기 십상이거든. 우리가 만들려는 책은 바이오에 대해 뭘 알게 하려는 책이 될 거야. 선배로서 너 같은 후배가 위험하지 않게 잘 투자하도록 알려주는 책이라 할 수 있지.

박종호 내가 너 알아듣기 편하게 다시 술 얘기로 설명할게. 술이 바이오산업이라는 건 이미 얘기한 거고. 술을 만들려면 두 가지 알콜 만드는 방법이 있어. 효모발효하는 방법과 석유에서 화학합성으로 만드는 방법. 우리는 화학합성으로 된 걸 먹지 않아. 모든 탄소 성분에는 알콜을 만들어 낼 수 있는 성분이 있는데 탄소성분에서 화학구조만 변형시키면 알콜이 되는 거야. 솔직히 얘기해서 석유에서 정제된 알콜 99.9%짜리는 발효알콜보다 더 깨끗하다고 할 수 있고 거기다가 첨가물을 타면 여러 용도의 유용한 알콜을 만들 수 있는 거지. 근데 그걸 먹지는 않아. 그 중 한가지 중요한 이유는 너무 비싸서 그래. 우리가 먹고 있는 알콜을 주정이라고 하는데 알콜 함유량 95%를 말해. 우리나라에 주정을 취급하는 회사는 진로발효를 포함해서 다섯 개 정도일 거야. 그 주정은 보통은 수입을 하는데 국세청에서 통제해서 배분을 하지. 주정에는 너도 어렴풋이 알고 있듯이 사탕수수에서 만든 게 있고, 고구마나 감자에서 만든 게 있지. 우리가 주로 마시는 소주는 다섯가지 주정을 다 섞어서 쓰는 거야. 그런데 다섯개 회사 중에서 주정을 구분해서 만드는 곳이 있어. 거기가 전라도쪽 보해양조지. 재밌지? 보해는 최근 주정공장을 상장시키기도 했어. 보해는 각 주정별로 소주를 따로 만들기 때문에 맛이 다 달라. 다른 소주들은 섞어놓고 주정맛을 균질하게 하기 위해 감미료를 쓰거든. 이런 게 다 바이오라 할 수 있지. 이런 술이 공장과 연계된 게 술 관련 바이오산업이고. 술을 만드는 효모자체를 연구해 보니 여러 영양성분 및 약으로 사용될 수 있는 성분이 있는 것을 알게 되었어. 그래서 주정을 만들기 위한 원재료인 사탕수수, 효모자체, 효모가 만드는 알코올 등을 상품화 하기 시작했지. 예전에 집에서 만들던 술이 산업베이스화 되면 산업바이오가 되고 의약품 개발로 가면 의약바이오, 환경 쪽이면 환경바이오가 되는 거야. 이해되지?

<u>**김선형**</u> 역시 제가 좋아하는 술 얘기로 설명하니까 귀에 쏙쏙 들어오네요. ㅎㅎㅎ 근데 바이오하면 의약품 쪽이 유망한 거 아닌가요. 한미약품의 활약도 그렇고. 제가 듣기로는 의약품 하나만 잘 개발해도 현대자동차 300만대를 파는 것과 비슷하다고도 얘기하던데.

<u>**박종호**</u> 바이오산업은 아무래도 식품 쪽보다는 의약품 시장이 비중도 높고 비전도 좋지. 의약품 같은 경우는, 한 번 개발에 성공하면 제약사는 특허 독점권을 바탕으로 10년 이상 많은 이익을 남길 수 있거든. 그래서 바이오의약품 개발은 '하이 리스크'이면서도 부가가치가 큰 '하이 리턴' 산업이라고 얘기하지. 그래서 삼성그룹도 IT 이후의 먹거리로 바이오에 주목하는 거고. 전 세계 바이오산업 관련 시장은 2020년까지 1조4000억달러약 1,33조 8,000억원 규모로 성장할 거야. 그동안 자동차, 조선, 반도체가 대한민국 경제를 이끌어 왔다면 이제는 바이오가 한국 사람들을 먹여 살릴 거야. 바이오산업은 국민 건강과 경제 성장이라는 두 마리 토끼를 한꺼번에 잡을 수 있는 산업이거든. 그래서 세계 각국에서는 바이오산업에 대한 투자를 점점 늘리고 있고 바이오관련 주식의 가치가 계속 치솟고 있지. 바이오산업은 우리나라와 같은 협소한 국토와 빈약한 자원을

가진 나라에는 가장 효용성 높은 산업이라 할 수 있어. 의약품 같은 경우는 죽고 사는 문제니까 가격이 가장 중요한 요소는 아니야. 그러니 부가가치가 유독 높아. 그런 걸 확실히 인식하게된 것이 지놈 프로젝트 이후지. 그 이후로 바이오산업에 대한 발전 속도가 엄청 빨라졌어. 속도가 빠르다고 부가가치가 바로 높아지는 건 아니야. 변화가 빠르니 전문가들의 영역이 되고 일반인들과 괴리가 생긴 거지. 바이오산업이 생활과 멀어진 게 그런 이유야. 그런데 언젠가 일반인들이 바이오에 대한 이해도가 급속도로 높아진 사건이 있었지. 너도 잘 아는 바로 황우석 사태. 황우석 이후 일반인들도 줄기세포라는 걸 알게 되었어. 사실 줄기세포는 몇십년 전부터 연구했던 것으로 백혈병 치료할 때 쓰는 게 줄기세포야. 그게 갑자기 떠서 배아줄기라는 개념으로 정부지원금을 받고 홍보되기 시작한 거야. 복제인간 이야기도 그때 나왔고 영화에도 바이오가 주인공이 되기 시작한 거지. 복제의 경우는 낙타를 복제하면 다 끝난다고 얘기해. 낙타가 유전적으로 제일 복잡하기 때문에 그래. 낙타복제를 하면 인간복제는 너무 쉽다고 얘기하지. 줄기세포는 크게 성체줄기세포와 배아줄기세포로 나눠. 줄기세포는 말 그대로 씨앗이거든. 세포의 씨앗이고 어떻게 변할지 모르는 만능 씨앗이야. 우리나라의 경우 현시점에서 성체줄기세포는 글로벌 경쟁력을 갖추었는데 배아줄기세포는 뒤처져 있는 상태야. 배아줄기연구를 엄청 까다롭게 하여 연구하기 힘들게 했기 때문이야. 연구비용이 올라가니 그걸 연구하려는 사람이 없어진 거지.

임정희 우리나라는 앞으로 바이오산업으로 먹고 살아야 할 거야. 지금까지도 사실 바이오가 생활속에 있었지만 이제부터는 본격적으로 돈 벌이가 되는 바이오산업으로 나가야 해. 종호형님이 쉽게 설명한 술도 그렇고, 식품도 그렇고, 의약품은 더더욱 세계적 경쟁력을 갖춘 산업으로 키워야 할 때야. 앞으로 의료비에 대한 지출은 점점 늘어갈 거야. 고령화 비율이 높아지면 더 그렇게 될 가능성이 높지. 이렇게 되면 의료비를 감당하지 못하는 사람도 늘게 되고 복지에 대한 수요 증가로 의약품 소비는 꾸준히 상승곡선을 보이게 되어있어. 급증하는 의료비를 절감하면서 환자를 제대로 치료할 수 있는 방법은 바이오뿐이지 않을까. 앞에서 종호형님도 줄기세포 이야기를 잠깐 언급했지만 우리나라는 줄기세포 치료제 분야에서 어느 정도 두각을 나타내고 있는 게 사실이야. 세계적으로 허가된 줄기세포 치료제 6개 중 4개가 국내에서 개발되었거든. 우리나라가 IT에 경쟁력이 있잖아. 선형이 너도 IT쪽 사업을 해서 잘 알겠네. 이 IT와 바이오가 결합하면 대단한 시너지효과를 발휘하게 되지. 의료패러다임이 맞춤의료, 유전체의학 등으로 바뀌면서 한국만의 첨단융합기술이 바이오와 접목되면 분명 우리나라는 글로벌 강자의 자리에 올라 설 거라고 이 형은 확신한단다.

김선형 IT와 바이오의 결합이라. 멋진데요. 정부 쪽은 어때요? 아까 중국이 국가의 운명을 걸고 바이오에 집중한다고 했는데 우리나라는 너무 늦은 거 아녜요. 반도체처럼 세계를 주도하려면 국가에서 뭔가 강력한 지원이 있어야 하지 않을까요?

박종호 맞아. 자원이 부족한 우리나라는 특히 국가주도로 산업을 성장시켜야 세계적 경쟁력을 빠른 시간 안에 갖출 수 있지. 다행히 바이오산업에 대한 중요성을 정부에서도 충분히 인식하고 각종 정책을 개발하고 지원을 추진하고는 있지. 박근혜 정부의 국정과제인 창조경제 실현계획 2013.6., 제3차 과학기술기본계획 2013.7., 경제혁신 3개년 계획 2014.1., 성장과 복지를 위한 바이오 미래전략 2014.7. 등으로 바이오테크놀로지 관련 산업을 육성하고 지원하는 정책이 다수 포함되어 있고 적극적으로 추진하고 있는 걸로 알고 있어. 그게 잘만 되면 ICT와 같이 다른 분야와의 융복합 등을 통한 신산업 및 일자리 창출에도 기여하게 될 거야. 세계 미래학회 '20대 미래예측분야' 및 '유엔미래보고서' 등과 같은 '미래 예측보고서'에 따르면 건강 · 의료 · 식품 등 바이오 관련 산업이 아주 중요하게 다루어지고 있거든. OECD는 2030년경에 바이오테크놀로지와 타 기술이 융합하여 글로벌 경제에 대규모 변화를 가져오는 바이오경제시대로 진입할 것으로 전망하고 있어. 바이오는 이미 글로벌 경제의 주인공이라 할 수 있지. 자료를 잠깐 보면 앞으로 세계 의약품 시장은 500대 제약회사 및 바이오 회사 기준으로 7,430억달러 규모로 추정되고, 연평균 4.8%로 성장해서 2020년에는 9,870억달러 규모로 엄청 늘어날 거야. 이 정도 전망이면 투자 안할 수 없지 않겠니. 바이오 인재들도 점점 늘어나고 있어. 2000년대 이후 바이오 제약 분야에는 대학의 우수인재들이 모여들기 시작했지. 우리 올리패스에도 똑똑한 친구들이 많이 왔어. 대학학과도 생명공학관련 학과가 인기 급상승 중이야. 바이오의약품 중에서 바이오시밀러 등은 과학기술 발진에 따라 성장 가능성이 무궁무진하거든. 특히 우리나라 사람들이 자주 아파하는 암, 당뇨병, 류머티즘, 관절염과 같은 질환을 치료하는데 바이오시밀러는 아주 큰 비중을 차지하게 될 거야.

임정희 바이오벤처 쪽은 내가 설명을 덧붙일게. 요즘은 기술력 있는 바이오기업들이 많이 늘어나고 있는 거 같아. 벤처캐피탈협회에 따르면 국내 벤처캐피털들이 바이오 · 의료 분야에 투자한 규모는 2013년 1463억원에서 지난해 2928억원으로 증가했지. 1년 만에 투자액이 1500억원 가량 늘어난 거야. 엄청나지. 경쟁력 있는 기업에는 대규모 펀딩자금 조달이 상시적으로 이뤄지고 있는데 유전자 줄기세포 치료제 개발사인 제넥신은 최근에 벤처캐피털 등 기관투자가들에게서 500억원에 이르는 투자유치에 성공했거든. 이 정도 펀딩이라면 왠만한 외국 바이오 기업들에도 절대 밀리지 않는 액수야. 기술력만 받쳐주면 글로벌 경쟁도 충분하다는 거지. 밴처캐피털 업계에서는 우리나라 바이오의약품 기술 수준이 선진국과 비교해서 여전히 격차가 있지만 기술 · 자금 · 인재가 몰리고 있는 만큼 해 볼 만하다는 분위기가 자리 잡고 있지. 작년에 바이오 관련 투자가 IT 분야를 제치고 1위를 차지한 게 그 증거 아닐까 싶네. 선형이가 지적한 것처럼 정부지원도 구체적으로 진행되고 있어. 정부에서도 기술성 특례제도, 우회상장 등으로 바이오벤처의 성장을 돕고 있거든. 바이오산업은 분명히 말하지만 황금알을 낳는 미래산업이야. 이건 선택의 문제가 아니라 필수사항이지. 할까 말까의 문제가 아니라 꼭 해야하는 분야가 바이오산업인 거지. 투자도 마찬가지지. 자동차나 반도체같은 옛날 산업에서 더 이상 고수익을 기대하기는 힘들어. 이제는 바이오를 알고 바이오에 투자하는 시기지. 쥬라기공원, 스파이더맨, 아바타, 아일랜드 같은 영화를 봐. 바이오가 그냥 미래사회를 대변한다는 생각이 들 거야.

우리 두 사람을 만나러 사무실에 찾아온 김선형 후배는 바이오에 대한 우리 얘기를 자세히 들어보고자 녹음까지 다 했다. 지금 이 내용들은 녹음한 내용을 재구성해서 정리하였다. 바이오산업은 미래사회로 가는 게이트다. 미래사회에 앞서가려면 준비해야 한다. 이 책을 통해 바이오산업, 더 구체적으로 바이오헬스케어 산업에 대한 이해를 높여 미래 고수익 투자분야의 선도자가 되자. 특히 우리나라는 꼭 그래야 한다. 우리 두 사람은 그동안의 바이오산업 투자에 대한 모든 노하우를 이 책에 결집시켜 여러분들이 바이오헬스케어 산업을 보다 쉽게 이해하고 투자에 직접 적용할 수 있도록 계속 도울 것이다.

혼자가면 꿈이지만 함께가면 현실이 된다는 얘기가 있다. 우리 둘과 손잡고 가면 황금알을 낳는 미래가 여러분 눈앞에 활짝 펼쳐지게 될 것이다. 이 책이 그 세계로 가는 에너지가 되기를 빈다.

박종호, 임정희

차례

대한민국을 이끌 바이오 리딩기업

국내 제약산업 사상 단일 최대 규모인
4조8천억원대의 기술을 수출한 한미약품.
세계 4번째로 보툴리눔 톡신 제품개발에 성공한
한국 바이오제약 산업의 선두기업 메디톡스,
차세대 항체융합단백질을 연구개발하고 있는 제넥신,
RNA표적치료제 신약개발이 가능한
플랫폼기술 원천특허를 보유하고 있는 올리패스 등
바이오산업의 선두에 서 있는
이들의 활약을 보면서
한국 바이오산업의 미래를 예측합니다.

1. 한미약품

오픈 이노베이션으로 글로벌 기업 진입!

1973년 임성기제약으로 출발한 한미약품은 제네릭제품을 특유의 뛰어난 업력으로 병원들에 납품하는 수많은 국내제약사들과 다를 바 없는 기업이었다. 그러나 신약개발에 전사적인 노력을 기울이기로 한 후 최근 국내 제약기업의 수준을 높이는 선도기업으로 탈바꿈하고 있다. 또한, 해외시장 개척에도 적극적으로 나서고 있는데, 1996년 어린이 의약품 판매를 시작으로 중국시장에 진출하여 북경한미를 설립하였으며 의약품 연구개발에서부터 생산까지 전 과정을 수행하는 독자법인 형태로 시장을 공략하고 있다. 주요 기술개발로는 2000년부터 6년간 개발한 랩스커버리기술을 적용하여 인체 내에서 약효 유지기간이 짧은 단백질의약품의 단점을 자체 개발한 바이오캐리어를 장착해 극복한 기술이며 오라스커버리 기술을 적용하여 주사용 항암제를 경구제로 전환하는 기술 등도 추진하고 있다.

한미약품은 2015년 들어 총 6건의 기술이전계약을 체결하는데 성공하였으며 계약액은 약 7조8천억원 규모에 해당한다. 이는 2013년 기준 국내 제약산업 시장규모 19조 3천억원의 40%에 해당하는 엄청난 실적이다. 이 기술은 랩스커버리LAPSCOVERY: Long Acting Protein/Peptide Discovery를 적용한 지속형 당뇨 및 비만신약 파이프라인이라 할 수 있다. 랩스커버리를 적용한 당뇨 신약인 퀀텀 프로젝트를 프랑스 사노피사에 계약금 4억유로약 5천억원와 임상시험,허가, 상업화에 따른 단계별 마일스톤으로 35억 유로약 4.3조원를 받는 조건으로 기술수출됐다. 또한 자체개발 신약인 옥신토모듈린 기반의 당뇨 및 비만 치료제에 대해서는 미국 제약사 얀센과 개발 및 상업화에 대한 라이센스 계약을 맺었다.

한미약품의 이러한 성과는 기술과 제품에 대한 이해도가 높은 오너가 지속적으로 10여년간 꾸준한 투자를 진행해온 것이 큰 성공배경이라 할 수 있다. 한미약품의 그 기간 동안 추진해온 연구개발 투자는 매출액의 20%에 달할 정도이다. 2015년 12월 24일 데일리팜 제약산업 미래포럼에서 이관순 대표는 다국적 제약사와의 지속적인 만남을 가지는 것이 중요하다고 밝혔다. 데이터가 없어도 만나고, 있어도 만나 이해를 구하는 과정을 반복했다고 밝혔다. 또한 신약개발에 있어 중요한 것은 속도라고 밝혔다. 즉 3개 과제 중 1개를 선택해서 6개월 내 임상을 진입하기 보다 3개를 동시에 임상진입해야 한다는 것이다. 한미약품은 이러한 신속한 의사결정과 임성기회장의 전폭적 지원으로 릴리,사노피,베링거인겔하임,얀센 등 4개의 빅파마와 연이은 계약에 성공했다. 한미약품은 500여 명의 R&D 연구인력이 경기도 동탄에 위치한 연구센터를 중심으로 팔탄 제제연구소, 서울 한미약품, 자회사인 한미정밀화학연구소, 중국 북경한미약품유한공사 연구센터에서 연구활동에 매진하고 있다. 2005년 매출액의 8.6%에 해당하는 325억원을 R&D에 투자했고, 2013년에는 1155억원, 2014년에는 1525억원, 지난해에는 1871억원으로 R&D 투자액을 늘려왔다.

그 결과 기술수출에 성공한 주요 프로젝트들의 현재 가치는 약 6조 7000억원으로 추정된다. BTK 저해제HM71224는 지난해 3월 미국 일라이 릴리와 기술이전 계약을 체결했으며, 계약규모는 6억9000만달러로 계약금만 5000만달러에 달했다. 내성표적 폐암신약 후보물질은 지난해 7월 스위스 베링거인겔하임과 총 계약규모 7억3000만달러, 계약금 5000만달러 규모의 기술이전 및 글로벌 판권 계약을 맺었다. 프랑스 사노피 아벤티스와 체결한 '퀀텀 프로젝트' 기술수출은 계약금 4억유로, 마일스톤 35억유로 규모로 국내 제약 역사상 최대 규모 기술수출 계약으로 꼽힌다. 여기에다 미국 얀센과는 새로운 기전의 비만치료제HM12525A와 관련된 기술이전 계약을 총 9억1500만달러 규모로 체결했다. 계약금은 1억 500만달러 수준이다. 한미약품 관계자는 "지난해 대규모 계약 등에 힘입어 사상 최대 규모 매출을 기록했다."며 "오픈 이노베이션 전략에 기반한 지속적인 R&D 투자와 국내외 시장에 대한 균형 있는 공략으로 지속발전 가능한 성장모델을 구축하는 데 집중할 것."이라고 말했다.

한미약품 미래 전략의 핵심은 '오픈 이노베이션개방형 혁신'으로 요약된다. 오픈 이노베이션은 조직 내부에 국한돼 있던 R&D 활동을 조직 외부로 확장해 아이디어와 자원을 함께 활용함으로써 혁신에 소요되는 자원과 시간을 절약하고 성과를 극대화하는 전략이다. 한미약품은 1월 21일 서울 신라호텔에서 오픈 이노베이션 포럼을 개최해, 기업 · 대학 · 연구소들과 긴밀하게 협력하고 한미약품의 신약 파이프라인을 확장하겠다는 의지를 분명히 했다. 이를 위해 한미약품은 연구개발 협력부서 'eR&DExternal R&D팀'을 구성했으며, 전략적 투자와 공동개발을 위해 크리스탈지노믹스, 알레그로Allegro 등 국내외 연구기관이나 바이오벤처와 적극적인 협력전략을 펴고 있다. 향후 자원 공유와 투자 활성화를 위해 투자회사도 설립할 계획이다.

2. 메디톡스

재무적 투자자, 전략적 투자자가 성장시킨 좋은 사례

메디톡스는 카이스트 출신 정현호박사에 의해 2000년 5월 설립되었다. 메디톡스는 설립 시부터 벤처캐피탈들KDB 산업은행, 한국기술투자, 우리기술투자, 현대기술투자이 참여하였으며 태평양제약도 참여하여 재무적 투자자인 벤처캐피탈과 전략적 투자자인 제약회사가 성장시킨 좋은 바이오벤처 성공사례라고 할 수 있다.

보톡스는 피부미용분야의 미간 주름 적응증 및 치료제 분야의 소아뇌성마비, 안검경련, 사시, 경부근긴장이상, 원발성 겨드랑이 다한증, 근육강직 적응증 등에 사용되고 있으며 당시 시장 선점제품인 Allergan 사의 Botox 제품과 생물학적으로 동등성을 인정받아 임상 1,2상이 면제되어 2001년 Neuronox시험방법 승인을 얻고 2004년 3월 임상3상을 완료하였다. 그리고 3상까지 빠른 수행을 통해 2006년 3월 메디톡신 제품으로 시장출시할 수 있었다. 선도제품 Botox 대비 우수한 품질과 70% 수준의 가격 경쟁력으로 국내시장에서 점유율을 확대하고 있으며 일본, 인도, 태국 등 아시아시장 중심으로 Neuronox제품명을 판매확대하고 있다.

2008년 101억, 2009년 172억, 2010년 230억, 2011년 259억, 2012년 362억, 2013년 391억, 2014년 758억, 2015년 885억원 매출을 달성하였으며, 2010년 전세계 M/S가 0.9%에서 2015년 2.5%로 증가하였다. 2014년 1월에는 차세대 보톨리늄 독소제품 제조기술을 미국 Allergan 사에 계약금을 포함해 362백만달러에 기술수출을 계약하였다. 제품 판매에 대한 로열티는 별도이다. 2015년 885억 매출액, 517억 영업이익, 420억 당기순이익을 달성하였으며 메디톡신 및 히알루론산 필러인 뉴라미스가 성공적으로 시장에 진입하였다.

메디톡스는 연결 재무제표 기준 2015년 영업이익이 516억6000만원으로 전년보다 3.4% 증가했다. 같은 기간 매출액은 885억원으로 16.6% 늘었고, 당기순이익은 420억원으로 3.8% 감소했다. 메디톡스는 대표 품목인 보툴리눔 톡신 제제 '메디톡신'이 국내와 해외에서 꾸준한 매출을 이어가는 가운데 히알루론산 필러 '뉴라미스'가 전년 대비 280% 성장하면서 창사 이래 최대 실적을 경신했다. 메디톡스의 지난해 제품 총 판매액은 777억원으로 전년 동기 484억원 대비 61% 증가했다. 정현호 메디톡스 대표는 "지난해 또 다시 사상 최대 실적을 경신했다."며 "올해는 해외 마케팅 강화, 해외 법인 설립 확대 등을 통해 세계 시장 공략에 더욱 집중하겠다."고 말했다

3. 제넥신

독자적 항체의약품 개발기술과 유전자치료제 기반기술 보유

제넥신은 1999년 포스텍 성영철교수가 창업한 바이오기업으로 바이오 신약개발을 진행 중에 있다. 제넥신은 크게 두 가지 기반기술을 보유하고 있는데 첫 번째는 하이브리드 Fc라는 독자적 항체의약품 개발 기술을 통해 반감기를 연장시킨 것이며, 두 번째로는 유전자치료제 기반기술이다. 하이브리드 Fc기술은 항체 양쪽에 치료용 단백질을 부착하고 면역로블린 IgD와 IgG를 조합한 하이브리드 Fc역을 결합하는 기술이다. 항체의 Fc를 통해서 반감기 연장을 유도하여 기존 치료용 단백질보다 지속성능력을 향상시킬 수 있다. 이 기술은 EPO의 지속성 신약인 GX-E2 녹십자 제휴 등 여러 제품에 적용되고 있다. 세 번째로 유전자치료제 기반기술이 있는데 2014년 3월, 유전자치료제인 GX-188E를 통해 바이러스에 의해 변형된 전암세포를 선택적으로 제거할 수 있는 혁신신약으로 임상 2상 승인을 받았다. 이는 자궁경부전암 외에도 두경부암 등 다수의 적응증으로 확대가 가능할 것으로 전망된다.

제넥신은 국내 5번째로 기술성평가를 통해 2009년 9월 15일 코스닥시장에 상장하였다. 2012년 3월, 기술성평가 기업에 한해 매출액이 30억이

미달되어 관리종목으로 편입되는 등 많은 어려움을 겪었다. 이후 2012년 한독약품으로부터 투자유치에 성공하면서 바이오벤처의 개발능력과 제약사의 제품완성능력이 상호보완적인 역할을 할 수 있는 사례로 자리매김할 수 있었다. 2013년 12월, 터키 ILKO사와 ILKOGEN이라는 조인트벤처를 설립하여 제넥신이 개발한 유망제품들을 유럽지역으로 빠른 시일 내로 진입시킬 수 있는 발판을 마련하였다.

제넥신은 2014년 4월에 1천억원 규모로 조성된 글로벌제약펀드 1호 투자업체로서 120억원을 유치함으로써 약진의 발판을 마련할 수 있었다. 2015년 8월에는 해외경험이 풍부한 전문 경영인 경한수대표를 영입하는 등 글로벌시장을 진입하는 벤처기업으로서 역량을 높였다. 2016년까지 제넥신은 총 1,906억원 기술수출계약을 체결하였으며 이는 빈혈치료제, 자궁경부암 치료백신 등 다양한 제품에서 발생하고 있다. 또한 그 계약 상대방도 중국 태슬리, 상하이 키모완방, 터키 일코제약 등으로 하였으며 2015년 매출은 325억, 영업이익은 10억원으로 흑자전환하였다.

제넥신은 지금까지 총 1906억원의 기술 수출을 기록했다. 제넥신은 빈혈치료제, 자궁경부암 치료백신, 유전자 치료제 등을 개발하고 있는 바이오 벤처기업이다. 이 회사는 중국 태슬리 및 상하이 키모완방, 터키 일코제약 등 해외 제약사에 기술을 이전하는 계약을 맺었다. 기술 수출에 따라 계약금을 받으면서 이 회사의 매출은 전년166억원보다 두 배가량 늘어난 325억원을 기록했다.

4. 올리패스

RNA 표적치료제 신약개발이 가능한 플랫폼 기술 원천특허 보유

올리패스 주식회사대표이사 정신는 2006년에 의약개발을 위한 플랫폼 기술인 "RNAm Olipass Oligonucleotide" 기반기술을 개발하고자 대표이사이자 창업자인 정신박사가 설립한 회사이다. 단백질 합성의 중간 단계에서 RNA를 직접 조절modulation, RNAm하는 새로운 약물인 'Olipass Oligonucleotide올리패스 올리고뉴클레오타이드'는 기존 RNA 간섭interference, RNAi 인공유전자 치료제가 가지고 있는 신약개발 과정에서의 어려움을 극복하고 세포투과성이 우수하고 핵산에의 결합력이 강한 새로운 기반기술로서 원천기술특허를 확보한 상태에서 현재 다양한 신약을 개발하고 있는 중이다. 회사의 본사는 경기도 용인시 동백에 위치하고 있으며 2015년 12월 기준 60여명의 직원 중 75% 이상의 연구인력을 보유하고 기술개발에 매진하고 있고자 관련연구에 필요한 인공유전자 합성 및 생산, 효능평가 등 대부분의 연구역량을 회사 내부에 보유하고 있다. 또한 중, 단기적인 회사발전 모델로 글로벌 대형제약사에 기술수출을 추진하고 있으며 장기적으로는 회사에서 직접 신약개발을 추진하는 역량을 키우고 있는 중이다.

핵심인력으로 대표이사이자 발명자이신 정신박사는 서울대 화학과를 졸업하고 미국 콜럼비아대학교에서 화학전공으로 박사학위를 취득한 이후 미국 쉐링푸라우 연구소에서 신약개발에 대한 연구활동을 하고 국내에 귀국하여 아모레퍼시픽 기술연구원 신약개발팀장을 거쳐 본 회사를 창업하여 본인이 발명한 기술로 신약개발을 현재까지 진행하고 있다. 올리패스 주식회사 기반기술의 가장 중요한 특장점은 다음과 같이 표현될 수 있는데 가장 먼저 RNA 타켓 의약품이 효능을 나타내기 위해서는 세포 내로 들어가야 한다는 점이다. 그러나 기존 기술은 아주 적은 농도의 약물이 세포 내로 들어가 효능을 나타내기 위해서는 매우 큰 어려움이 있다. Olipass Oligonucleotide는 아주 우수한 세포투과력을 가지고 있어 세포 및 동물에 있어서 효능이 잘 나타난다. 또한 세포투과력 뿐만 아니라 물에 대한 용해도도 높아 치료제를 개발하기 위한 다양한 제형에 적용되어 주사제, 피부도포, 경구제형 모두 개발이 가능하다는 특징을 가지고 있다. 아주 적은 농도로 사용이 가능하다는 특징은 실제 약으로 개발되었을 경우 저렴한 약가로 개발가능하다고 할 수 있다.

올리패스 주식회사의 기술은 기반기술로 다양한 치료제를 개발하는데 활용될 수 있다. 2016년 현재 올리패스 주식회사는 크게 4가지 카테고리에서 신약을 개발하고 있는데 삶의 질 개선분야에서는 신경병성 통증치료제, 제2형 당뇨치료제 등을 개발하고 있고, 항암제 분야에서는 특히 고형암치료제 분야를, 피부치료제 분야에서는 발모제와 주름개선제를, 희귀질환치료제에서는 근위축증치료제 등을 개발하고 있다.

올리패스의 배경기술에 대한 설명

현재 의약품으로 쓰이고 있는 약물은 저분자 화합물과 단백질, 항체, 백신 등을 포함한 바이오의약품 및 천연물의 3종류 범주로 크게 분류할 수 있다. 저분자 화합물은 보통 분자량이 500달톤dalton 이하이며 친수성hydrophilic과 친유성lipophilic을 적절하게 가지고 있어, 확산passive diffusion 현상으로 세포막을 비교적 쉽게 통과할 수 있는 물질들이다. 저분자 화합물은 대규모 생산의 용이성, 상대적으로 저렴한 생산비용, 경구로 투여가 가능하다는 편의성 등으로 지금까지 개발된 의약품의 절반 이상을 차지하고 있으며, 현재 제약회사들의 신약 파이프라인에서도 여전히 상당 부분을 차지하고 있다. 추출물 형태의 천연물 의약품은 가장 오래 동안 쓰여 온 약물로 저분자 화합물의 모티브가 되기도 했고, 각국마다 다양한 경로로 널리 사용되고 있다. 그러나 추출물 형태의 천연물 의약품은 대부분 비교적 가벼운 질병의 치료나 대중요법으로 활용되며, 중대한 질병에 그 자체로 주 치료제가 되는 경우는 거의 없다.

1973년 단백질 재조합 기술recombinant protein technology의 개발 이후 본격 개발된 단백질 의약품과 항체 의약품은 현재 가장 활발하게 연구 개발되고 있는 분야이다. 단백질 의약품, 특히 항체의 경우 체내 타겟에 대한 특이성target specificity이 저분자 화합물에 비해 높다는 장점이 있다. 또한 산업적으로는 단백질, 항체 모두 저분자 화합물 대비 훨씬 복잡한 구조를 가지고 있어 특허만료 후에도 쉽게 복제약generic 의약품이 나오기 어려우며, 복제약이 나와도 바이오시밀러biosimlar일 뿐 오리지널 약과 똑같은 약으로 인정받는 것이 아니어서 오리지널 약품의 매출은 유지되는 경향을 보인다. 그러나 높은 생산비용과 주사제로 밖에 투여될 수 없다는 투여경로의 한계가 있고, 근본적으로는 저분자 화합물과 유사한 작용기전을 가지고 있어 치료방식에도 한계가 존재한다. 다시 말해 저분자 화합물과 단백질 의약품은 체내에 투여되면 세포막의 수용체receptor나 특정 효소 등에 결합하여 이들의 작용을 억제하거나 활성화시키는 역할을 한다. 만약 체내에 특정 수용체나 효소 자체가 잘못된 형태로 생산된 경우 이 기능을 저해할 수 있지만 정상화시킬 수 없다는 한계가 존재한다. 또한 A라는 체내의 수용체와 A1이라는 수용체가 형태적으로 매우 유사하게 생긴 경우 A1만 선택적으로 저해하기는 매우 어려우며, A1까지 저해하는 경우 약물의 부작용이 발생할 수 있다. 항체의 경우 특이성이 존재하지만 세포 내로 투과할 수 없으며 타겟에 따라서는 항체를 통한 저해가 불가능하다.

따라서 기존의 저분자 화합물과 단백질 의약품으로 해결할 수 있는 약물의 타겟은 점차 고갈되고 있으며, 이 같은 한계로 인해 2000년대 이후 상당히 많은 제약회사들이 더 많은 비용을 R&D에 투여하고도 허가 받는 신약은 적어지는 현상을 겪고 있다. 이러한 시장 상황에서 이를 해결할 기술 분야로 RNA 조절 치료제RNA modulation therapeutics가 주목 받고 있다. 질병 치료를 위해 RNA를 조절하는 방법은 크게 세 가지로 나눌 수 있다. 세가지 기술에는 인공유전자를 사용하되 체내의 단백질 번역 조절 메카니즘을 그대로 이용하는 RNA 간섭RNA interference, RNAi 기술과 전통적 올리고뉴클레오타이드oligonucleotide를 이용하는 기술, 그리고 steric blocking을 통한 새로운 안티센스 올리고뉴클레오타이드oligonucleotide 기술 등이 있다.

그 중 RNAi현상은 핵속의 pre-microRNApre-miRNA 또는 siRNA가 세포질로 이동한 후 RNAi복합 단백질에 결합하여 표적 mRNA의 특정 위치에 결합하여 mRNA가 잘려나가는 3단계로 이루어진다. 이러한 RNAi 기술의 발견으로 표적 유전자에 대한 기능 분석이 확대되면서 유전적 변형에 의한 뇌질환, 심혈관 질환 및 암을 유발하는 유전자에 대한 표적 RNAi screening 기술이 활발히 진행되고 있어 치료약물 개발가능성에 대한 산업적 가치가 매우 큰 것으로 평가받고 있다. 이러한 RNAi 기술에 대한 높은 평가는 RNAi 기술이 가지고 있는 표적 유전자에 대한 특이적 결합과 낮은 농도에서의 효과적인 활성도라는 장점을 가지고 있기 때문이다. 다만 RNAi는 mRNA의 특이적 결합을 통한 표적 단백질의 발현 억제효과가 뛰어남에도 불구하고, RNAi기술을 이용한 치료제 개발로서의 한계도 있다. RNAi기술을 통한 치료제 개발을 위해서 많은 연구진들이 공통적으로 고민하고 있는 것은, 세포 내에서의 1) 지속적인 활성 유지와 2) 세포 내 투과성과 관련한 것이다. 또한 RNAi는 체내 시스템을 이용하기 때문에 DNA 또는 RNA의 기본 구조에 많은 변형을 시킬 수 없다는 근본적인 문제가 있다. 변형이 많이 된 DNA 또는 RNA 구조는 체내에서 RNAi 경로를 이용할 수 없기 때문이다. 세포 내 RNase에 의해 분해되기에 실제 생체 내에서 활성을 나타낼 수 있는 시간이 제한적이고, 저분자 화합물 의약품과 달리 분자량이 매우 크기 때문에 단독으로 세포막 투과가 어렵다는 한계를 지니고 있다. 세포 내로의 투과성을 높이기 위해 바이러스 벡터아데노바이러스, 레트로 바이러스, 렌티 바이러스를 이용한 RNAi 전달체를 개발되고 있으나, 바이러스성 전달체는 숙주의 염색체 내로 이입

될 경우 숙주 유전자의 정상 기능의 이상을 유발할 수 있는 안전성의 문제가 있어 대체 전달 방법이 요구되고 있다.

일부 PNA 모노머에 "양이온성 지질" 치환기 도입

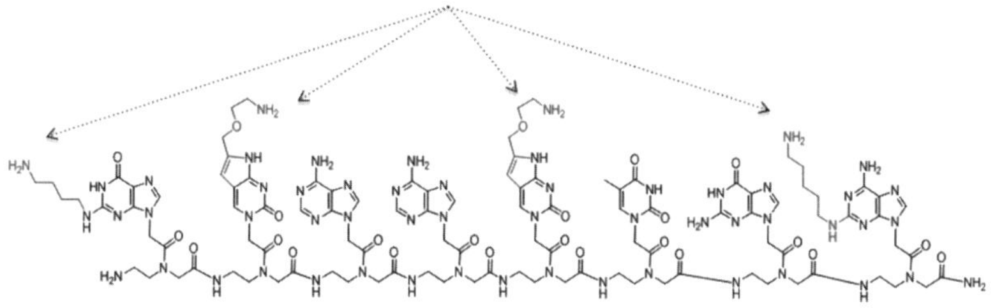

이러한 시장상황에서 RNAi의 특이적 결합이라는 장점과 저 농도에서도 세포 내 표적 단백질의 효율적인 억제 효과를 지님과 동시에, RNAi의 세포 내 투과성의 한계를 극복하는 표적 유전자에 대한 치료제로 대두되고 있는 것이 안티센스 올리고뉴클레오타이드 Antisense Oligonucleotide, ASO 기술이며 국내에서 이러한 기술을 보유하고 있는 기업이 바로 올리패스 주식회사이다. 2006년에 설립된 올리패스 주식회사는 ASO의 세포 내 전달 효율성을 향상시키기 위해, ASO에 생체 적합성 고분자인 폴리에틸렌글리콜PEG;polyethylene glycol 등의 친수성 물질을 단순 공유결합 또는 링커-매개linker-mediated 공유결합을 이용하여 접합시킨 접합체를 통해, ASO의 안정성 확보 및 효율적인 세포막 투과성을 위한 기술을 개발하여 대한민국 등록특허 공보 제0466254호 암, 비만, 치매, 당뇨 등의 난치성 질환을 안전하게 치료할 수 있는 유전자 치료제 개발의 핵심 기술인 "세포투과성이 우수한 OliPass 인공유전자"를 개발하였다. 올리패스가 보유한 기

술은 '리보핵산 조절RNAm, RNA Modulation' 현상을 이용하는 인공 유전자 제조로 특정 RNA가 다른 RNA에 달라붙어 그것을 활성화 또는 비활성화 시키는 것을 포함하여 RNA 및 pre-mRNA 등을 조절하는 것을 말한다. OliPass 인공유전자는 이러한 RNA 조절을 이용한 세포투과성이 우수한 인공유전자 플랫폼 기술로써, 이를 이용하면 몸 안에서 질병을 유발하는 단백질이 만들어지는 것을 선택적으로 막아 각종 난치성 질환을 부작용 없이 치료할 수 있다. 올리패스의 이러한 기술은 기존의 합성의약품 및 타 기술과는 차별성을 가지고 있다. 가장 큰 차별성으로서 OliPass 인공유전자 기술은 타 RNAiRNA interference 유전자 치료제 기술보다 높은 세포투과성으로 인해 세포 및 동물실험에서 효능이 월등하다.

〈올리패스 올리고뉴클레오타이드와 기존 인공유전자와의 비교표〉

비교항목		Olipass	siRNA 등 DNA 계열
세포투과		매우 우수	불량(간, 신장 세포는 우수)
RNAi 활성 IC50	세포 단순처리	1 aM 이하	0.1㎛ 이상
	세포 강제 주입	–	0.1㎛ 이상
작동 메커니즘		mRNA 생성 억제	mRNA 분해 촉진
적용 가능 질환		대부분의 질환	주로 간/신장 관련 질환
임상 투약량 (성인 기준)		1 ~ 10㎍	100㎎ 내외
안전역(Safety Margin)		100배 이상(예상)	수배 미만
Virus 감염 유사 부작용		없음	있음(Dose-limiting Toxicity)
투약 경로	주사	○	○
	경구	○	×
	경피	△	×
일년치 약값		**1,000 ~ 10,000 USD**	**100,000 USD 이상**

OliPass Oligonucleotide 인공유전자에 대한 다양한 동물 효능 평가 모델에서는 극미량을 투약해도 우수한 치료 효능이 나타나는 것으로 확인되었다. OliPass 인공유전자 치료는 극미량을 투약해도 치료 효능이 얻어지기 때문에 안전성이 매우 높으며, 합성 의약품 수준의 저렴한 약가로 유전자 치료제 공급이 가능할 것으로 기대된다. 현재 RNA 조절 분야의 현존하는 타 기술로는 대체가 불가능한 기술적 특성을 보유하고 있으며 올리패스는 이러한 핵심 기술에 대하여 이미 미국, 유럽, 일본, 멕시코 등 16개 세계 주요 국가에 특허를 출원하여 미국, 호주, 중국, 일본 등 8개국에 특허 등록을 완료하였다.

현재 올리패스는 비마약성 진통제, 희귀질환 치료제 분야 등 다양한 난치성 질환 치료제에 대한 연구가 활발하게 진행되고 있으며 2015년 자회사인 "올리패스 코스메슈티컬즈"를 설립하여 난치성 질환의 치료제 개발뿐 아니라 인간의 삶의 질을 높일 수 있는 Cosmeceutical 분야에 대한 연구도 활발하게 진행하고 있다. 올리패스는 기존 RNA 표적 치료제 시장의 기술적 한계를 극복하여 신약개발의 패러다임을 획기적으로 바꿀 만큼 잠재력을 가지고 있으며 글로벌 제약사들과의 지속적인 협력을 통해 올리패스의 기술을 이전 및 공동개발을 추진할 계획을 가지고 있다.

Chapter 1.
바이오 스텝

우리의 바이오는 어디까지 왔는가?

바이오산업이 만드는 영화같은 미래가 눈앞에 펼쳐지고 있습니다.
지놈 1,000달러 시대가 도래하고, 웨어러블 전자기기,
전자의료정보 등 바이오기술융합으로
반도체를 능가할 바이오산업혁명이 시작되고 있습니다.
대한민국 미래산업의 새로운 패러다임이 될
바이오산업의 모든 것을 살펴보면서
글로벌 바이오경제 시대의 한발 앞선 투자감각을 갖추기 바랍니다.

바이오인가? 바이오헬스케어인가?

바이오. 우리는 이 말을 향후 10년동안 반도체나 스마트폰 이상으로 많이 사용하게 될 것이다. 사실 바이오라는 표현보다는 바이오헬스케어라고 표현하는 게 정확하다. 바이오 영역은 산업, 헬스케어는 의료 쪽이다. 즉, 바이오는 사람을 포함한 생물체 뿐 아니라 유전정보 등 유형 및 무형의 바이오자원을 기반으로 융합기술이 적용된 다양한 제품과 서비스로 구성된 산업이며, 헬스케어는 질병치료와 건강유지를 위해 전문인이 제공하는 의료서비스를 일컫는다. 그래서 우리는 조금 더 정확하고, 조금 더 차별적으로 표현하기 위해 이걸 하나로 묶어서 바이오헬스케어라는 단어를 쓰고자 한다.[1)]

과거의 바이오는 단품 위주였다. 20년 전의 냉장고를 생각하면 그때

1) 헬스케어는 질병 치료와 건강유지를 위해 전문인이 제공하는 의료서비스로서 지속적인 성장 및 수요 창출이 기대되는 유망 서비스산업이다. 헬스케어산업은 제공되는 서비스종류, 서비스 제공주체, 시설규모에 따라 병원, 의원, 공중보건의료업, 기타 보건업으로 분류된다. (2009.03월 산업연구원 insight 출처) 바이오산업은 생물체 뿐 아니라 생물체 유전정보 등 바이오 빅데이터까지 포괄하는 유형 및 무형의 바이오자원을 기반으로 바이오기술과 IT,NT 융합기술을 활용하여 화학 및 에너지, 의료, 농업 등 분야에서 생산해내는 다양한 제품과 서비스로 구성된 산업이다. (2015.12월 산업연구원,최윤희,산업패러다임 변화에 따른 미래 제조업의 발전전략-미래형차, 소재, 바이오, 사물인터넷을 중심으로)

는 그저 단순히 냉장, 냉동의 기능만 있었다. 그러나 점점 첨단화되면서 정수기능을 포함해 다양한 스마트 기술이 접목되고 있다. 요즘은 냉장고 안에 유통기한이 지난 제품에 대한 정보도 알려 주고 장 보러 가야할 시점도 알려준다. 이렇게 가전제품의 기능이 추가되고 확장되듯이 바이오도 점차 진화되면서 다양한 쓰임과 기능이 추가되어 갔다. 과거의 단순한 바이오 제품들이 이제는 각 개인별 맞춤형 제품으로 변모하고 있는 것이다. 단순히 바이오 제품이 사람들의 몸에 어떻게 쓰일 것이냐를 생각하는 게 바이오헬스케어의 미래 모습이다. 우리는 혈당을 측정할 때 아이센스에서 개발한 제품을 많이 쓴다. 당뇨환자들에게 필수제품인 이 아이센스로 혈당을 잰 후 기계에 저장하여 전산화시킨다. 덱스콤이라는 회사는 이 혈당측정기를 차고 다니며 혈당을 체크하고 인슐린 펌프를 비롯해 혈당을 조절한다. 그전의 바이오 제품이라면 혈당측정 따로, 혈당조절 따로 했지만 이제는 하나로 통합하고 디지털화하였다. 이렇게 바이오는 헬스케어로 변모한다.

2013년 9월 보건복지부에서는 2017년까지 대한민국을 바이오 헬스산업 세계 7대 강국을 만들기 위해 '글로벌 헬스케어 펀드'를 출범시켰다. 정부는 이 펀드를 통해 제약 · 의료기기 등 보건의료산업의 경쟁력 강화와 의료기관의 해외진출을 적극 지원한다는 방침이다. 정부는 올해 바이오헬스 분야의 일자리 수를 2015년 71만개에서 올해 76만개로 확대하겠다는 목표를 잡았다. 이 분야의 부가 가치도 지난해 60조원에서 65조원으로 끌어올리겠다는 계획이다. 관련 바이오헬스 시장 규모도 2012년 세계 13위에서 내년엔 7위로 성장시키겠다는 구상이다.

이처럼 바이오헬스케어는 정부에서도 앞장서서 관심을 갖고 투자하는 분야가 되었다. 바이오헬스케어산업은 시대적 상황과 밀접한 관련이 있다. 인간의 평균수명이 점점 길어져 우리나라도 고령사회로 진입한 지 오래되었고 이 흐름은 이미 세계적인 현상으로 바이오헬스케어 산업이 성장할 수밖에 없는 여건을 형성하고 있다. 소득수준이 커지면서 우리는 건강에 대한 관심도 커지고 있고 건강관리를 위한 비용지출도 늘고 있다. IT기술의 발전으로 융합기술이 접목된 새로운 웨어러블 의료기기 및 건강관리 상품이 출시되면서 바이오헬스케어 시장은 점점 확장되어 갈 것이다. 또한 전 세계적으로 의약품과 건강관리, 줄기세포 등 첨단 의료산업에 기업의 투자가 확대되는 등 헬스케어산업의 성장기반이 넓어지면서 바이오헬스케어 산업은 물론 이 산업의 투자가치를 높일 헬스케어펀드 역시 지속적으로 주목을 받게 될 것이다.

헬스케어펀드는 국내외 의료기기, 제약. 바이오 등과 관련된 기업에 투자하는 펀드를 말한다. 초기의 헬스케어펀드의 투자 대상은 단순했지만 갈수록 그 투자 범위가 확대되어 최근에는 유기농, 건강기능식품 및 성형 및 미용, 의료서비스와 수준 높은 국내 의료진의 의술이 바탕이 된 외국인 대상 미용, 성형, 의료서비스까지 그 범위가 넓어졌다. 이제는 단순히 질병치료를 목적으로 한 의료서비스 차원을 넘어 헬스케어건강관리+미용관리+예방건강 분야까지 영역이 확대되었고 의료 및 건강 관련 업종간 유기적 융합을 통한 '헬스케어 산업'의 성장이 '헬스케어 펀드'를 출현시키게 된 것이다. 헬스케어펀드의 투자대상은 건강증진과 관련된 음식료나 기능성식품. 화장품 관련 주식에 투자하기도 하고 의료서비스, 질병 예방 분야는 물론 의료기술기업, 생명과학 관련 기업, 의료관련 IT기업까지도 투자대상이 되고 있다. IT관련 기술은 헬스케어산업과 아주 연관이 깊다. 병원관리 및 운영시스템과 진료, 치료관련 제반 시스템을 관리, 운영하기 때문에 확장된 헬스케어산업의 한 영역으로까지 자리매김하고 있다.

정부의 정책을 알면 트렌드를 앞서갈 수 있다. 우리는 단순히 바이오헬스케어의 정보만을 독자에게 전달하기보다 향후 어떤 방향으로 이 산업이 변모될지를 예측하도록 도와주고자 한다. 정부는 바이오헬스케어 산업의 중요성을 인식해서 앞으로 국내에서 세계 최초로 허가받은 신약이나 해외에 진출하는 신약은 약가 책정시 우대하기로 했고, 희귀 난치성 질환 치료제의 심사 기간을 줄이고, 안전성 · 유효성이 개선된 바이오 의약품을 신속 심사 대상에 선정, 허가를 앞당기기로 했다. 또한 유전자치료제, 줄기세포 치료제 개발에 대한 연구개발R&D에 복지부가 397억원, 미래부가 505억원을 직접 투자하는 등 지원 규모도 키운다고 한다.

2015년 국회를 통과해 오는 2016년 6월부터 시행될 예정인 '의료 해외진출 및 외국인환자 유치 지원에 관한 법률'에 따라 외국인 대상 의료기관 광고가 허용되고, 외국인 환자 지원책이 시행되면서 외국인 환자 수도 지난 해 28만명에서 올해는 40만명까지 유치하겠다고 복지부는 밝혔다. 따라서 올해 하반기에는 바이오헬스케어 관련 업계에 외국인 유치가 본격화될 것이다. 또 중남미에 의료기관, 건강보험 연수, 제약, 병원 정보시스템 등을 패키지로 수출하는 '고부가가치 패키지 수출'을 추진하고 있다. 페루, 중국, 칠레 등 현지의 의료 취약지에는 우리나라의 IT 기술을 기반으로 한 원격 의료 서비스를 해외에 수출해 본격적으로 해외 진출의 기반을 조성하는 계획을 추진 중이다. 국내에는 원격의료 서비스 대상자를 지난해 5300명의 2배에 가까운 1만200명으로 확대할 예정이다. 의사가 환자를 돌보는 기존의 원격의료는 1차 의료기관인 동네 의원만 가능했다.

우리나라는 2018년이면 65세 이상 노인인구 비중이 14%에 달해 본격적인 고령화 사회로 진입하게 된다. 2026년이 되면 노인비중이 더 늘어 무려 21%로 초고령 사회에 들어설 것으로 예상된다. 중국의 경우는 2010년 1억 110만명인 노인인구가 2025년에 2억명에 육박할 것으로 전망하고 있다. 바이오헬스케어 산업이 점점 주목받을 수밖에 없는 이유가 바로 여기에 있다.

한국 바이오헬스케어산업의 현황 및 전망

벤처기업 관점에서 본 한국 바이오헬스케어산업은 태동기와 시련기, 성숙기와 활황기로 구분할 수 있다. 태동기는 2000년부터 2002년까지로 2000년 2월 바크로셀을 시삭으로 총 6개 바이오 관련 기업이 상장되면서 우리나라 바이오헬스케어 산업이 첫걸음을 걷기 시작하였다. 이 시기에는 대기업 및 국립연구소 소속 연구원 및 교수들의 바이오기업 창업이 활발하게 이루어졌다. 이 시기의 바이오는 농업분야의 사료첨가제 또는 동물약품 회사 위주의 아주 미미한 수준이었다. 투자는 현대기술투자, 우리기술투자, 한미열린, 무한, UTC, 녹십자벤처, 한국바이오기술투자, KTIC 등이 50억원에서 210억원 규모의 조합을 설립하여 투자를 시작한다.

첫걸음을 뗀 후에는 누구나 넘어지고 시련을 겪는다. 한국 바이오헬스케어 산업도 걸음마를 뗀 후 넘어지고 좌절하는 시련기를 겪게 된다. 2003년부터 2004년까지를 시련기로 보는데 바이오 관련 기업들의 부진한 기업공개에 따라 벤처캐피탈들의 자금 회수가 불투명 해지고 상장실적도 저조한 수준으로 떨어진다. 당시 바이오기업들은 경상이익 실현 및 자기자본이익률 5% 이상의 조항을 충족시킬 수 없었다. 그러나 이때 일반인들은 바이오산업에 대한 관심을 갖게 되는 계기를 맞이하는데 그 중요 인물이 황우석 교수다. 2004년 2월 황우석 교수는 저명한 미국 Science잡지에 체세포 복제성공관련 논문을 게재하여 바이오에 대한 전국민적 관심을 유도하고, 2004년 12월 미국 새튼박사와 원숭이 체세포 복제성공이라는 빅뉴스를 만들며 그 관심이 절정에 이르게 된다. 2005년 12월 24일에는 코스닥 상장 관련 바이오벤처기업 활성화대책을 발표하고 기술성평가를 통한 상장특례제도가 탄생하게 된다.

2005년부터 2012년까지는 한국 바이오헬스케어 산업의 성숙기라고 할 수 있다. 이 시기에는 우회상장과 기술성평가들을 통해 한계를 넘어서지 못하는 바이오벤처 기업들이 속속 상장을 해서 힘을 내기 시작한다. 2005년 3월25일에는 코스닥 상장규정에 신규 심사요건의 특례조항을 신설하고 정부가 중점 육성하고자 하는 차세대 성장동력산업 등의 업종으로 전문평가기관에 의해 기술평가결과 A등급 이상인 업체만 상장 가능하게 하였다. 2005년 12월 29일에는 바이로메드와 바이오니아가, 2006년 1월 6일에는 크리스탈지노믹스가 상장을 하게 된다.

한국 바이오헬스케어 산업은 2013년부터 전통적인 ICT산업 전망부진에 따라 바이오업종에 대한 선호도 상승, IPO업체 증가, 시가총액 증가 및 투자증가 등으로 활황세에 접어들게 된다. 2001년 대비하여 2011년에는 바이오부문 시가총액도 3천억원에서 15조 6천억원으로 크게 증가하였다. 벤처캐피탈 투자에 있어서도 바이오헬스케어 투자는 주로 상장사 및 pre-IPO업체 투자에 집중되기는 하였지만 2011년 933억원에서 2014년 2,928억원으로 성장하게 된다. 이제는 바이오헬스케어가 대한민국 경제의 한 축이 되었으며 우리나라 사람의 중요한 먹거리가 된 것이다.

한국 바이오 벤처기업들은 기술성평가 상장을 통해 크게 성장할 수 있었다. 기술성평가 특례란 전문평가기관의 기술평가에서 A등급을 받은 벤처기업에 한해 적자를 내거나 자본잠식 상태여도 상장을 허용해 주는 제도를 말한다. 코스닥 시장에는 2005년부터 기술평가 심사를 통과하는 경우 상장요건 중 일부를 완화하여 상장할 수 있도록 하는 '기술성심사평가상장특례제도'가 시행되어 왔으며 2016년 3월까지 총 29개 업체가 기술성평가 상장을 통해 상장될 예정이며 이 중에 27개 업체가 바이오헬스케어 관련 업체다.

한국 바이오헬스케어산업 시장, 2015년 108조 2천억원

우리는 1년에 한 번 이상은 병원에 간다. 지독한 감기에 걸리면 일주일 푹 쉬면 낫는다고 하지만 밥벌이에 바쁜 한국인들의 경우 그렇게 한가하게 쉴 수 있는 사람은 많지 않다. 우리나라 의료비 수준은 다른 나라에 비해 상대적으로 저렴한 장점이 있다. 국민들 입장에서는 병원비 비싸서 치료 못했다는 얘기는 적어도 미국보다는 덜 나온다. 건강보험에서 급여, 비급여를 합한 비용이 우리나라 사람들이 의료 시스템에 쓰는 돈이다.

사실 우리나라 의사 중에는 건강보험 재정에 관해 불만을 갖는 의사들이 좀 있다. 내시경만 해도 미국의 경우는 300만원인데 한국은 10만원에서 15만원이면 충분하다. 이 예 하나만 봐도 우리나라 의료 수가가 터무니없이 싸다는 걸 알 수 있다. 이런 부분 때문에 상대적으로 바이오헬스케어 산업이 성장한 것일 수 있다. 바이오헬스케어 산업의 섹터는 크게 네 가지로 분류한다. 보통 레드바이오, 그린바이오, 화이트바이오 그리고 최근에 추가된 하이브리드 바이오로 나뉘는데 레드바이오는 사람 피를 의미해서 백신, 제약, 제네릭, 의약품 원료 등을 아우르고, 그린바이오는 유전자나 종자 개량 등 농업과 관련된 쪽이다. 반면 화이트바이오는 효소, 세포에 관련된 곳을 말하며 정보기술IT과 바이오기술BT이 결합된 '하이브리드 바이오' 등으로 구분해 투자 가능 대상을 세분화하고 이 영역에서 투자처를 가려낸다. 하지만 이런 분류도 업계에서는 이미 한참 지난 이야기라서 크게 의미를 두지 않고 점점 세분화되어 가는 각각의 영역에서 얼마나 경쟁력을 갖추느냐가 중요한 포인트가 되고 있다.

우리나라 바이오헬스케어 산업은 IT혁명 이후 세계경제를 선도할 핵심전략산업으로 급부상하고 있으며, 생명공학의 기술영역에서 산업영역으로 전환됨에 따라 시장의 성장전망이 높아지고 있다. 바이오 관련 산업도 종자, 사료분야에서 점차 확대되어 사료첨가제와 바이오연료, 기타 바이오의약품, 건강기능식품, 식품첨가물, 바이오화장품/생활화학제품, 항암제, 호르몬제, 면역제제, 인공종자 및 묘목 등 10개 분야로 확대되어 시장을 선도할 것으로 전망된다. 백신과 혈액제제는 상대적으로 성장세는 둔화되었지만 시장의 수익창출원 역할을 기대하고 있다.

2015년 8월 한국산업마케팅연구소의 '2015 바이오산업 분야별 시장동향과 유망기술 개발전략' 보고서에 따르면 한국의 바이오산업 시장은 2009년 6조 9,654억 4,400만원에서 연평균 6.71% 성장률을 보이며 2013년 9조 332억 8,800만원을 기록했고, 2013년에도 전년대비 7.10% 증가했다. 특히, 2013년 대비 바이오식품이 1조 8천757억원이 증가해 가장 크게 확대될 것으로 전망되며 바이오에너지 및 자원1조 2천840억원 증가, 바이오의약7천703억원 증가, 바이오전자985억원 증가, 바이오화학448억원 증가 순으로 확대될 것으로 예상된다. 반면 바이오공정 및 기기는 1천682억원 감소할 것으로 전망되며, 바이오환경과 바이오검정, 정보개발서비스 및 연구개발도 각각 1천9억원과 134억원 감소가 예상된다고 밝혔다.

바이오헬스케어라는 통합적 개념으로 산업을 고찰하기 위해 의약품, 의료기기, 화장품 등을 포함한 바이오산업 생산과 의료서비스로 대변되는 헬스케어산업규모를 합산하여 바이오헬스케어 산업 규모를 추정하여 보면 2015년에는 108조 2천억원, GDP대비 7.13%에 달하고 있다. 이는 보건산업정보통계와 OECD Health Data를 기초로 2020년까지 추정해보면 2020년에는 145조 3천억원, GDP대비 8.59%에 달하는 것이다.

우리가 일반적으로 알고 있는 바이오산업 즉 제약,의료기기 등은 실제 바이오헬스케어 산업에 있어서는 전체 108조 2천억원 중 29.85%32.3조원에 지나지 않으며 실제 많은 부분은 헬스케어산업부분이 담당하고 있다. 이는 국민의 건강을 보호 증진하기 위하여 보건의료인이 행하는 모든 활동과 관련된 산업으로 의료서비스를 공급하는 의료기관 등이 포함된다. 이러한 헬스케어산업규모는 바이오산업부문 보다 더욱 빠른 속도로 증가하고 있으며 향후 건강보험재정 운용 등에 있어 큰 부담으로 작용할 수 있다.

〈바이오헬스케어 산업 규모〉

(단위:억원)

	2010년	2011년	2012년	2013년	2014년	2015년	2016년	2017년	2018년	2019년	2020년
GDP	11,732,749	12,351,605	12,724,595	14,294,454	14,850,780	15,177,497	15,511,402	15,852,653	16,201,411	16,557,842	16,922,115
의약품생산	155,695	154,402	155,606	161,918	162,333	173,696	185,855	198,865	212,785	227,680	243,618
의료기기 생산	29,644	33,664	38,773	42,241	46,048	50,288	54,919	59,976	65,498	71,529	78,116
화장품생산	60,145	63,856	71,226	79,720	89,703	99,131	109,550	121,063	133,787	147,848	163,387
바이오산업 생산합계	245,484	251,922	265,605	283,879	298,084	323,115	350,323	379,904	412,071	447,058	485,121
GDF대비 비중	2.09%	2.04%	2.09%	1.99%	2.01%	2.13%	2.26%	2.40%	2.54%	2.70%	2.87%
헬스케어산업규모	551,903	591,952	638,013	688,389	722,808	758,949	796,896	836,741	878,578	922,507	968,632
GDP대비 비중	4.70%	4.79%	5.01%	4.82%	4.87%	5.00%	5.14%	5.28%	5.42%	5.57%	5.72%
바이오헬스케어 산업 규모	797,387	843,874	903,618	972,268	1,020,892	1,082,064	1,147,220	1,216,645	1,290,649	1,369,565	1,453,753
GDP대비 비중	6.80%	6.83%	7.10%	6.80%	6.87%	7.13%	7.40%	7.67%	7.97%	8.27%	8.59%

〈Ref.보건산업정보통계센터, OECD Health Data〉

국내 바이오헬스케어 산업에 있어서 신약개발 및 바이오벤처기술 기업들의 성장을 토대로 약세에 놓인 바이오산업 부문의 성장을 북돋우어 균형 있는 발전과 함께 세계적인 경쟁력을 확보해나가야 할 것이다.

미래창조과학부 홍남기 1차관의 말을 들어보면 바이오헬스케어 산업에 집중하는 정부의 의지를 확인할 수 있다. "글로벌 첨단 바이오의약품, 신시장창조 차세대 의료기기 개발사업 등 2개 핵심 사업에 대해서는 참여기업에 R&D, 투자유치, 인허가, 해외 진출 등을 토털 패키지로 지원해 적극 육성하겠습니다. 아울러 바이오 의약품 신기술 개발, 유망 의료기기는 정부가 전략분야로 예산을 집중 투입해 원천기술이 개발되도록 지원하겠습니다."

우리나라 바이오헬스케어 산업은 세계 최고 수준의 의료 · 연구인력은 물론이고 의료분야 정보기술IT, 더 나아가 임상 · 건강보험 · 바이오뱅크 등 효율적 인프라를 보유하고 있어 성장 전망이 매우 밝다. 향후 바이오헬스케어 산업은 양질의 일자리와 고부가가치를 창출하게 될 것이다.

바이오헬스케어산업의 투자전망은 쾌청한가요?

최근 전 세계적으로 바이오에 대한 투자자들의 관심이 높아지고 있어, 상장기업 뿐만 아니라 비상장 기업에 대한 활발한 투자가 이루어지고 있다. 이러한 현상은 국내에서도 예외가 아닌데, 비상장 바이오기업들의 상장통로인 기술성평가를 통한 상장특례 적용기업의 상장이 2015년에만 11개에 달하는 등 바이오투자 기업에 대한 투자 및 회수가 활발하게 이루어지고 있다. 국내 바이오헬스케어 산업에 대한 투자동향을 살펴보면 향후 문제점 및 개선방안이 보일 것이다.

바이오헬스케어산업은 장기간 R&D연구개발에 집중해야 하는 특성상 매출액 달성이 용이하지 않고, 또한 큰 규모의 영업 손실이 발생한다. 따라서 주요 투자원은 중소기업육성 목적으로 조성되는 창업투자 조합이 큰 역할을 담당해왔다. 지난 2011년부터 2015년까지 한국벤처캐피탈협회가 발표하는 통계자료를 살펴보면, 그간 바이오헬스케어 산업에 대한 투자가 얼마나 증가해왔는지 확인해볼 수 있다. 통계에 따르면 2011년 창업투자 조합에서 바이오분야에 대한 투자액은 933억원으로 전체 1조2천억원 대비 7.4%를 차지했으나, 2014년에는 바이오분야에 2,928

〈벤처기업 업종별 신규투자 현황〉

(단위 : 억원)

	2011	2012	2013	2014	2015
ICT제조	1,754	2,099	2,955	1,951	1,463
ICT서비스	892	918	1,553	1,913	4,019
전기/기계/장비	2,966	2,433	2,297	1,560	1,620
화학/소재	1,266	1,395	989	827	1,486
바이오/의료	933	1,052	1,463	2,928	3,170
영상/공연/음반	2,083	2,360	1,963	2,790	2,706
게임	1,017	1,126	940	1,762	1,683
유통서비스	1,270	608	1,092	2,046	3,043
기타	427	342	593	616	1,668
합계	12,608	12,333	13,845	16,393	20,858
바이오비율	7.4%	8.5%	10.6%	17.9%	15.2%

〈Ref.한국벤처캐피탈협회〉

억원이 투자되어 전체 1조6천억원 대비 17.9%로 성장하였으며 2015년에는 3,170억원이 투자되어 전체 투자액 2조858억원 대비 15.2%를 차지하고 있다.

이는 2011년 투자액 933억원에서 2015년 3,170억원으로 3.39배 증가하였으며 전체 분야에서도 바이오헬스케어 산업분야가 차지하는 비중이 크게 성장한 것을 알 수 있다. 국내 바이오헬스케어분야 투자가 괄목하게 성장한 배경에는 한국거래소의 역할이 크다. 지난 2005년 12월에 한국거래소는 기술성평가를 통한 상장특례조항을 신설하여 바이오헬스케어 기업들에게 적용하기 시작했다. 기존에는 상장을 위한 기업들은 형식요건을 갖추어야 했는데 경상이익 실현, 영업이익률 5% 이상이라는 조건을 충족시켜야만 했다. 그러나 바이오헬스케어 기업들은 연구개발비 집행에 따라 순이익이 발생하지 않는 경우가 대부분으로 위 형식요건을 통과할 수 없어 상장이 불가능했다.

2005년 바이오로메드, 바이오니아, 크리스탈지노믹스에 최초로 적용된 기술성특례제도는 우수한 바이오헬스케어기업들에게 상장기회를 제공하였으며, 공모자금을 토대로 추가개발에 성공할 수 있었다. 특히 바이로메드,제넥신 등 선발 기술성평가 상장업체들은 뛰어난 신약개발가능성을 인정받아 최근 시가총액 7천억원에서 2조원을 상회하고 있어 바이오헬스케어 기업들에 대한 투자자들에게 좋은 지표가 되고 있다.

2015년에는 전체 11개 기업이 기술성평가를 통한 상장특례제도로 상장되었는데 이중 10개 기업이 바이오헬스케어 업체이다. 이러한 우수기술을 보유한 업체들이 속속 상장되면서 기존 바이오헬스케어 관련기업 투자자들은 투자금 회수가 가능해지고, 신규 투자자들이 다양한 바이오헬스케어 분야에 대한 포드폴리오를 구성할 수 있는 기회가 도래하고 있다.

〈기술특례상장 현황〉

(단위 : 억원)

회사		상장일	주요기술	공모금액	상장기업수
1	바이로메드	2005. 12. 29.	유전자치료제		2
2	바이오니아	2005. 12. 29	유전자진단		
3	크리스탈지노믹스	2006. 01. 06	신약연구개발		1
4	이수앱지스	2009. 02. 03	항체치료제		3
5	제넥신	2009. 09. 15.	항체융합단백질치료제		
6	진매트릭스	2009. 11. 06.	분자진단		
7	인트론바이오	2011. 01. 26.	분자진단 및 치료제		3
8	나이벡	2011. 07. 13.	치과소재		
9	디엔에이링크	20011. 12. 26	맞춤유전자정보		
10	코렌텍	2013. 03. 05.	생체이식 고관절임플란트		4
11	레고켐바이오사이언스	2013. 05. 10.	신약연구개발		
12	아미코젠	2013. 09. 12.	맞춤형효소개발		
13	인트로메딕	2013. 12. 19.	캡슐형내시경		
14	알테오젠	2014. 12. 12.	개량항체개발		2
15	아스트	2014. 12. 24.	항공부품		
16	제노포커스	2015. 05. 29.	맞춤형효소개발	132	11
17	코아스템	2015. 06. 26.	세포치료제	400	
18	펩트론	2015. 07. 22.	신약연구개발	130	
19	에이티젠	2015. 10. 23.	암진단키트판매	171	
20	유앤아이	2015. 11. 12	정형임플란트	450	
21	아이진	2015. 11. 16.	황반병성치료제	200	
22	엠지메드	2015. 11. 20.	DNA칩	140	
23	멕아이씨에스	2015. 12. 14.	환자감시장치	25	
24	강스템바이오텍	2015. 12. 21.	세포치료제	120	
25	씨트리	2015. 12. 21.	펩타이드치료제	62	
26	파크시스템스	2015. 12. 17.	원자현미경		
27	안트로젠	2016. 02. 15.	세포치료제		3
28	큐리언트	2016. 02. 29.	신약연구개발		
29	팬젠	2016. 03. 11.	항체치료제1		

〈Ref.공시자료, 자체조사〉

이렇게 기술성평가를 통한 투자자금의 회수가 활성화되면서 비상장 바이오벤처기업들의 투자 및 주식거래도 활성화되었으며 시가총액도 크게 성장하게 된다. 최근 기술성평가를 준비하는 신라젠, 올리패스, 에이프로젠 등 기업들은 1조원 가량 기업가치에 거래되고 있다. 한국 바이오헬스케어 산업 발전에는 정부가 효과적인 정책입안을 통해 방향성을 제시해주고 투자자들의 참여를 활성화시키는 기술성상장 특례제도 등이 큰 역할을 하였다. 앞으로는 국내 바이오 투자를 활성화시키는데 크게 기여하고 있는 기술성평가제도를 조금 더 발전시켜 코스닥시장의 특장점으로 자리 잡게 할 필요성이 느껴진다.

국내 바이오헬스케어 산업의 투자에 관한 문제점은 무엇일까? 과거 10여년 전에 비해 바이오헬스케어 분야의 투자가 크게 활성화 되었으나 보다 발전적인 모습을 위해 한두 가지 문제점을 개선해야 한다. 그 첫 번째로는 공모규모를 보다 크게 하는 것과 두 번째로는 초기기업 투자가 미약하다는 점을 들 수 있다.

바이오기업들은 대규모 자금조달이 필수적이며 이러한 자금을 뛰어난 인재와 임상데이터로 바꾸어가는 일을 진행하고 있다. 국내 바이오기업의 공모규모에 대해 알아보기 위해서는 전 세계 바이오기업들의 상장현황을 살펴보는 것이 선행되어야 한다. 2015년에는 전 세계 바이오업체 94개가 상장되어 총 8조 4천억원의 자금을 유치였는데, 한국은 11개 업체가 상장되어 기업 수에서는 11.7%, 공모자금분야에서는 4.3%를 차지하고 있다. 예를 들어 중국업체 Shangahi Hb Biological사가 3천억원,

3S BIO사가 6천억원을, 대만업체 OBI pharma가 2천억원을 공모하였는데, 국내에서는 케어젠이 1,700억원을 공모하였으나 이를 제외한 업체들의 평균 공모금액은 183억원에 지나지 않는다. 향후 바이오기업들의 R&D관련 연구개발 및 파이프라인 확보를 위해 소요자금의 조달이 경쟁력으로 작용할텐데, 국내시장에서는 투자자 보호를 우선시하여 공모금액을 제한하고 있는 상황으로 이는 바이오업체간 경쟁에서 제약요건으로 작용할 것이다.

〈전세계 바이오업체 공모현황〉

(단위:M$)

국가	2015Q1			2015Q2			2015Q3			2015Q4		
	기업수	공모자금	공모시총	기업수	공모자금	공모시총	기업수	공모자금	공모시총	기업수	공모자금	공모시총
USA	13	1,484	6,535	19	1,832	7,510	12	1,606	6,961	13	899	5,063
Europe	5	214	782	5	303	1,236	3	237	585	1	48	167
China	1	5	12	2	874	4,054				3	104	389
Japan	1	67	733	1	60	391				1	24	119
Taiwan	1	197	1,679							1	24	119
Austrailia	1	6	23									
Korea				2	53	936	1	13	212	8	295	2,012
	22	1,973	9,763	29	3,121	14,126	16	1,855	7,758	27	1,475	8,620

(단위:M$)

국가	2015합계			2015합계		
	기업수	공모자금	공모시총	기업수	공모자금	공모시총
USA	57	5,820	26,069	60.6%	69.1%	64.7%
Europe	14	801	2,769	14.9%	9.5%	6.9%
China	6	983	4,455	6.4%	11.7%	11.1%
Japan	3	151	1,243	3.2%	1.8%	3.1%
Taiwan	2	303	2,548	2.1%	3.6%	6.3%
Austrailia	1	6	23	1.1%	0.1%	0.1%
Korea	11	361	3,160	11.7%	4.3%	7.8%
Sum	94	8,425	40,266	100.0%	100.0%	100.0%

〈Ref.공시자료, Biocentury〉

다른 문제로는 국내 바이오헬스케어 투자가 pre-IPO투자 등 후기 혹은 상장회사에 집중되고 있다는 점이다. 실례로 필자가 참여하였던 인터베스트 글로벌제약펀드에서 2014년에 460억원을 투자하였는데 이는 국내 바이오분야 투자액 2,928억원의 15.7%에 달하는 것으로 큰 비중이라 할 수 있다. 이 금액 중 후기투자 비중이 66.7%에 달하고 있다. 이는 초기기업 창업이 부진한 사유도 있으나 펀드대형화 등에 따라 초기기업에 대한 투자를 담당할 적절한 조합이 없다는 구조적인 문제도 있다.

바이오벤처기업의 창업은 최근 들어 극심하게 줄어들고 있는데, 다양한 원인으로 설명할 수 있다. 바이오헬스케어 관련기업은 약간의 컴퓨터 장비만으로 창업이 가능한 IT업체와는 달리 여러 가지 실험장비가 필요하다. 최소 실험실을 꾸리기 위해 원심분리기, PCR장비 등을 구입해야 하기에 초기 자본이 상당액 필요하다는 것이 창업의 장애요인이 되고 있다. 또한 투자 조합에 있어서도 많은 IT기업들을 지원하고 있는 청년창업펀드의 경우에는 창업자 연령이 39세 이하이거나 직원 50% 이상이 20대인 기업에만 투자할 수 있도록 하고 있다. 반면 바이오헬스케어산업의 경우 상당수 창업자들이 박사과정을 마치거나 연구소에서 경력을 쌓게 되면 위 요건에 해당하지 않기 때문에 투자조합의 지원을 받기 어려운 상황이다. 바이오헬스케어 초기 창업기업들의 투자자금을 마련해주고 이들의 사업모델을 발전시켜 창업투자펀드의 지원을 받게 하는 징검다리가 필요한데, 이 책에서 그에 관한 몇 가지 해결책을 제시해 보고자 한다.

첫 번째로는 크라우드펀딩 제도이다. 2015년 7월 6일 자본시장법 개

정안이 국회를 통과하여 2016년 1월 25일부터 시행되는데 이 제도는 자본시장과 금융투자업에 관한 법률에 따른 온라인소액투자 중개방안이다. 즉 자금이 필요한 초기기업들에 대해서 일반대중들이 일정금액한 업체당 200만원, 연간 500만원 한도 내에서 투자할 수 있게 해주는 제도이다. 지난 2015년 11월에 미래창조과학부와 창조경제추진단이 주최한 '2015 창조경제혁신센터 크라우드펀딩 모의투자대회"에 각 18개 창조경제혁신센터에서 36개 기업이 참여하여 22,670명의 투자자들이 529억원을 투자하였다. 이러한 반응으로 유추해보면 본격적으로 시행되는 2016년에는 보다 많은 기업들이 초기자금을 조달할 수 있는 유용한 방안으로 자리 잡을 수 있을 것으로 예상된다.

두 번째로는 중소기업청 산하 한국벤처투자에서 결성하고자 하는 마이크로VC 펀드이다. 마이크로VC는 업력 3년 이내의 중소,벤처기업 또는 창업자로서 매출액대비 R&D비율이 5% 이상이며, 설립 후 연간 매출액이 10억원을 초과하지 않는 기업에 투자하는 펀드로서 2015년 11월 26일 출자접수를 마감하였다. 중소기업청 산하 한국벤처투자에서 1,320억원을 출자하고 전체 조합규모는 1,745억원에 달할 전망인데, 초기기업들에 대한 투자주체가 될 것으로 예상된다.

세 번째로는 민간투자주도형 기술창업 인큐베이팅 프로그램 팁스TIPS, Tech Incubator Program for Startup이다. TIPS 프로그램은 세계 시장을 선도할 기술아이템을 보유한 창업팀을 민간주도 18개 엑셀러레이터, 성공벤처인 중심의 엔젤투자사 혹은 기술 대기업 등로 선발하여 엔젤투자, 보육, 멘토링과 함께 R&D 자금 등을 매칭하여 일괄 지원하고 있다. 엑셀러레이터가 2억 5천만원을 투자하면 정부과제지원으로 7억 5천만원까지 추가 지원하여 벤처기업이 최대 10억원까지 활용할 수 있게 해 준다.

네 번째로는 한국바이오협회에서 추진하고 있는 선배성공 바이오기업들이 출자하는 창업초기펀드이다. 선배기업들이 자금 지원 및 멘토링과 사업협력까지 지원하게 됨으로써 초기기업들의 창업을 유도하고 안정적인 정착을 도모하고자 한다.

바이오벤처 투자는 지난 10여년 동안 괄목할만한 성장을 해왔다. 이는 한국 바이오헬스케어산업의 발전과도 맥을 같이 하고 있으며, 코스닥시장의 기술성평가 도입 등 적절한 정책의 도입에 따라 성공할 수 있었다. 최근 상대적으로 초기기업에 대한 투자가 줄어들고 있는 시점에서 다양한 제도 및 정책의 준비에 따라 이러한 문제가 해결될 수 있을 것으로 예상된다. 이러한 초기기업에 대한 투자활성화는 전체 바이오헬스케어 기업 생태계를 강화시켜 줄 것이며, 기업상장 이외 인수합병 등도 활성화시킬 수 있어 투자와 회수에 순기능으로 작용할 것으로 전망된다. 이를 토대로 한국 바이오헬스케어 산업은 장차 한국경제를 견인하는 중추산업으로 자리 매김할 수 있을 것이다.

반도체 그 다음 주자는 바이오헬스케어산업

한 동안 대한민국의 경쟁력은 반도체였다. 그리고 IT기술의 개발로 스마트폰을 통한 국가경쟁력도 높았다. 자동차, 조선 등 전통적인 산업에서 IT산업으로의 대전환, 그리고 이제는 급속도로 빠르게 전개되는 패러다임의 변화에서 앞서가려면 바이오헬스케어를 주목할 수밖에 없는 상황이다.

그동안 국내 제약산업은 인구고령화, 만성질환의 증가로 연 평균 9.0% CAGR 2006~2009 이상으로 양적, 질적인 면에서 모두 빠른 시장 성장을 하다가 2010년에는 전년 대비 5.2% 시장 규모 18조 9,084억원 성장에 그쳤다. 업계에서는 2012년 이후 일괄약가인하로 가격 하락이 불가피해서 제약업종의 성장률은 점차 감소할 것으로 전망하고 있다. 정부에서는 약가인하, 리베이트 등의 일방적인 규제 정책에서 벗어나 해외진출을 통해 성장을 도모하는 제약, 바이오 기업에 대해서는 정부지원을 강화할 방침이다. 최근 한미약품의 기술수출에서 보듯 향후 우리나라 제약시장은 해외로의 시장 다변화 및 약가에 우호적인 신약개발로 방향을 틀어야 한다.

바이오헬스케어 산업이 주목받는 이유는 세 가지 트렌드에서 찾을 수 있다. 첫째는 인구 증가 및 고령화 속도가 가파르다는 점이고 둘째는 GDP 성장률, 셋째는 1인당 의료비 지출의 증가를 들 수 있다. 한 나라의 국민이 한 해 동안 보건의료를 위해 지출하는 화폐적 지출의 총합이라는 국민의료비추계를 보면 2011년 8조 5천억원이던 것이 2014년에는 11조원에 달하고 있으며 국내 GDP대비 7.4% 수준에 이른다. 5년간 CAGR 은 6.46%에 육박하고 있다. 특히 주요 선진국은 국민의료비지출이 GDP 대비 10~17%에 달하고 있어 이를 미래기준으로 적용해보면 2020년에는 16조 9천억원에 달할 것으로 전망된다.

정부에서는 제약정책을 결정하는 데 있어서 두가지 고민을 얘기한다. 하나는 인구 고령화로 만성질환 치료제의 복용시기를 연장시켜 투약규모Q를 늘리게 되는데 이는 건강보험재정에서 의약품에 대한 부담을 증가시킨다. 또 하나는 외산의약품에 대한 수요 증가로 시장의 양적 성장과 함께 무역 수지 적자폭이 증가한다는 점이다. 이 때문에 질병을 사전에 예방하거나 효과가 빠른 의약품을 개발, 건강보험재정 부담을 덜어줄 수 있는 새로운 치료법에 대해 정부지원을 집중할 수밖에 없다.

이런 현실에도 불구하고 헬스케어 산업에 대한 성장 기대감이 높은 이유는 기술이 발달하면서 질병에 대한 조기발견이 가능해지고, 치료율도 높아지면서 평균 기대수명이 올라가고 있다는 점 때문이다. 즉, 고령 인구의 비중 및 보유 자산이 증가하면서 건강을 지키기 위한 의약품 소비 증가와 질병을 사전에 발견하기 위한 여러 진단장비 및 의료서비스 산업의 성장은 당연하다. 다만 헬스케어 산업 성장에는 의심의 여지가 없지만 다음의 요인에 따라 국가별 차이는 있을 수 있다.

전 세계 인구는 2050년 92억명에 이를 전망이다. 특히 60세 이상 인구는 연 평균 2.5% 증가하면서 2050년에는 20억명에 달할 것이라고 한다.(Aging Stat). 일본, 유럽 등 선진국의 경우, 전체 인구는 감소하나 고령인구의 비중은 증가할 것으로 보이며 중국, 인도 등의 신흥 국가는 60세 이상 인구가 빠르게 증가하고 있기 때문에 전 세계 고령인구의 폭발적 증가로 국내외 의약품 수요량의 증가는 명약관화라 할 수 있다.

그런데 인구의 고령화만으로는 헬스케어 산업성장이 가능할까? 헬스케어 산업이 크려면 소득수준의 증가가 반드시 필요하다. 대부분의 사람들은 의식주가 해결되면 아프지 않고 건강하게 사는 삶에 관심이 많아진다. 바이오헬스케어 산업의 전망에 있어 GDP 성장률이 중요 변수로 작용하는 것이 그런 이유이다. 어느 정도 삶의 여유가 되어야 건강도 돌아볼 수 있다는 얘기다. GDP가 성장하면 건강에 대한 관심이 높아지면서 의료비 지출액이 증가한다. 게다가 고령인구의 자산 비중이 높아지는 것도 의료비 지출을 자극하게 되는 요인으로 고령인구 증가와 GDP 성장은 각 국가의 제약시장 성장 속도를 결정하는 요인이 될 것이다.

바이오의약품 시장의 고성장이 가능한 이유는 아직까지 합성의약품에 비해 정부정책이 비탄력적이고, 블록버스터급 바이오의약품의 특허가 만료되지 않아 비교우위의 약가를 받을 수 있기 때문이다. 향후 GDP 성장과 의료에 대한 관심 증가는 점차 바이오의약품에 대한 수요를 늘리게 될 것이다.

정부는 국민건강에 대한 정부의 사회적 비용이 증가하면서 질병에 걸리기 이전인 예방 또는 치료 이후의 관리의 중요성도 그만큼 커지고 있다. 앞으로는 질병을 치료하는 과정에서도 개인별 치료 효과가 높은 의약품 또는 시술법을 제공하여 비용 부담률을 점점 낮추려 할 것이다. 이에 따라 합성의약품보다는 세포치료제, 유전자치료제 등 바이오 기업들의 새로운 치료법들과 가격 대비 치료효과가 높은 바이오의약품의 중요성은 점점 커질 수밖에 없다.

한국의 헬스케어 산업이 독립적이면서 산업경쟁력 확보가 가능해지기 위해서는 다양한 의료기술의 발달이 시급하다. 의료기술이라 함은 의료장비도 포함될 수 있지만 세포치료제, 유전자치료제 등 약효를 높이기 위한 새로운 치료법과 조기진단 및 맞춤처방을 가능케 하는 다양한 진단법 등이 해당될 수 있다. 정부도 제약산업의 식민지화를 막고, 국내 바이오헬스케어 관련 기업의 글로벌 경쟁력을 키워줄 필요가 있다. 아직까지 국내 제약사의 다국적 제약사에 대한 의존도는 상당히 높은 수준이다. 지금까지 정부가 규제 일변도의 정책을 추진해 왔다면 앞으로 미래 창조산업의 키운다는 각오로 바이오헬스케어 기업들이 성장할 수 있는 발판을 마련해 주어야 한다.

바이오의약품의 성장을 주목하라!

화무십일홍, 꽃도 열흘이상은 피어 있지 못하듯 합성의약품의 영화도 끝나가는 듯하다. 한때 절정의 인기를 구가했던 화학 합성의약품은 특허만료와 R&D 효율성 저하라는 도전 앞에서 점점 힘을 잃어가고 있다. 다국적 제약사는 살아남기 위한 몸부림으로 전략적 제휴 혹은 M&A에 눈을 돌리고 있는 상황이다. 그렇다면 합성의약품을 대체할 대세 아이돌은 누구인가? 필자인 우리 두 사람은 바이오의약품을 적극 추천한다. 앞으로 코스닥 시장은 다양한 상장을 통해 바이오의약품 기업의 성장이 두드러질 것이다. 봄의 새싹처럼 겨울의 흙을 뚫고 나오는 바이오의약품의 희망을 이 책에서 발견해볼 필요가 있을 것이다.

바이오의약품Biopharmaceuticals, biological drugs, biologics, biologic(al) agents의 정확한 정의는 "살아있는 생명체에서 직접 얻어진 의약품이나, 그 생물이 가진 생물학적 특징을 이용하여 제조된 의약품으로 질병의 예방, 진단 및 치료에 이용되는 물질"이다. 바이오의약품은 전통적으로 화학적 합성에 의해 만들어지는 기존 의약품과는 달리 유전자 재조합을 통한 생명공학 기술로 만들어져 기존 의약품이 해결하지 못하는 질병치료도 가능하며 무엇보다도 부작용이 적다는 장점이 있다. 또한 임상 성공률이 높고 희귀성이나 난치성 질병에 대한 치료가 가능하다. 반면 살아 있는 생명체를 기원으로 하므로 개체마다 구성 성분이 달라 유효 성분의 정의가 어렵고 불순물 등에 의한 오염 가능성이 크다는 단점도 간과할 수 없다. 바이오의약품은 생산공정에 있어서도 비교적 간단한 화학공정을 거치는 화학합성의약품에 비해 더 복잡한 생물공정을 거치기 때문에 생산도 어렵고 의약품 가격도 비싸진다.

바이오의약품은 초기에 많은 수의 고급인력과 막대한 연구개발비가 들어간다. 이런 투자에도 불구하고 기술이 공개될 경우에는 제 3자에 의한 모방생산이 쉽다는 치명적인 약점도 갖고 있다. 이런 제 3자의 침해방어를 막기 위해 장기간의 임상시험을 통해 시장진입을 어렵게 하고 가격을 고가로 책정하여 투자비 회수 및 부가이익을 창출하려고 한다. 또한 별도의 특허권을 확보하여 시장을 독점하려고 하는 게 일반적이다. 따라서 이 시장에 효과적으로 진입하기 위해서는 기존 출원 및 등록 특허의 분석과 함께 틈새시장 공략을 위한 전략이 필수적이다.

2015년 12월, 한국 IMS Health는 '2015년 바이오의약품 글로벌성장 정책포럼'에서 '글로벌 의약품 및 바이오의약품 시장 트렌드 및 전망'에 대한 발표를 진행했다. 이 자리에서 이재행 부장은 바이오의약품과 특수의약품 시장이 지속적으로 성장할 것이라고 전망하고 2004년엔 13%에 그쳤던 바이오의약품 시장점유율이 2014년에는 21%까지 성장했고, 2008년 글로벌 판매금액 상위 10개 의약품 목록에서 3개였던 바이오의약품이 2014년에는 5개로 증가했다고 덧붙였다. 우리나라는 바이오시밀러 의약품 분야에서 한 발 앞장서고 있는 상황이지만 이를 유지하고 더 나아가 글로벌 시장에서의 선점을 차지하기 위해서는 전략적인 접근이 필요할 것이라고 진단했다. 바이오의약품이 R&D에서 차지하는 비중이 크며 신제품 등장 추이 및 관련 제품들의 매출 비중 등을 봤을 때 업계가 바이오의약품에 관심을 많이 쏟을 수밖에 없는 환경이 조성되었다. 바이오시밀러 의약품은 더 많은 환자에게 혜택을 줄 수 있는 기회를 제공하고 개발 및 판매자에게는 개발 시간과 비용을 단축시킬 수 있다. 또한 2020년 이전에 주요 바이오의약품의 특허가 만료되고, 바이오시밀러 의약품 대한 처방 및 임상적 경험이 계속해서 축적될 것이기 때문에 앞으로 바이오시밀러 의약품 시장은 지속적으로 성장해 나갈 것이라고 한국 IMS Health는 전망하고 있다.

1세대 바이오의약품은 인슐린과 성장호르몬 같은 체내에 부족한 단백질 보충을 통해 질병을 치료하기 위해 처음 등장하였다. 2세대 바이오의약품은 항암제, 면역계 질환 치료제 등 항체의약품으로 인체 내 존재하지 않는 단백질이며, 동물세포를 이용하기 때문에 제조원가가 높고 복잡한 생산 공정을 거치지만 전 세계적으로 개발과 허가가 확대되는 추세이다. 그 다음 세대의 바이오의약품은 세포치료제와 유전자치료제 등으로 최근 연구개발이 점점 활발해지고 있다. 2012년 전 세계 제약 시장 규모는 9,895억달러로 2009년부터 2012년까지 연평균 4.4% 성장했으며, 2016년에는 1조 1,799억달러 규모에 이를 것으로 추정된다. 2011년 8.5%에 이르던 성장률은 둔화 추세를 보이며 향후 2016년까지 연평균 4.5%의 성장률에 그칠 것으로 예상된다. 그동안 제약시장은 글로벌 경기 침체에도 불구 인구 고령화에 따른 노인성 질환에 대한 수요 증가로 꾸준히 성장해 왔다. 2005년부터 2040년까지 65세 이상 고령인구는 약 171% 성장이 예상되며, 그에 반해 전 세계 인구는 2040년까지 36% 증가에 그쳐 연금세대 비중과 의료비 부담이 점점 높아질 것이다. 또한 WHO에 따르면 2020년에는 고혈압, 당뇨, 관절염 등 만성질환이 전 세계 질병의 70%를 차지할 것이라고 한다. 따라서 소득증대에 따른 삶의 질 향상을 위한 의료분야의 지출은 앞으로도 계속 늘어날 것이다.

바이오의약품 시장은 2009년부터 연평균 6.8%로 성장해 2012년

1,795억달러 규모에 이르고 있다. 전체 제약시장의 약 18%를 차지하고 있으며 향후 2016년까지 연평균 9.9%로 성장하여 2,382억달러전체 제약시장 대비 20%에 이를 전망이다. 바이오의약품 시장이 고성장할 수 있었던 원인은 치료가 어려운 난치성 중대질환의 비중이 증가함에 따라 바이오의약품의 수요가 늘어났고, 글로벌 제약사들의 주력제품들이 특허만료가 되면서 막대한 투자 대비 생산성이 떨어지는 합성신약 개발보다는 바이오의약품 위주의 M&A나 라이센싱이 급격하게 늘어났기 때문이다. 또한 비선진국에서의 바이오의약품에 대한 수요가 꾸준히 늘어나고 있는 것도 시장 성장을 이끌고 있는 것으로 보인다.

현재 제약산업은 특허만료와 R&D 생산성 위기라는 두가지 과제에 직면해 있다. 2009년부터 2012년까지 4년간 특허만료로 인한 매출액 감소는 1,660억달러에 달하며, 2012년에만 670억달러 정도의 매출 손실이 발생했다. 물론 매출액 감소만큼 시장규모가 줄어들지는 않겠지만 특허만료는 최근 대두되고 있는 대형 제약사들의 R&D 생산성 하락 문제와 함께 제약산업의 중장기적 성장 저해 요소라 할 수있다. 미국에서 2011년 기준 R&D 파이프라인에 들어있는 신약의 수는 총 11,959개이며 같은 기간 동안 최종 판매 승인을 받은 신약의 수는 30개에 불과하다. 즉 전임상을 포함한 파이프라인에서 임상이 성공할 확률이 대략 0.25%에 불과한 상황이다. 또한 합성의약품의 경우 1996년 53개였던 신약허가 품목수가 2011년 24개로 줄어든 반면, R&D 투자액은 169억달러에서 495억달러로 3배 가까이 증가했다. 임상승인 기준마저 엄격해지고 절차의 투명성, 정보공개 확대 등의 규제로 임상 성공률은 향후 더욱 낮아질 것이다. 간혹 타겟질환 시장의 성장 가능성이 없다고 판단되거나 시장 내외적 조건 변화에 따라 개발사가 임상을 포기하는 경우도 있지만 임상실패의 80% 이상이 기술적 문제로 승인을 받지 못하고 있는 것 같다.

이처럼 의약품의 특허만료는 곧바로 매출감소로 이어진다. 그러나 메이저제약사들은 리스크가 큰 신약개발에 집중할 수가 없어서 포뮬레이션의 변화, 적응증 확대, 인수합병, 라이센스인 등 상대적으로 안정적이면서 생산성을 높이는 방법을 택하고 있다. 글로벌 제약사들이 바이오 시장에 지속적으로 관심을 갖는 이유는 신규 물질에 대한 특허권으로 독점시장을 형성해 오던 글로벌 제약사들이 더이상 화학합성의약품에서 신규물질을 찾는 것이 쉽지 않아진 반면, 바이오의약품은 잠재적 신규 질환 타겟의 범위가 넓으며, 그 잠재 시장규모 또한 크기 때문이다

2005년 이후 바이오기업의 M&A 거래 수는 연간 70개 내외 수준을 꾸준히 유지하고 있으며, 글로벌 제약사가 바이오기업을 인수 합병하면서 대상기업의 가치가 지속적으로 상승하는 것을 볼 수 있다. 현재 바이오 벤처투자 중에서 노바티스, 노보노디스크, 존슨앤존슨 등 글로벌 제약사들이 출자한 바이오전문펀드의 투자 규모도 급격히 증가하고 있다. 그러나 바이오기업 또한 2008년 이후 경제위기로 자금 상황의 압박을 받고 있고 벤처투자 또한 점점 줄어드는 상황이어서 M&A를 통해 보다 안정적으로 임상을 진행할 것으로 전망된다.

Chapter 2.

바이오 혁명

이제는 바이오헬스케어가 대한민국 경제를 움직인다

하나의 씨앗이 거대한 거목이 되듯이

종자산업에서 시작된 우리나라의 바이오산업이

이제 바이오헬스케어로 확장되고

바이오베터, 바이오시밀러, 바이오로직스를 거쳐

바야흐로 바이오 산업혁명을 만들어 내고 있습니다.

바이오헬스케어의 새로운 트렌드,

이 책만 따라가면 한 손에 다 잡을 수 있습니다.

대한민국의 미래 먹거리가 달라지고 있다.

바이오가 주도하는 새로운 산업혁명의 시대가 도래하고 있다. 이른바 4차혁명이 우리의 미래생활을 180도로 바꾸어 놓을 것이다. 다들 알다시피 '1차 산업혁명'은 증기기관의 발명과 함께 석탄이 주요 에너지원으로 급부상하면서 시작되었고, '2차 산업혁명'은 석유와 전기가 주요 에너지원으로 활용된 데서 비롯되었다. 미래학자 제러미 리프킨이 지적했듯이 신재생에너지 및 에너지 인터넷과 연관된 것을 '3차 산업혁명'이라고 얘기한다. 그리고 이제 '4차 산업혁명'은 새로운 에너지원의 등장이 아닌 기존 에너지 기술이 정보통신, 전자, 화학, 바이오 등 연관 분야의 신기술과 융합돼 새로운 산업혁명의 기폭제가 될 것으로 보인다. 이른바 '에너지 4.0 시대'가 시작되고 있는 것이다.

자동차, 스마트폰 등에 의존하고 있는 대한민국의 미래 먹거리는 과연 무엇이어야 할까? 정부의 정책흐름을 보면 그 방향이 잡힐 것이다. 미래창조과학부 등 관련 6개 정부부처는 2016년 1월에 경기도 판교 차바이오콤플렉스에서 열린 올해 업무계획 보고에 맞춰 진행된 기자 브리핑에서 바이오헬스케어산업과 저탄소시대의 기술혁신을 미래 주력산업으로 제시하였다. 정부는 2015년 12월 파리 총회를 통해 新기후체제가 출범함에 따라, 저탄소 경제 시대가 곧 도래할 것으로 예상하고 탄소절감, 탄소자원화, 글로벌 협력 등 3대 기술혁신 전략을 중점 추진할 계획이다. 또한 지난해 신약개발기업에서 수조원대의 기술수출계약을 성사시키는 등 바이오헬스 산업 또한 우리경제의 새로운 주력산업으로 부상하고 있다고 판단했다. 이에 따라 신약, 맞춤의료 등 태동기 유망기술에 대한 투자확대와 함께 산 · 학 · 연의 협력을 촉진하여 바이오헬스 산업의 경쟁력을 더욱 높여나가기로 했다. 이런 정부의 정책흐름은 바이오와 저탄소가 대한민국의 미래를 이끌 4차 산업혁명의 주역임을 입증해 준다.

한국과학기술평가원은 향후 10년간 사회적 · 경제적 파급효과가 높은 10대 미래유망기술을 선정하였다. 이 기술에는 스마트폰 이용 진단기기, 피부에 붙여 몸의 건상상태를 모니터링하는 바이오스탬프, 환자에게 다양한 정보를 분석하여 유용한 정보를 제공하는 의료 빅데이터 기술이 포함되었다. 현대 사회는 산업이 고도화되고, 지식기반 사회로 변화되면서 과학기술이 경제 성장, 산업발전, 복지 및 사회문제 해결의 핵심 원동력이 되고 있다. 바이오기술은 건강과 식량, 환경 문제 등의 대안으로 주목받고 있다. 고부가가치 창출과 기술융합화를 통해 바이오기술의 발전과 시장 확대는 더욱 가속화될 것이다. 기업의 경쟁력을 키우기 위해서는 미래의 주도적인 산업이 무엇인지를 찾아 선제적으로 그 분야의 기술경쟁력을 갖추는 것이 기본적인 성장전력이 아닐까.

바이오산업은 생물공학기술biotechnology을 바탕으로 생물체의 기능과 정보를 활용하여 유용물질을 상업적으로 생산하는 산업이다. 생물들이 가지는 고유 기능을 높이거나 개량하여 자연에는 극히 미량으로 존재하는 물질을 대량 생산하거나 유용한 생물을 만들어내는 산업을 말한다. 바이오산업의 기본기술은 생물체에서 특정한 정보만을 꺼내어 생육이 빠른 미생물의 유전자에 집어넣는 유전자 재조합 기술이다. 이외 세포융합기술, 대량배양기술, 바이오리액터bioreactor기술 등이 있다. 제품을 기준으로 구분하는 기존 산업과는 달리 바이오산업은 생물공학기술 적용 여부에 기초하여 의약, 화학, 전자, 식품, 섬유, 농업, 환경 등의 다양한 산업분야에 접목된 산업이라 할 수 있다.

바이오산업은 의료 · 제약, 농업 · 식품, 산업, 융합분야에 걸쳐 광범위하게 걸쳐져 있다. 우리가 영위하는 대부분의 산업과 융합이 가능해 차세대 발전 동력으로 부각되고 있다. 특히 각 산업군과의 융합으로 이제까지는 없었던 새로운 제품이나 시스템을 만들어내고 신사업을 창출할 동력이 될 전망이다. 경제협력개발기구OECD는 지난 2009년 "바이오경제 2030The Bioeconomy to 2030" 보고서를 통해 오는 2030년 바이오 경제시대가 올 것이라고 전망한 바 있다. OECD가 말하는 바이오 경제시대란 바이오 기술과 타 기술들이 융합하여 IT가 경제에 가져온 변화만큼이나 큰 영향을 주는 시대를 말한다.

앞에서도 설명했듯이 바이오산업은 크게 레드바이오의료/제약, 그린바이오농업/식품, 화이트바이오산업, 융합바이오로 나뉜다. 융합바이오는 최근 들어 각광받기 시작한 분야로 다른 기술과의 융합이 강조되는데 특히 센서나 분석기기, 유전자 분석 서비스 등으로 대표된다. 바이오산업 중에서도 국가별로 가장 크게 육성하고 있는 것이 레드바이오라고 한다. 레드바이오는 의약품, 백신 등이 해당된다. 국내에서는 바이오산업을 8개로 분류해 국가 표준으로 제정하고 있다. 바이오의약, 바이오화학, 바이오식품, 바이오환경, 바이오전자, 바이오공정 및 기기, 바이오에너지 및 자원, 바이오 검정 · 정보 서비스 및 연구개발 등 8개 분야가 있다.

LG경제연구원은 보고서를 통해 바이오기술의 핵심은 다른 기술과 결합해 만들어내는 '새로운 가치'에 있다고 분석했다. 바이오기술과 다른 기술이 결합하면 지금까지는 없었던 새로운 제품과 시스템을 생산해 낼 수 있다는 것이다. 바이오기술이 대중화된다면 대부분의 산업분야에 적용되면서 다양한 신사업 기회를 창출할 수 있을 것으로 기대하고 있다. 특히 최근 바이오기술에 획기적인 사건으로 유전자 분석 비용의 하락이 있다. 최근 유전자 분석 비용은 심리적 최저 비용인 1,000달러에 근접했다. 2007년에는 10만달러에 달했던 비용이 2015년에는 4,000달러 이하로 떨어졌다. 유전자 분석 시장을 주도했던 Illumina가 2014년 출시한 'HiSeQ X10'이라는 유전자 분석 시스템을 사용하면 분석비용은 1,000달러 선까지 내려간다. 이렇게 분석 비용이 내려간다는 것은 곧 바이오기술의 대중화 시기가 앞당겨진다는 것으로 보여져 업계에서는 매우 의미 있는 것으로 내다보고 있다.

미래 먹거리는 절대적으로 바이오헬스케어가 주도할 수밖에 없을 것이다. 정부 정책과 그 흐름을 같이 하며 대한민국 4차 혁명의 주인공을 선점할 필요가 있다. 바이오라는 세 글자에 그 모든 미래혁명을 여는 열쇠가 숨겨져 있다고 해도 과언이 아니다.

바이오시밀러는 제약업계의 차세대 먹거리

이제 반도체 다음은 바이오가 확실한 거 같다. 이미 바이오의약품 시장은 전 세계 반도체 시장 규모의 2배를 훌쩍 넘어서 버렸다. 업계에 따르면 2006년 780억달러였던 바이오의약품 시장의 규모는 2014년 1,790억달러로 가파르게 성장했다. 이 같은 추세를 감안하면 2020년 바이오의약품 시장은 2,780억달러약340조원에 달할 것으로 전망하고 있다. 특히 바이오의약품의 특허 만료가 본격화되면서 바이오시밀러 시장의 성장에 모든 관심이 쏠리고 있다.

의약품은 크게 합성의약품, 단백질의약품, 세포치료제 등 3가지로 나뉜다. 앞으로 5년 안에는 DNA, RNA 등을 직접 투여하는 제4의 의약품인 유전자치료제의 등장도 가능할 것으로 전망하고 있다. 바이오시밀러는 여기서 특허가 만료된 단백질의약품의 제네릭 의약품을 말한다. 즉, 기존 오리지널 의약품과 동일한 것을 목적으로 만들어지는 의약품이기 때문에 효능이 동일한 수준이라고 할 수 있다. 바이오제네릭이라는 용어를 사용하지 않은 이유는 단백질의약품이 합성의약품과 다른 두가지 특성을 고려했기 때문이다. 두가지는 생산방법과 물질특성인데 생산방법은 단백질의약품의 경우, 현재 생명체미생물, 동물세포 등를 이용해 생산한다는 것이고, 물질 특성은 단백질이 케미칼과 달리 고분자로 분자량이 크고, 구조도 복잡한 특성을 지닌다는 것이다. 이 두가지 특성이 기존 합성의약품의 카피약을 일컫는 '제네릭'이라는 용어를 단백질의 경우에 사용하지 않는 주된 이유이다.

바이오시밀러는 바이오의약품 시장의 성장을 가속화시키는 주인공이 될 것이다. 실제로 우리나라 바이오업체들 대부분은 바이오시밀러 개발에 전력을 기울이고 있다. 식품의약품안전처에 따르면 현재 국내 바이오시밀리 관련 임상시험은 총 21건이다. 다국적 제약사가 국내에서 행하는 임상시험을 모두 합친 것으로, 국내 업체가 주도하는 임상시험은 15건으로 집계됐다. 바이오시밀러 선두기업 셀트리온은 리툭산의 바이오시밀러 'CT-P10'의 임상 3상을 진행하고 있으며, 엔브렐과 휴미라 등 5종의 바이오시밀러를 개발 중이다.

한국 사람은 암 · 당뇨 · 관절염을 안고 다니며 노후를 힘들게 살고 있다. 한국 사람에게 바이오는 하늘이 내린 선물이 될 것이다. 바이오기술은 인간이 '100년을 건강하게' 사는 것을 가능하게 하기 때문이다. 특히 바이오시밀러는 성능은 같으면서 약값에 대한 부담은 줄어들어 더욱 인기를 끌 것이다. 시밀러Similar라는 단어는 비슷하다는 뜻으로 가격이 오리지널과 비교해서 30% 정도 낮다.

삼성은 반도체 다음으로 바이오에 기업 역량을 전략적으로 집중하고 있는데 삼성바이오로직스와 삼성바이오에피스를 통해 바이오시밀러 개발과 생산에 적극적으로 나서고 있는 상황이다 바이오시밀러에서 앞서가는 국내업체는 셀트리온이다. 셀트리온 시가총액은 13조 5,000억원에 육박했다. 지난해 8조원대 기술수출 대박의 주인공 한미약품의 경우 7조 5,000억원 수준이다. 국내 기업들은 글로벌 제약사에 비해 신약개발 능력이 다소 부족한 만큼 바이오시밀러 시장을 선점해 단기간에 성장을 이루고 이를 기반으로 바이오 신약을 개발한다는 전략을 취하고 있다. 현재까지 국내 식품의약품안전처는 5개 제품을 허가했으며, 21개 제품에 대해 임상시험이 진행되고 있다. 이중 셀트리온의 '램시마'와 '허쥬마', 삼성바이오에피스의 '브렌시스'와 '렌플렉시스' 등은 미국과 유럽에서 허가를 받거나 절차를 진행하고 있어 곧 글로벌 시장에 그 모습을 드러낼 것으로 보인다.

바이오시밀러는 이미 품목 허가를 받은 원조 생물의약품과 품질 및 안전성이 동등함을 임상시험을 통해 입증한 복제 바이오의약품이다. 지난해부터 전 세계적으로 수조원대 시장을 가진 '블록버스터급' 바이오의약품이 줄줄이 특허만료를 맞으면서 바이오시밀러 개발 경쟁이 가속화되었다. 바이오시밀러는 바이오 신약에 비해 개발기간이 짧고 개발비용이 신약의 10% 수준인데다 개발 성공률은 10배 정도 높아 경제성이 큰 것으로 알려져 있다. 여기에 원조 의약품보다 가격이 30~50% 저렴하기 때문에 기존 제품을 사용하던 환자는 물론 높은 약값으로 치료를 받지 못하던 환자들에게까지 사용 범위를 확대할 것으로 전망된다. 인구 고령화로 인한 의료비 증가로 재정 부담을 느끼고 있는 각국 정부가 바이오시밀러 도입을 적극 검토하는 것도 시장이 크게 성장할 것으로 전망되는 이유다. 이미 유럽은 이런 이유로 바이오시밀러를 적극 도입하는 추세이고, 바이오시밀러 도입에 보수적이던 미국도 최근 허가 제도를 마련해 앞으로 바이오시밀러 시장 자체가 한 단계 도약할 것이란 전망이 나오고 있다.

보건복지부 산하 식품의약품안전청이하 식약청은 국내 바이오시밀러의 세계 진출 지원을 목표로 '바이오시밀러 동등생물의약품 민관 실무협의체'를 지난 2011년 3월부터 구성해서 운영 중이다. 협의체에는 국내 바이오시밀러 개발 업체 10개사와 식약청이 공동으로 참여하고 있다. 신속한 국내 시장으로의 허가 · 심사 및 제조 · 품질관리의 지원을 위해서 해당 기업들에 대한 1:1 맞춤형 컨설팅을 제공하는 등 실질적인 지원이 이루어지도록 노력 중이다.

바이오시밀러 다음은 바이오베터

세상은 너무나 빠르게 변하고 있다. 필자도 앞 페이지에서 바이오시밀러가 주목받을 것이라고 얘기하면서 신속하게 다음 세대 먹거리인 바이오베터를 언급하고 있지 않은가. 바이오시밀러가 항상 장밋빛일수는 없다. 그래서 그 대안으로 생각해 두어야할 것이 바이오베터다. 바이오베터는 바이오시밀러와 함께 미래시장을 이끌어갈 쌍두마차라고 할 수 있다. 아직은 미미하지만 앞으로는 제약시장의 블로버스터급 아이돌로 취급받을 분야가 바이오베터다.

바이오베터는 바이오시밀러를 개량한 약품을 말한다. '슈퍼 바이오시밀러'라고도 불리는데 기존 바이오의약품보다 더 낫다는 의미로 베터 better라고 불린다. 바이오시밀러는 기존 바이오 신약을 복제한 것을 말하며 바이오베터는 효능, 투여 횟수 등이 더 차별화된 약품이다. 바이오베터는 이미 시장에서 안정성을 인정받은 바이오의약품을 기반으로 하기 때문에 안전성은 보장받고, 오리지네이터보다 더 효능이 좋은 약품 개발도 가능하다. 바이오시밀러는 카피약인 반면 바이오베터는 개량신약에 가깝다. 따라서 기술 특허도 인정받을 수 있어 특허분쟁에 휘말릴 걱정도 적다. 가격도 오리지네이터보다 더 높게 책정할 수 있고 바이오의약품의 특허가 만료되기 이전에 출시하는 것도 가능하다.

업계에서는 바이오베터가 본격 출시된다면 바이오시밀러 시장이 위협받을 것이라고 전망하지만 꼭 그렇게만 얘기할 수 없는 미묘한 시장 분위기가 있다. 서로 상생의 시장주도를 생각할 수도 있을 것이다. 경쟁업체도 많고, 가격경쟁으로 매출부진도 걱정해야 하는 많은 업체들이 왜 더 경쟁력이 좋은 바이오베터보다 바이오시밀러에 집중하는 것일까. 필자는 이걸 타이밍의 문제라고 본다. 아직은 바이오베터가 투자 성숙의 단계가 아니고 바이오베터의 완제품이 시판되기에도 한참의 시간이 걸리기 때문에 아직까지 바이오시밀러의 경쟁력을 앞서갈 수는 없는 것으로 보인다.

바이오베터의 선두기업은 바이오의약품 최대 시장인 미국에서 독보적인 활약을 하고 있는 암젠이라는 업체다. 이 업체는 지난 2001년 주사 횟수를 대폭 줄인 빈혈치료제인 '아라네스프'를 출시하여 한 해 30억달러의 놀라운 매출을 올리기도 하였다. 국내 바이오베터 업체로는 한미약품, 한올바이오파마, 제넥신, 녹십자 같은 기업들이 맨 앞에 서 있다. 한미약품은 2006년 자체개발에 성공한 '랩스커버리'라는 바이오베터 기술을 보유하고 있다. 이 기술도 매일 맞아야 했던 주사 횟수를 최대 월1회로 획기적으로 줄였다. 한미약품은 이 기술을 토대로 당뇨병 치료제, C형간염 치료제, 성장호르몬 등 6개 바이오베터를 임상 중에 있다. 대웅제약의 자회사인 한올바이오파마는 C형간염 치료제인 '한페론'과 경구용 성장호르몬제 '비타트로핀'을 개발 중이다. 한페론 역시 약효를 높여 일주일에 한 번만 주사를 맞으면 된다. 지난 2013년 미국에서 임상 2상을 마치고 글로벌 제약사와 파트너십을 맺으려 하고 있다. 임상 3상에 드는 비용이 만만치 않기 때문이다. 현재 국내에는 스위스 제약업체 로슈의 C형간염 치료제 '페가시스'가 70% 이상을 점유하고 있는데 만약 한페론이 출시되면 페가시스를 대체할 것으로 전망된다. 바이오벤처인 제넥신에서도 빈혈 치료제, 성장호르몬제, 백혈구 감소증 치료제 개발이 한창이며 녹십자는 유방암 치료 바이오베터를 개발 중에 있다.

현재 바이오베터는 400억달러에 달하는 전 세계 단백질 바이오의약품 시장에서 47.7% 190억달러, 20조원 규모를 점유하고 있다. 높은 가격과 편의성을 강점으로 매년 폭발적인 성장세를 이어가고 있는 추세다. 가격도 다른 제품에 비해 높다. 통상 바이오시밀러가 오리지널 의약품의 70% 수준에서 가격이 결정되는 반면, 바이오베터 의약품은 오리지널 대비 2~3배의 높은 가격을 형성한다. 약가 인하 등으로 어려움을 겪고 있는 제약업계는 이런 이유에서 바이오베터 의약품에 눈을 돌리고 있다. 바이오의약품 시장이 커지고 특허 만료 제품이 증가하면서 바이오베터와 바이오시밀러 간의 경쟁은 더욱 치열해지고 있다. 바이오시밀러가 시장을 선점하기 전에 개발에 박차를 가해야 한다는 게 바이오베터 업체들의 과제 중 하나다. 오리지널 보다 효능과 안정성이 우수한 바이오베터가 등장하면서 바이오시밀러가 자칫 무용지물이 될 수 있다는 우려 때문에 바이오시밀러 개발사들도 촉각을 곤두세우고 있다

업계에선 "바이오베터가 이미 검증된 1세대 제품을 기반으로 하는 만큼 제품에 대한 불확실성은 적을 것"이라고 보고 있다. 그러나 전 세계적으로 바이오베터 제품이 제대로 출시되지 않았다는 점 때문에 불확실성이 크다는 상반된 분석도 나온다.

〈개량신약과 바이오베터의 비교〉

구분	개량신약	바이오 베터
강점	• 대량생산 용이 • 효능 개선(변형)이 비교적 용이	• 시장 독점성 확보가 용이 • 임상실패율 낮음 • discovery에서 first patient-in까지의 기간이 짧음
약점	• discovery 기간이 김 • 개발 실패율이 높음 • 타깃에 대한 제한이 있음	• 약물 변형의 다양성이 적음 • 초기 시설 투자 비용이 큼 • 타깃 자체에 대한 특허의 제한 있음
기회	• nich 마켓 • fast-follower전략이 가능	• 희귀질환을 타켓으로 하는 nich마켓 접근이 가능
위험	• 실패율의 증가 • 개발 비용의 증가 • 접근 가능한 타깃의 고갈	• 접근 가능한 타깃의 고갈 • 개발 비용의 증가

자료: 신한금융투자

IT와 BT의 결합, 바이오메가융합시대를 대비하라!

우리나라만큼 IT 기술이 발전된 나라는 많지 않다. 그 IT기술이 차세대 먹거리인 바이오와 결합되면 얼마나 큰 영향력을 가질 수 있을까. 자

원이 부족한 우리나라가 세계적 경쟁력을 가질 수 있는 분야가 우리는 여기라고 본다. 최첨단 스마트폰 기술을 바이오와 접목시키면 미래형 바이오헬스케어 산업의 선두주자가 될 수 있다.

매년 1월 초에 미국 라스베이거스에서는 세계 최대 전자전시회 CES Consumer Electronics Show가 열린다. 여기에 등장한 신기술이 전 세계를 뜨겁게 하곤 한다. 2013년에는 웨어러블, 2014년엔 3D프린터, 2015년에는 드론이 폭발적인 화제를 모았고 실제 관련 시장도 크게 늘어났다. 세상은 엄청나게 빠른 속도로 변하고 있다. 지금 우리가 쓰고 있는 스마트폰에도 건강관련 앱이 많이 깔리고 있다. 내 건강을 원격으로 체크하고 데이터베이스화한다. 그것이 바이오의 트렌드이고 미래다. 세계적인 경영학자 피터 드러커는 "트렌드를 안다고 해서 100% 성공을 보장할 수는 없다. 하지만 트렌드를 모르면 100% 실패는 보장할 수 있다."고 말했다. 세상의 트렌드를 모르고서는 바이오헬스케어 시대를 앞서갈 수 없다.

'유엔미래보고서 2030'에는 10대 메가트렌드로 고령화aging, 바이오융합nano, bio, inteligence, cogno, 기후변화climate change, 디지털시대digital life, 교육혁명education revolution, 여성중심사회female, 글로벌화globalization, 헬스케어healthcare, 개인화individualization, 일자리 소멸jobless이라고 했다. 10대 메가트렌드에 바이오와 관련된 것이 두 개나 들어 있다. 소위말해 바이오가 트렌드의 대세일 수밖에 없는 이유가 여기에 있다.

바이오융합은 바이오 기술을 기반으로 IT 등을 융합하여 제품을 개발하는 분야로 생체 신호 진단기기 개발, 바이오 장비 제작, U-헬스케어용 바이오센서 개발 등을 포함한다. IT와 BT의 융합은 기존의 정보 통신 기술을 생명체 현상과 접목하여 생물학적인 원리와 특성을 활용한 새로운 IT 제품, 서비스를 창출하는 응용 IT 기술, 생물학 관련 정보를 생성, 가공, 공유, 서비스하는 소프트웨어 및 하드웨어로서 바이오 정보 처리, 소프트웨어, 바이오 정보 감지 소자, 생체 정보 모니터링 시스템, 생체 정보 보호 모듈이 있고 유전자 조작을 모방하여 IT를 고도화하기 위한 바이오컴퓨터가 있다. (네이버 지식백과 참조)

앞으로 우리는 개개인의 유전정보를 분석해서 발병 위험이 높은 질병을 미리 알아낼 수 있다. 인간지놈프로젝트로 우성 유전자로 인간복제도 가능하게 된다. 몸속에는 나노센서를 부착해 몸이 보내는 신호를 스마트폰으로 자동 전송하고 만약 위험이 생기면 그 즉시 의사에게 보내 치료와 처방을 받는다. 장기가 손상된 경우라면 환자의 세포를 이용해서 3D 프린트로 출력한 새로운 장기로 대체할 수 있다. 이 모든 일은 영화에서나 볼 수 있는 일이었다.

생명공학BT과 ICT, 나노기술NT 등의 발달로 생명의 신비가 속속 밝혀지면서 과학기술과 산업계 전반의 패러다임을 바꿔놓고 있다. 의학 발전이 인류의 건강한 삶과 복지를 향상시키고, 인공지능, 로봇, 생체소재 등 다양한 신산업을 창출하는 이른바 '바이오메가융합' 시대가 열리고 있는 것이다. '바이오 메가융합'은 미래 헬스케어의 혁명을 예고한다.

최근 바이오 · 의료 분야에서 가장 주목받는 게 바로 ICT, 바이오메가융합 분야다. 바이오 기술 발전으로 각종 휴대용 진단기기와 센서가 개발되고, 환자 정보를 처리해 건강관리에 활용하는 빅데이터 기술까지 발달하면서 최근 떠오르는 고령화와 만성질환 증가, 건강보험 재정 악화 등 사회 · 경제적 문제를 해결하는 획기적 방안으로 바이오메가융합이 기대를 모으고 있다. 미국 · 유럽 등 선진국들은 이미 의료 · ICT 융합 기술에 주목해 관련 제도를 개선하고 정부 차원의 육성 · 지원 정책을 펼치고 있지만, 우리나라는 수준 높은 IT 인프라를 갖추었음에도 각종 규제와 의료법으로 10년째 제자리걸음을 하고 있는 안타까운 현실이다.

예전에 출시된 삼성전자의 '갤럭시S5'는 심박센서 장착 스마트폰으로 출시되었는데 이게 의료기기기인지에 대한 식품의약품안전처의 명확한 결론이 내려지지 않아 복잡한 인허가 과정을 거치다가 결국은 '운동 · 레저용 심박센서'로 구분하여 의료기기에서 제외된 상태로 출시된 바 있다. 이건 정부규제가 보여준 안타까운 단면이다. 바이오헬스케어가 창조경제로 꽃을 피우려면 규제개혁이 시급하다. 멀리 달려갈 수 있음에도 발목이 잡혀 있는 현재의 족쇄는 풀어주어야 우리나라 바이오헬스케어 산업이 발전할 수 있다.

바이오메가융합은 앞으로 더욱 더 발전을 거듭할 것이다. 모바일화의 가속, 빅데이터, 클라우드, 사이버보안, 소셜네트워크서비스, 네트워크 연결성 확장, 인간중심 UI · UX, 차세대 컴퓨팅이 ICT의 8대 메가트렌드로 꼽힌다. '빅 데이터'라는 ICT 메가트렌드와 고령화시대 효과적인 헬스케어에 대한 소비자 수요가 결합해 스마트 홈 케어 서비스도 나왔다. 이는 평상시 고령자의 동선을 빅데이터로 저장해두었다가 동선과 다른 행동을 하면 보호자에게 연락하는 서비스로, 메가트렌드와 소비자 수요의 적절한 분석을 통해 등장한 ICT 융합기술이다.

바이오메가융합은 뒤에 설명할 퍼스널지노믹스와도 연결된다. 개인의 모든 유전정보가 데이터화되면 의료환경의 대변화는 불을 보듯 뻔하다. 아프지 않고 오래 사는 것이 우리 인류의 꿈이라면 바이오메기융합은 그걸 실현하는 도우미가 될 것이다.

이제는 의료관광으로 바이오 한류 붐을 일으킬 때

바이오헬스케어 산업에 대한 관심증가와 함께 정부에서는 의료관광에 대해서도 중장기 계획을 세워 적극 추진하려 하고 있다. 의료관광은 고부가가치 산업 중 하나로 꼽힌다. 2020년 의료관광객을 100만명 유치할 경우 부가가치 창출 규모가 5조 9,000억원에 이른다. 2014년 한국을 찾은 외국인 환자는 27만명으로 2009년에 비해 4배 정도 증가했다. 2020년 의료관광객 100만명 위치는 정부의 야심찬 계획 중의 하나이다. 외국인 환자유치 및 의료 해외진출 사업을 지원하기 위한 '국제의료사업지원법'도 2016년 6월 시행될 예정이어서 의료관광 시장은 더욱 활기를 띨 것으로 보인다. 의료관광은 점점 좋아지고 있기는 하지만 다른 경쟁국의 수준에는 조금 못 미친다. 태국의 범락병원같은 경우는 세계 최대 규모로 미국 보험회사에서 옵션을 달고 미국 관광객들을 많이 보내고 있다. 미국은 의료 수가가 워낙 비싼 나라라서 보험회사는 태국에서 3박4일 동안 쉬면서 수술을 받게 하는 편법을 쓴다. 미국 보험회사 입장에서 수익률 측면에서 긍정적인 효과를 나타내고 있고 소비자들은 저렴하게 병을 치료하고, 관광까지 할 수 있는 1석2조의 혜택을 주게 되는 셈이다. 싱가포르 같은 경우는 중동이나 인도 쪽에서 많이 온다. 중동쪽 사람들은 가족 단위로 움직이기 때문에 쓰는 비용이 만만치 않다고들 얘기한다.

우리나라는 의료관광에서 브랜드 파워가 다소 밀리는데 이는 가격저항감이 가장 크다고 볼 수 있다. 조금만 비싸면 굳이 한국에 의료관광을 갈 이유가 없다고 생각하는 사람들이 많다. 이건 마케팅 측면에서 포지셔닝 전략을 제대로 못 세운 탓이 가장 클 것이다. 한국만의 의료관광 가치를 개발하고 부각시켜야만 외국인들이 한국만을 선택해서 찾아올 수 있을 것이다. 우리나라를 찾는 외국 의료관광객은 매년 늘고 있지만 몇몇 나라에만 국한된 게 문제다. 일본은 우리나라 의료수준을 낮게 보고 의료관광 차원에서는 잘 찾지 않는다. 오히려 중국 쪽 관광객들이 꾸준히 늘고 있는 상황이다. 외국인 환자가 급증하면서 관광자원과 결합한 부가가치 창출 시장도 뜨거워지고 있다. 대부분의 외국인 환자는 가족과 동반 입국한다. 환자인 동시에 관광객이다. 우리나라는 아직까지 외국인 의료관광객에 관한 통계가 없는 것이 문제다. 외국인 환자 수로 대략적 시장을 집계한다. 우리나라 외국인 의료관광 시장은 아시아에서 4%, 세계에서 1% 가량 차지 한 것으로 추정된다. 업계에서는 낮은 점유율에도 불구하고 최첨단 의료기술과 한류 문화를 결합하면 성장 가능성은 크다고 전망하고 있다.

'요우커'로 대변되는 중국인 관광객은 외국인 환자 비중이 가장 높다. 2015년 총 7만9,481명이 다녀갔다. 전년대비 41.7%나 늘어난 수치다. 중국에 이어 급증하는 러시아 환자도 3만명이 넘어섰는데 진료비 기준으로 1,111억원을 기록해 중국에 이어 2위를 차지했다. 한국관광공사 의료관광센터에서는 그동안 외국인 환자를 기준으로 했던 협의적 의료관광 개념을 광의적으로 넓혀 체계적 전략을 수립할 예정이라고 밝혔다. 세계적으로 인정받는 중증치료는 물론이고 성형, 난임 등 다양한 진료과목을 관광 콘텐츠와 결합하면 고부가가치 산업으로 성장할 수 있다. 복지부는 지난달 제주 녹지국제병원 설립을 승인했다. 중국 뤼디그룹이 출자총액 절반을 냈다. 중국인을 대상으로 성형외과, 피부과 등을 중점 진료한다. 중국인 관광객이 가장 많이 찾는 관광명소에 이들을 겨냥한 최초 외국계 영리병원도 들어섰다. 이와 함께 2016년 4월부터 국내에서 미용성형을 한 외국인 관광객에게 부가가치세 10%를 환급한다. 의료관광 활성화와 내수 진작이 목적이라 할 수 있다. 각 지역별로는 특화된 컨셉으로 외국 관광객을 유치하고 있다. 2015년부터 부산불임, 대구관절, 대전종합검진, 전남종양, 충남온천수, 경북척추, 전북종양, 광주관절 등 8개 지자체가 사업에 착수했다. 이 사업은 지역 유명 관광지, 상품 등과 연계되어 진행한다.

바이오산업과 연계된 의료관광은 바이오헬스투어라고 얘기한다. 고령화와 GDP 증가로 의료관광의 비중은 점점 더 높아질 것이다. 외국인들은 한국에 치료와 관광을 동시에 해결하려 오고, 한국인들은 보다 질 좋은 의료서비스를 받기 위해 외국으로 떠날 것이다. 이런 트렌드는 가히 의료혁명 수준이라 할 수 있다. 이 혁명적 트렌드에서 앞서 가려면 바이오헬스케어를 반드시 알아야 한다. 이제 바이오헬스케어는 선택이 아니라 필수인 시대로 접어들고 있다.

퍼스널지노믹스를 통한 바이오헬스케어산업 예측

유전자라는 것은 부모가 자식에게 특성을 물려주는 현상인 유전을 일으키는 단위로서 물려주고 받을 정보를 담고 있는 컨텐츠다. 이러한 컨텐츠는 ATGCAdenie,Thymen,Guanine,Cytosine의 조합으로 이루어지는 유전암호에 의해 결정되는데, 유전자에 의해 물려주고 받는 형질 즉, 머리카락 색깔, 눈동자 색깔, 신장 등을 모두 합한 유전자 전체를 지놈genome이라고 정의한다.

인간의 유전자를 분석하고자 하는 시도는 오래전부터 시도되었다. 모든 질병들은 유전정보에서 발현되는 RNA,단백질에 의해서 치유될 수 있을 것이라는 희망적인 예측이 있었기 때문이다. 그러나 인간의 유전정보를 모두 분석하는 것은 30억개에 달하는 염기서열을 해독하여 유전자의 구조, 염색체상의 위치 등 구조적 본질을 파악해야 하는 것으로 결코 만만한 작업이 아니다.

인간의 유전정보를 탐색하는 휴먼지놈프로젝트는 1953년 DNA의 이

중구조를 밝혀 노벨 생리의학상을 공동 수상한 바 있는 J.D.Watson을 책임연구자로 1990년 10월 1일부터 시작되었다. 최초에는 미국 NIH가 주축이 되어 15년간의 수행기간을 예상하며 시작되었으나, 휴먼지놈프로젝트에 참가했던 유전학자 Craig. Venter가 민간기업 Celera genomics를 설립하여 공개경쟁을 선언했다. 2001년 2월 휴먼지놈프로젝트와 Celera genomics는 인간지놈지도가 완성되었다고 발표했다. 과학자들은 지놈지도를 분석한 결과 인간의 유전자 수가 그동안 예상했던 10만개 보다 훨씬 적은 2만6천개에서 4만개 정도에 불과한 것으로 나타났으며 이는 초파리보다 두배 조금 넘는 것이라고 밝혔다. 본격적인 퍼스널지노믹스 시대에 진입하게 하던 휴먼지놈프로젝트는 2003년 4월에 완료되었다.

퍼스널지노믹스를 좀 더 구체화하면, 인간에게는 23개 쌍으로 구성된 46개의 유전체를 통해 유전정보가 전달되는데 이들은 20,000개 가량의 유전정보를 포함하고 있다. 이들 중 99.5%는 유사하고 일부의 차이에 의해서 다양한 모습으로 표현되는데, 이러한 0.5%의 차이를 분석함으로써 정확한 개인별 유전정보를 알고 있다면 질병진단과 치료에 있어 개인 별 차이와 다양성을 활용할 수 있을 것이다. 즉, 보다 정확한 질병진단이 가능해진다. 또한 블록버스터 약물의 문제점인 일부사람들에 대한 부작용을 미리 알 수 있어 안전하고 효과적인 약물선택 및 용량처방이 가능해진다. 또한, 효과적인 백신개발이 가능해질 것이며 궁극적으로는 헬스케어비용을 절감할 수 있을 것이다.

다시 하드웨어개발 전쟁으로 돌아가 보면 Celera Genomics 대표 J.Craig Vanter는 본인의 전체 지놈시퀀스프로젝트를 추진하여 2007년 9월 완료하였으며, 454 Life science사는 2007년 4월 James Watson의 지놈시퀀스를 완독하여 2008년 4월 Nature지에 발표한다. 이들의 경쟁자들은 하드웨어와 소프트웨어 개발사들별로 그룹화되었으며 ABI,454 Life science,Illumina,Helicos 등이 경쟁하였으나 Illumina의 완승으로 재편되었다.

이러한 과정 중에서 중요한 컨셉이 등장하는데 바로 1명당 1,000달러 이하로 전체 지놈시퀀스를 읽을 수 있다는 가정이다. 실제로 1명의 지놈시퀀스를 읽어 들이는 데 소요되는 비용은 2001년 1억달러에서 2007년 10백만달러까지 10분의 1가격으로 줄어들었다. 2009년에는 10만달러까지 떨어졌다. 이러한 소요비용의 감소는 시퀀스관련 시장의 규모를 급속도로 성장시키는 중요한 요인이 될 것이다. 2014년 3월부터 Illumina가 공급하기 시작하던 Hiseq X Ten 장비로부터 실질적으로 1,000달러에 구현이 가능해졌으며, 한국기업 마크로젠은 전 세계에서 이를 최초로 도입하였다.

퍼스널지노믹스에서의 성공적인 사례로 2015년 2월 19일 23andMe사가 FDA로부터 개인유전정보 분석 테스트 승인받은 것을 들 수 있겠다. 23andme사는 분석테스트를 받고자하는 고객의 타액샘플을 전달받아 이를 토대로 유전정보를 분석 해주는 서비스를 실시해주는 기업이다. 특히 Bloom syndrome이라는 유전질환 보유여부 테스트를 의사를 거치지 않고 소비자에게 바로 서비스 가능하게 된 것이 의미가 있겠다. 2015년 1월 기준 총 80만명의 누적고객에게 서비스를 제공하였으며 그 중 60만명이 정보제공에 동의하였다. 특히 2013년 4월 서비스가격을 99달러로 낮추고 TV CF 등을 실시하면서 고객 수는 25만명에서 65만명까지 단기간 내에 증가하게 된다.

퍼스널지노믹스는 암환자대상으로도 활용되고 있는데, Foundation Medicine사가 대표적이라 할 수 있겠다. 휴먼지놈 프로젝트에 참여한 Broad Institue에서 2010년 스핀오프한 벤처기업으로 암환자로부터 얻은 생검샘플에서 암세포 DNA를 분석하여 암을 일으킨 원인 유전자후보를 제시해준다. 주요서비스인 FoundationOne은 유방암, 폐암, 대장암 등의 고형암에 대해서 315개 유전자 전역 및 28개 유전자의 intron역을 검사해주는데 5,800달러를 받는다. 이러한 테스트 결과로 암에 대해 승인받은 치료제뿐만 아니라 다른 암에 승인받은 동일한 유전자를 타겟으로 하는 치료제 및 현재 임상시험 중인 치료제까지 추천해준다.

퍼스널지노믹스의 활용도는 점점 넓어지고 있는데 NIPT Non-invasive Prenatal Testing 비침습적 산전 태아 유전자 수 이상검사 등에도 활용되고 있다. 즉 엄마 혈액 속에는 아기의 소량 유리 DNA가 떠다니게 되는데 이를 포획하여 지놈시퀀스 기술로 정보를 얻게 되면 아기의 염색체 이상 등을 미리 진단할 수 있으며 기형여부 등을 판단할 수 있는 검사다. 이 검사는 기존의 양수검사와 대비하여 획기적으로 안전하며 검사로 인해 발생할 수 있는 2차적인 피해가 없다는 장점이 있다.

미국 2013년말 산전 스크리닝검사의 약6~7% NIPT총 430만 신생아 대비 연간 30만건대체하고 있으며, 2014년말까지 약 20% NIPT검사가 실시될 것으로 추산된다. 특히 미국 산부인과협회는 모든 임산부에 NIPT검사할 것을 권장하고 있다. 한국에서는 2014년말 현재 산전 스크리닝검사의 0.42% NIPT대체추산총 47만명 신생아 중 연간 2천건되고 있는 실정이다. 이렇게 퍼스널지노믹스의 활용범위는 무궁무진하다 할 수 있다. 한 가지 사례로 기존 약물부작용을 퍼스널지노믹스 분석을 통해서 알 수 있으며 혼합약물 처방에 있어 부작용을 일으키는 약물을 미리 예시하여 처방전에서 빼거나 부작용이 없는 다른 약물로 교체할 수 있는 서비스도 가능할 것이다.

퍼스널지노믹스는 인류 역사상 가장 큰 빅데이터라 할 수 있다. 1PB,Petabyte는 10^15byte로서 1000테라바이트의 크기이다. Phillip B. Gibbons에 의하면 한명의 사람 당 1GB의 유전정보를 보유하고 있다고 가정할 때 인류 70억명이 보유하고 있는 빅데이터는 7,000PB로서 기타 인간들이 만들어내는 각종 데이터들인 World wide web은 1PB, Wikipedia는 10GB, Annual Email traffic이 300PB, Internet Archive 1PB, Personal digital photos 1000PB 등과 대비해서 월등하게 큰 양이며 이들을 활용하는 것은 무궁무진한 사업기회를 제공할 것이다.

Chapter 3.

바이오 헬스케어

건강하게 잘 사는 방법, 바이오헬스케어산업

웰빙을 넘어 웰다잉을 얘기하는 시대입니다.

단순하게 오래사는 게 좋은 게 아니라

아프지 않고 오래사는 게 좋은 거죠.

앞으로 노령인구는 계속 증가할 것입니다.

나이 들어간다는 건 세포가 같이 죽어가는 겁니다.

병원에 자주 안가도 먹는 것, 운동하는 것만으로도

건강할 수 있으면 얼마나 좋을까요?

이런 희망을 위해 필요한 것이 바이오헬스케어입니다.

헬스케어 3.0 시대를 대비하자!

전 세계적으로 헬스케어 산업의 중요해지고 있음에도 불구하고 아직 우리나라의 헬스케어산업 점유율을 그렇게 높지 않다. 1.1%. 이게 우리의 현실이다. 선진국은 국가적인 프로젝트를 통해 자국내 글로벌 메이저기업을 키우고 있지만 우리나라는 아직 그 체계가 갖추어져 있지 않다. 남들은 앞에서 열심히 달리고 있는데 우리는 이제 겨우 신발끈을 묶는 형태다.

최근 경기침체로 전통 제조산업들은 위기의 늪에서 헤어져 나오지 못하고 있지만 그나마 국가경제에 희망의 동아줄을 잡을만한 것이 바이오헬스케어 산업이다. 전문가들은 바이오헬스케어산업이 우리나라 주력 수출산업인 반도체 · 화학 · 자동차 시장을 추월하는 시기를 2024년쯤으로 전망했다. 그러나 최근 기업의 실적발표 흐름을 보면 그 추월 시기가 더 빨라질 것으로 보인다. 정부도 그 흐름을 외면할 수가 없어서 2016년 경제정책을 철강, 조선 등 기존 제조업 위주의 수출주력산업에서 화장품, 식료품, 유아용품, 의류 등 소비재 산업으로 방향을 바꾸겠다고 밝혔다. 그런데 이 방향에서 바이오헬스케어 산업은 보이지 않는다. 이유가 뭘까? 연구비가 많이 들어서? 경쟁력이 갖추어져 있지 않아서? 분명한 것은 바이오헬스케어 산업에 대한 정부의 절박함이 아직은 느껴지지 않는다는 것이다.

2015년, 한미약품은 어마어마한 일을 해냈다. 그게 정부의 정책방향을 뒤흔드는 계기가 될 수는 있을 것이다. 2015년 국내 제약업계의 전체 수출액이 1조 8천억원이다. 근데 한미약품 혼자서 해낸 실적이 8조. 숫자로 확인하면 그 가치가 분명해진다. 한국의 헬스케어 산업은 새로운 기회를 맞고 있다. 한미약품 이외에 서울대병원은 올해 초 아랍에미리트UAE에 진출해 5년간 1조원의 운영수익을 올린다고 한다. 정보통신기술ICT로 무장한 헬스케어 기업의 해외 진출 사례도 늘고 있다. 국내 헬스케어 시장은 1경원 규모인 전 세계 헬스케어 시장의 1.5%에 불과하다. 이 엄청난 시장을 그냥 방관만 해서야 되겠는가. 앞으로 대한민국의 미래 성장 동력으로 바이오헬스케어 기업에 더 많은 관심을 가져야 할 이유가 바로 여기에 있다.

헬스케어산업은 크게 의약품, 의료기기, 식품, 화장품 그리고 식품산업을 포함하는 보건제조산업후방산업과 병 · 의원과 같이 최종 소비자에게 직접 서비스를 제공하는 의료서비스산업전방산업으로 분류된다. 21세기 건강백세 시대에는 '헬스케어 3.0'이 대세가 될 것이다. 20세기 초까지 역병 예방과 공중위생 향상에 집중한 헬스케어 1.0 시대공중보건 시대와 1928년 페니실린 발견 이후 과학기술과 화학산업 발전을 통해 질병 치료에 획기적인 발전을 이룬 20세기 말까지 헬스케어 2.0시대질병 치료 시대를 지나 헬스케어 3.0 시대가 우리 앞에 성큼 다가오고 있는 것이다. '헬스케어 3.0'의 핵심은 △치료 중심에서 예방과 건강관리 중심으로 변화 △표준 치료에서 개인 맞춤 치료로 변화 △미세 진단 · 치료 기술 발달 △공급자 중심에서 소비자 중심으로 변화 그리고 마지막으로 △세계화를 들 수 있다.

우리나라 바이오헬스케어 분야는 어디서 신발끈을 묶었다 풀었다 하고 있는가. 우리나라는 병원의 디지털화나 IT기업의 기술 경쟁력은 글로벌 수준인데, 정책과 규제 수준이 후진적이다. 여기서 좀 더 발전할 수 있는 동력을 잃게 된다. 앞으로 원격의료 사업을 시작해서 해외로 그 시장을 확장하면 헬스케어 해외 수출과 의료관광객 유치, 사후 서비스를 통해 과거에 없던 성장 동력을 만들어낼 수 있을 것이다.

미래부, 복지부, 산업부 등은 올해 공동으로 '바이오 미래전략'을 마련, 유전자 치료제 등 태동기 기술을 집중 육성하는 프로젝트를 추진하고 있다. 그러나 이 프로젝트는 주로 R&D 지원에 초점이 맞춰져 있다. 그러나 이 정도로는 날개를 달수가 없다. 세포치료, 신약개발, 원격의료 등 다양한 바이오헬스케어 산업의 변화를 진단하고 집중해야 한다. 출발이 늦었다고 신발끈을 풀어놓은 채 출발할 수는 없다. 시작부터 단단하게 기초를 다지는 정부와 업계의 각오가 요구된다.

바이오헬스케어의 성장 동력은 무엇인가?

조금은 늦은 감이 있지만 정부에서도 바이오헬스케어 분야를 한국경제를 이끌어갈 신성장동력으로 인정하고 있는 듯하다. 정부는 2016년도에 달성해야할 과제로 한국의료의 세계적 브랜드화, ICT융합 기반 의료서비스 창출, 제약 및 의료기기 산업의 미래 먹거리 육성 등을 제시하였다. 이를 통해 일자리 76만개, 부가가치 65조원을 창출하겠다고 밝혔다. 업계 전문가로서 솔직히 얘기하자면 쉬운 목표는 절대 아니다. 그러나 목표 없이 방황하던 시기보다는 정부의 자세가 분명 진일보한 것은 확실하다.

대한민국 바이오헬스케어의 세부적인 성장 동력으로는 대략 8가지 분야를 예로 들 수 있다. 신약개발 등 제약산업 투자환경 조성, 외국인 환자 40만명 유치, 한국의료 K-Medi의 해외진출, 디지털 헬스케어의 해외진출 시범사업, 국민체감형 원격의료 확산, 진료기록 CT, MRI 정보 교류, 정밀 · 재생의료 산업의 활성화, 첨단 의료기기 개발 지원 등의 분야에서 한국형 바이오헬스케어를 성장시키는 데 집중하겠다고 밝혔다.

첫째, 신약개발 등 제약산업의 투자환경 조성에서는 미래 먹거리 산업으로 제약기업의 투자환경 조성과 시장진입 및 상품 출시할 때 관련규제의 적극적인 개선, 해외 진출하려는 신약의 약가를 우대하는 정책을 추진 중이다. 이 중에서 필자의 눈길을 확 끄는 것은 관련규제의 적극적인 개선이다. 앞선 글에서도 언급하였듯이 우리나라 바이오헬스케어가 진일보하기 위해서는 복잡한 규제를 없애야 한다. 모든 창업환경이 그렇듯이 규제는 족쇄가 될 수 있다. 이 족쇄를 풀겠다는 정부의 자세는 일견 전향적이라고 할 수 있다. 제약산업 투자환경 조성을 위해서는 해야 할 일이 참 많다. 정부는 제약분야에서는 글로벌 헬스케어 펀드1500억원을 통해 해외임상, M&A, 오픈 이노베이션 등을 지원하고 신약분야에서는 해외진출 신약의 약가 우대 유전자치료제, 줄기세포 치료제 개발에 대한 R&D 집중 지원 등을 지원할 계획이다.

정부는 두 번째 성장 동력으로 외국인 환자 40만명 유치를 내걸었다.

이 부분은 뒷부분의 'K-Medi' 브랜드와도 연결된다. 필자는 이 목표 달성을 위해서는 한국 바이오헬스케어의 세계적인 브랜드화가 우선 과제라고 생각된다. 일본이 생각하는 한국 바이오헬스케어는 어디쯤이며 미국이나 유럽은 한국 바이오헬스케의 브랜드 가치를 어느 정도를 생각하는지 마케팅 포지셔닝을 먼저 생각하고 목표에 접근해야 한다. 내 자리가 어딘지 모르고 목표에 덤벼들었다가는 허둥대며 시간만 보낼 수 있기 때문이다. 외국인 환자유치의 경우는 2015년에 의료 해외진출법이 통과되어 목표 달성이 조금은 쉬워진 분위기다.

세 번째로 강조되는 것은 바이오한류, 바이오 글로벌 브랜드화다. 정부에서는 'K-Medi'라는 이름으로 해외진출을 위한 지역별 맞춤형 전략을 추진하고 있다. 중동은 바이오헬스케어 전반적인 패키지 수출을, 중국은 피부과 성형외과를 넘어 전문화된 대형 의료기관 진출을 추진하고 있다. 중남미 6개국은 FTA 체결에 대비하여 의약 쪽에 초점을 맞추고 있으며 러시아는 의료기기 인허가와 의료인 면허에 집중하고 있다. 이밖에 칠레는 희귀 의약품, 에콰도르는 제약단지 건설, 페루는 병원 현대화사업 등 공공 프로젝트 정보공유를 통해 한국기업의 진출을 적극 지원하고 있다.

네 번째로 지원하고 있는 분야는 디지털 헬스케어 해외진출 시범사업 분야다. 디지털헬스케어는 우리나라 IT 기술이 장점을 극대화하고 스마트 원격진료 국민 체감형 원격의료의 확산이다. 이 사업은 의료 취약지 중심의 원격의료서비스를 도서벽지 20개소로 확대하고 원격협진병원도

30개소에서 70개소로 확대한다는 진략이다. 또한 군부대. 원양선박, 교정시설, 산업공단, 노인요양시설, 농촌지역 등에도 원격진료 서비스를 확대 추진할 계획이다.

여섯 번째 바이오 성장 동력 지원사업은 진료기록 · CT · MRI 등 정보교류의 공유다. 이 사업은 진료기록 및 CT, MRI 등 영상정보의 의료기관 간 공유를 환자의 동의를 받아 상급 종합병원과 인근지역 병 · 의원 간 온라인으로 의뢰 · 회송하는 것이다. 서울 세브란스 병원이 이 사업의 시범병원으로 지정되어 운영될 예정이다. 일곱 번째는 정밀 · 재생의료 산업의 활성화다. 이 사업은 암을 비롯하여 만성 및 희귀 난치성 질환 대상 유전체 의학 R&D를 중점 지원한다. 정부는 '포스트 지놈 다부처 유전체사업'을 통해 2016년 360억원을 유전체 의학 연구개발에 투자할 예정이라고 밝혔다.

마지막으로 첨단 의료기기 개발을 적극 지원한다. 의료기기 수출은 중국을 비롯 점차 확대되고 있다. 앞으로는 전국 7개 병원에 중개 임상시험 지원센터를 운영하여 의료인과 개발자 간 협력연구 공간을 제공할 예정이. 부가가치가 높은 고위험도 의료기기 생산 비중을 35%까지 높여 의료기기 산업의 첨단화를 추진하는 것이 이 사업의 핵심이다.

이처럼 총 8개 분야의 바이오헬스케어 산업의 성장 동력 지원사업은 정부가 바이오헬스케어가 우리 국민의 차세대 먹거리임을 제대로 인식하고 대처하고 있다는 증거이다. 앞으로 투자자들은 이 8개 분야에 사업들의 얼마나 커갈지 지켜보는 것도 흥미로운 미래투자가 될 것으로 전망된다.

바이오헬스케어 산업의 최근 동향을 점검해봤더니

미래를 예측하려면 최근의 흐름을 잘 파악해야 한다. 헬스케어산업은 앞으로 급속도로 변하게 될 것이다. 지금 이 글을 쓰고 있는 순간에도 정책과 연구가 새롭게 만들어지고, 신약과 새로운 의료기기가 창조되고 있다. 삼성의 바이오산업 진출도 시사하는 바가 크다. 바이오시밀러 사업의 본격적인 추진과 메디슨 인수 등 삼성의 바이오산업 진출을 생체의약품의 산업화 시대와 의료산업회시대가 도래했음을 의미하며 small molecule drug development 시대의 종말을 뜻한다. 한미약품, 메디톡스의 기술수출과 바이로메드의 기술수출 가시권화 등은 우리나라가 새로운 바이오신약의 글로벌 경쟁력을 확보하고 있음을 나타낸다. 이들은 새로운 산업경쟁력을 확보한 산업군으로 당당하게 편입되고 있다. 줄기세포도 다시 조명 받고 있다. 줄기세포의 제품화를 통해 국내 매출을 높이고, 해외사업에도 적극 진출할 준비를 하고 있다. 의료, 제약, 바이오, IT 융합산업을 통해 난치, 불치병 치료에 대한 새로운 도전으로 줄기세포 기업들의 지속적으로 주목을 받게 될 것이다. 앞으로 바이오시밀러바이오베터, 맞춤형헬스케어에 대한 관심은 계속 높아질 것이다.

신약개발분야의 세부 현황을 어떨까? 신약은 크게 합성의약, 단백질의약, 항체의약, 세포치료제, RNA 표적 및 유전자 치료제 등 5가지 분야로 구분된다. 이 중에서 합성의약과 단백질 의약은 완숙단계에 접어들었다. 합성의약에는 아스피린, 비아그라, 리피토, 글리벡, 타미플루, 택솔 등이 있는데, 이 분야는 낮은 임상개발 성공률로 인한 고비용으로 다국적 제약사들이 점차 철수하고 있는 양상을 보이고 있다. 단백질 의약은 EPO, 성장호르몬, 인슐린, GCSF 등을 예로 들 수 있는데, 이 분야는 대형개발 타겟이 고갈되어 가고 있는 상황이다. 성장단계에서 중간 정도로 평가되고 있는 항체의약 분야는 허셉틴, 아바스틴, 레미케이드, 리툭산, 휴미라, 엔브렐을 들 수 있는데, 높은 타겟 선택성으로 안전성이 좋으며 현재 바이오헬스케어 분야에서 가장 고성장 분야라고 할 수 있다. 그러나 질병타겟의 고갈로 성장성에는 분명 한계가 있다. 우리나라 신약개발의 미개척 분야는 세포치료제와 RNA, 유전자치료제 분야다. 세포치료제는 카티스템을 예로 들 수 있는데 이 분야는 광대한 재활 의약의 수요가 존재하며 미래의 고성장 분야라 할 수 있다. RNA, 유전자치료제 분야는 현대인들이 흔히 앓고 있는 고지혈증 등이 있는데 무궁무진한 신규 질병의 타겟을 가지고 있으며 높은 타겟 선택성으로 안정성이 매우 높은 미래 고성장 분야라 할 수 있다.

의약품, 의료산업, 소재산업 분야의 국내 대표기업들을 어디가 있을까? 이 분야는 4가지 형태로 구분되는데 첫째는 의료기기 및 맞춤진단, 둘째는 영리병원 및 U-헬스, 셋째는 QOL, 농축산, 화장품, 식품분야이고 마지막으로는 생명공학 및 의료관련 서비스 분야를 들 수 있다. 의료기기 및 맞춤진단 분야는 유전체 분석을 통한 개인 맞춤형 의료로 발전하고 있는데 대표적인 기업으로 마크로젠, 테라젠, 인포피아, 씨젠, 진메

트릭스, 아이센스, 바디텍메드, 큐렉소, 오스템임플란트, 셀루메드, 나노엔텍, 디엔에이링크, 한스바이오메드, 인트로메딕, 엑세스바이오, 씨유메디칼, 파나진 등이 있다. 영리병원MSO 및 U-헬스 분야는 질병예방 및 관리, 건강수명 연장이라는 헬스케어 3.0 시대로 접어들고 있다. 대표적인 기업은 차바이오텍, 위노바, 유비케어, 인성정보, 에임메드가 있다. QOL, 농축산, 화장품, 식품 분야는 노령화와 중국의 변수인데 인트론바이오테크놀로지, 아미코젠, 내츄럴엔도텍, 바이오랜드, 한국콜마, 이지바이오, 에이씨티, 제닉 등의 기업을 주목할 필요가 있다. 마지막 생명공학, 의료관련 서비스 분야는 신약개발과 의료서비스산업 발달이 주요 변화요인이다. 국내대표 기업으로는 마크로젠, 오리엔트바이오, 바이오니아, 인트론바이오테크놀로지, 바이오톡스텍 등이 있다.

세계 의약품 시장은 어떤 상황일까? 세계 의약품 시장은 2013년부터 성장률이 회복할 것으로 예상하고 있는데 2013년에는 전년비 3.3% 증가한 9,910억달러에 이르고, 2012년부터 2017년까지 연평균 5.3% 성장해 12,420억달러를 기록할 것으로 전망된다. 이러한 세계 의약품 시장의 성장률 증가는 2013년 이후 특허만료에 따른 예상 매출 손실이 줄어들 것으로 추정되기 때문이다. 더불어, 신약 허가 및 신청 건수가 늘고 있어 특허 만료 블록버스터를 대체할 신제품 즉 신약이 늘고 있는 점도 세계 의약품 시장에 활력을 불어 넣고 있는 것으로 판단된다. 세계 의료기기 시장은 2018년까지 연평균 4.5% 성장해 4,550억달러를 기록할 전망이다. 이러한 성장의 동력원은 고령화, 이머징 국가에서의 의료서비스 수요증가 등을 변화요인으로 설명하고 있다. 내수시장은 어떤 상태일까? 내수

시장은 제도변화와 경기부진으로 성장률이 다소 둔화된 상태다. 국내 의약품 시장은 2000년 의약분업 이후 전문의약품의 비중은 계속 증가해서 2012년에 86.5%에 이르렀다. 전문의약품의 매출 동향을 보여주는 원외처방 금액은 2013년 9월까지 누적으로 전년동기 대비 6.8% 감소한 6조 6,768억원에 그쳤다. 또한 전문의약품의 매출 경향을 보여주는 또 다른 지표인 약국 급여비는 2013년 상반기에 전년동기 대비 3.2% 감소한 5조 9,230억원에 그쳤다. 이는 2012년 4월 정부의 일괄 약가 인하 영향과 내수 경기 위축에 따른 의약품 소비 둔화 때문으로 보인다. 반면 국내 의료기기 시장은 고성장을 나타내고 있는데 유형별로 상진단기기, 치과재료, 의료용품 등의 비중이 점점 증가하고 있으며 2008년부터 2011년까지 연평균 성장률이 높았던 분야는 정형용품, 의료용경, 체외진단기기 등으로 20% 이상 고성장을 보이는 것으로 분석되었다.

지금까지 살펴본 바이오헬스케어 산업의 현황을 통해 바이오벤처 투자전략을 새롭게 세워볼 필요가 있다. 총 4가지 정도에서 전략을 점검할 수 있는데 첫째는 Target Market의 중시다. 기술 자체로서의 매출은 시간과 비용적으로 불확실성이 있으나 관련 이론이 뒷받침될 경우 많은 기업들이 매출을 현실화할 것으로 보인다. 앞으로는 구체적인 매출대상 기술을 가진 기업의 발굴 및 투자가 필요하다. 한편 KFDA 등의 인허가 문제로 많은 사업 아이템이 지연되었으나 점차 승인 가능성은 높아지고 있다. 향후 구체적인 시장과 능력 있는 유통망을 가진 기업의 발굴 및 투자가 이어져야할 것으로 보인다. 대중 소비자를 상대로 하는 아이템의 경우는 매출 추이에 따른 투자위험도 헷지 후 투자해야 할 것이다. 두 번째

투자전략은 회사운영능력을 중시해야 한다는 점이다. 동일 아이템이라 하여도 기술, 경영, 판매 등 내부조직의 효율화가 바이오테크 기업에 있어서 기업성장의 성패를 좌우한다. 이 전략을 통해 앞으로 지분구조, 경영구조에 대한 세밀한 검토 후 투자를 해야 할 것으로 전망된다. 세 번째 투자전략은 기업 구조조정을 통한 성장가능성을 평가하는 것인데 다양한 목적에 따라 여러 형태의 기업 구조조정이 예상되는 바, 수익성과 성장성을 검토한 후 투자해야 한다. 마지막으로 성장 산업화 유망 분야에 대한 선도적 투자전략이 필요하다. 바이오테크 기업에 대한 초기투자의 경우는 아이템에 대한 초기투자지원 및 새로운 방식의 투자전략을 검토해야 한다. 방법론적으로 경영자문팀을 구성하여 기술과 기업간 결합시 참여하는 방식으로 고려할 수 있다.

바이오헬스케어, 과거에 집착하면 성공할 수 없다!

우리나라의 바이오헬스케어 산업은 막 날개를 퍼덕거리며 날아오르려 하는 단계다. 그러나 발목을 잡고 있는 딜레마 때문에 아직 날 수 있는 단계는 못 된다. 무엇이 문제일까? 누구나 알고 있는 듯하지만 누구도 모르는 그 문제점을 다시 한 번 점검해 본다.

인구 고령화는 바이오헬스케어 산업을 성장시키는 중요한 동력이다 그러나 우리나라 의약품 시장의 경우 인구고령화는 만성질환 의약품의 수요를 증가시키기는 하지만 정부의 건강보험재정에 부담을 주기도 한다. 우리나라 의약품 시장은 인구고령화, 만성질환의 증가로 양적, 질적으로 빠르게 성장하였다. 의약 산업 시장규모생산+수입-수출도 2010년 기준 약 18조 9,084억원으로 전년 대비 5.2% 증가하였으며 연 평균 8%CAGR 2006~2010 이상의 고성장을 기록하였다.

고령인구는 의료비 지출 면에서 큰 의미를 지닌다. 2011년 기준, 한국 건강보험공단의 보험지급액을 연령별로 보면, 50세 미만 인구 1인당 연 평균 급여액은 약 381,000원, 50~54세는 788,000원, 55~59세는 1,048,000원, 60~64세 1,367,000원, 65세 이상은 2,276,000원으로 의료비 지출규모가 연령대에 따라서 크게 증가함을 알 수 있다. 특히 2012년 1분기 기준, 65세 이상 의료비 지출은 592,000원으로 2012년 연간 예상 보험지급액은 2,367,000원에 달할 것으로 보인다. 이는 연령별 1인당 연 평균 급여액 중 40%에 육박하는 수준이다. 우리나라 의약품 교역량은 해마다 증가하고 있다. 2006년부터 2010년 동안 수출과 수입은 각각 연평균 19.7%와 11.8% 증가하여 수출이 수입보다 빠르게 증가하고 있지만 수입량이 수출보다 3배 가량으로 무역수지 적자는 여전히 지속되고 있다. 2010년 의약품 수출액과 수입액은 각각 약 1조 8천억원과 5조 1천억원으로 무역수지 적자는 33조 3천억원을 기록했다.

합성의약품 시장은 점점 저성장의 굴레에 빠지고 있다. 이것은 각국 정부의 친 제네릭 정책으로 가격이 하락하면서 매출 성장률이 둔화하고 있다는 것을 의미한다. 반면 바이오의약품 시장의 고성장이 가능한 이유는 아직까지 가격이 정부정책에 비탄력적이라는 점인데 이는 대부분 블록버스터급 바이오의약품의 특허가 만료되지 않아서 비교우위의 약가를 받고 있고, 파머징 국가들의 GDP 성장과 의료에 대한 관심 증가가 바이오의약품에 대한 수요를 만들어 내고 있기 때문이다.

앞으로 급속한 인구고령화, 노인장기요양보험제도, 베이비부머55~63년생, 전체 인구의 16.8% 세대들의 은퇴 본격화 등으로 고령친화적 사업에 대한 시장 수요는 계속 확대될 것이다. 그중 경제력을 보유한 베이비부머 세대의 은퇴시기가 점점 앞당겨질 것이다. 이 세대는 상당한 경제력전체 토지의 42%, 도시지역 전물의 58%, 시가총액 기준 주식물량의 20%를 소유을 보유하여 고령친화산업 활성화에 상당한 영향을 줄 것이며, 건강을 유지하고자 하는 고령인구의 강한 욕구와 이를 반영하는 헬스케어 소비 패턴의 변화를 몰고 올 것이다.

소득증가가 헬스케어 산업을 키운다

당연한 이야기지만 돈이 많고 여유가 있을수록 건강에 대한 비용지출이 는다. 인구통계 전문가인 클린트 로렐은 이런 말을 했다. "죽음은 틀림없이 성장산업이다."고. 죽지 않으려고, 아니 더 건강하고 행복하게 살려고 누구나 돈을 쓸 준비를 하고 있다. 전 세계적으로 보더라도 고령화 현상은 GDP 대비 의료비 비중을 점점 늘리고 있다.

과거 한국의 GDP가 빠르게 증가하던 1990년대 이후 상위제약회사들의 매출액 성장 그래프를 비교해 보면 GDP 성장률과 의료비 지출의 상관관계를 확실하게 알 수 있다. 향후 전 세계 의료비 지출의 증가 속도는 신흥시장러시아, 브라질, 중국, 인도 등이 주도하게 될 것으로 보인다. 현재 이들 국가의 1인당 의료비 지출은 각각 미국의 13.0%, 11.8%, 3.9%, 1.7% 수준에 시나지 않아 앞으로 더욱 증가할 가능성이 높다. 미국의 헬스케어 지출액은 인구고령화와 함께 기하급수적으로 증가하기 시작했으며 연평균 6.2%CAGR 2008~2018의 성장이 전망된다. 미국은 노인에 대한 부양비가 꾸준히 늘어날 것으로 예상되고, 중국도 '1가구 1자녀' 정책의 영향으로 2030년부터는 65세 이상 인구 수가 유소년 인구0~14세보다 많아질 것으로 예상된다. 글로벌 주식 시장에서도 헬스케어 섹터의 중요성이 점차 커지고 있는데, 2007년 MSCI AC World 업종별 비중에서도 2007년 시가총액 8위에서 2014년 4위까지 올라왔다. 또한 전 세계적인 고령화 추이에 맞춰 글로벌 의약품 소비도 빠른 속도로 늘어날 것으로 보인다.

미국의 의료비용은 GDP의 17.6% 수준으로 GDP 성장률보다 빠르게 성장하였다. 이는 사회적 의료비용에 대한 부담증가로 이어지면서 주요 국가적 이슈 중 하나로 떠올랐다. 2010년의 오바마 의료개혁법안은 이런 문제를 해결하기 위해 태어났다. 오바마 의료개혁법안의 핵심은 보편적 의료보험을 확대하고자 제네릭 의약품 비중을 높이고, 바이오시밀러 도입으로 가격 경쟁을 유도하며, 연구비 지원으로 기술 경쟁력을 강화시켜 효과 좋은 의약품 개발과 약효경제성 평가시스템 도입으로는 사회적 비용 운영에 관한 합리화를 추구하겠다는 것이다.

바이오헬스케어 산업은 신흥국의 GDP도 주목하고 있다. 전 세계 GDP

성장률은 4%대인데 신흥국 GDP 성장률은 3배 가량 높다. 전 세계 의약품 시장은 GDP 성장률과 같은 흐름을 유지하였다. 1인당 국민 소득GDP per capita과 1인당 의료비 지출을 비교하여 보면 의료관련 지출의 변화는 GDP 성장률과 매우 유사했다. 이른바 파머징 마켓이라 불리는 신흥국가의 1인당 국민소득은 가파르게 증가하고 있다. 이에 따라 의료비 지출의 지속적인 증가도 예상되고 있으며 신흥국의 의약품 시장 성장속도는 더 빠르게 진행될 것으로 예상된다.

지난 50년 동안 OECD 국가의 보건의료비 지출은 지속적으로 증가하였다. 1960년 OECD 국가 평균 의료비는 GDP의 4% 미만을 보였으나 2010년 9.5%까지 증가하였다. 미국의 경우, GDP 대비 보건의료비 비중이 1960년 5.1%에서 2010년 17.6%로 상승하여, 1인당 보건의료비는 OECD 평균의 2.5배 수준인 8,233달러까지 상승했다. 미국에 이어 노르웨이, 스위스, 유럽, 캐나다, 호주 등의 국가들은 평균 이상의 보건의료비를 소비하고 있는 반면 멕시코, 터키, 한국은 OECD 평균보다 낮게 지출하는 국가에 속한다.

국가별 GDP 대비 보건의료비의 비중은 각 국가 의약품을 포함한 헬스케어 산업의 성숙 정도 및 향후 성장 가능성을 가늠해볼 수 있다. 2010년 OECD 국가에서 보건의료비 비중은 GDP 대비 9.5%였다. 2000년 이후 1인당 보건의료비는 OECD 국가에서 평균적으로 경제 성장보다 두배 빨리 증가했다. 그 결과 대부분의 국가에서 GDP 대비 보건의료비 비중이 증가하게 되었다. 의약품 소비는 모든 OECD 국가에서 질적 측면에서뿐만 아니라 소비되는 의약품의 양적 측면에서도 증가하고 있다. 의약품 소비 증가에 기여하는 요인 중에는 인구 고령화와 관련된 질병을 치료하기 위한 의약품 수요 증가도 있다.

고령화는 의료기술 발달 및 소득수준 증가에 따른 글로벌 트렌드로 이에 따라 헬스케어 산업은 지속적으로 성장할 것이다. 향후 중국과 인도 등 아시아를 필두로 하는 이머징 시장의 성장은 헬스케어 산업 확대에 큰 영향을 줄 것이다. 고령화와 고소득과 의료비 지출의 상관관계를 보면 우리 개개인들은 노년을 대비해 우리는 어떤 노력을 해야 할까? 노년에는 경제활동도 할 수 없어서 소득도 연금 정도에 기댈 수밖에 없는 처지일 수 있다. GDP가 성장하더라도 의료비 지출에 대한 부담은 분명 상당할 것이다. 그렇다면 소득이 있을 때 의료비 부담을 줄일 수 있는 대처가 필요하다. 그래서 대두되는 것이 헬스케어 펀드이다.

앞에서 설명한 것처럼 헬스케어는 어차피 우리 산업의 메인이 될 수밖에 없다. 그것은 국내에만 한정된 문제가 아니다. 그렇다면 전 세계의 성장산업인 헬스케어 펀드를 미리 준비하는 것이 좋지 않을까. 고령화와 의료비 지출이 뻔한 상관관계를 그냥 넋 놓고 바라보아서는 안 된다. 바이오헬스케어 업체들은 나름대로 GDP 소득 증가를 주목하고 있는데 정작 개인들은 아무런 대비를 하고 있지 않다는 건 위기에 대한 무감각이라 말할 수밖에 없다. 기업들이 준비하듯 개인도 바이오헬스케어의 변화를 미리 준비해야 한다. 그것이 보다 건강하고, 여유롭게 미래사회를 살아가는 힘이 될 것이다.

일본을 통해 본 바이오헬스케어 산업의 전망

일본의 제약산업은 1980년대 중반 이후 엔고로 급속하게 성장하여 한 때는 전 세계 시장 점유율이 20% 이상을 넘기도 했다. 그러나 일본이 1970년대 고령화 사회가 되고 1990년대 고령사회로 진입하면서 의약품에 대한 소비량이 증가하였고 이에 따른 약제비 비중이 높아졌다. 일본의 건강보험재정에서 약제비가 OECD 평균 대비 높은 비중을 차지하면서 일본 정부는 여러 차례에 걸친 약가인하를 단행하게 된다. 1990년 의약품 유통근대화 협회는 '의료용 의약품 유통 근대화와 약가에 대하여'라는 보고서에 제약기업과 의약품 도매상과의 거래에 있어서, 가격 할인보상제도 폐지와 가격투명화에 대한 필요성을 제기하였다. 1991년 공정거래위원회는 미국의 유통구조 개선 요구를 받아들여 가격할인보상제도를 폐지하고 새로운 가격제도를 도입하였다. 리베이트와 가격 규제가 발표되면서 일본의 제약산업은 정체되었다.

일본의 약가제도는 1967년 이후 26번이나 제도적으로 변해왔다. 그러나 가장 큰 폭의 약가인하는 1981년18.6%과 1984년16.6%에 있었다. 그 후 1990년부터 현재까지는 2년마다 약 6%의 약가인하가 이루어지고 있다. 그런데 1990년대 이후 일본 제약회사들의 주가가 상승하기 시작한다. 과연 이 시기에 일본에서는 어떤 변화가 일어났을까? 약가인하, 약제비 삭감정책 등으로 일본의 제약시장은 저성장 국면에 들어갔다. 그러나 R&D에 집중 투자하고, 해외진출을 위한 활발한 M&A를 통해 불황의 늪을 빠져 나온 몇몇 성공 기업들이 나타났다. 지금의 글로벌 제약기업으로 성장한 Takeda, Daiichi Sankyo, Astellas 등이 그 예이다.

1) 고령화 진입

현재 한국이 처한 인구구조의 변화 동향을 살펴보면 과거 일본의 인구구조 변화와 유사하다. 일본이 1970년대 고령화사회에서 1990년대 고령사회로 그리고 지금의 초고령사회가 되기까지 약 36년의 시간이 필요했다면 한국의 경우에는 2000년 고령화사회에서 초고령사회로 26년이 지나면 도달하게 될 것이라는 점에서 인구구조 변화가 유사하지만 일본보다 의약품 산업을 포함한 헬스케어 전반적인 산업 변화가 빠르게 진행될 것으로 예상된다. 일본이 이미 65세 이상 인구가 2008년 기준으로 전체 인구의 22%를 넘어섰다. 일본은 1970년대부터 고령화사회전체인구의 7%로 진행되고, 1990년대 고령사회전체인구의 14%에서 2006년 초고령사회로 진입하였다. 한국은 이제 본격적인 고령사회로 진입하고 있다.

2) 약가인하

고령화 이슈가 생기고 건강보험재정 부담이 커지기 시작하면서 의약품 가격에 대한 정부 규제들이 발표되기 시작하였다. 일본에서 보여지듯이, 고령사회 단계인 1990년대에도 의약품 시장이 크게 성장하지 못한 이유는 가격 규제 때문이다. 1980년대부터 의약품 수요와 함께 국민의료비 및 약제비가 급격히 증가하였다. 이는 건강보험재정의 부담을 증가시켰으며 일본정부는 1980년대부터 약가를 급격히 인하하였다. 1992년부터는 가중평균가격을 기준으로 일정 가격 폭을 가산한 수치를 기준으로 약가인하가 시작되었으며, 해마다 가산해 주는 가격 폭이 낮아지면서 의약품의 가격이 낮아지기 시작하였다.

신약가 = [의료기관/약국으로의 판매가격의 가중평균치] x [1+ 소비세율(지방 소비세분 포함)] + 조정폭

일본의 기등재의약품에 대한 약가산정방식은 통상 2년마다 시장 실제가격을 근거로 개정된다. 시장 실제가격조사한 의약품 가격의 가중평균치에 약가 유통안정을 위한 개정 전 약가의 2%에 해당하는 조정폭과 소비세를 더한 금액을 신약가로 한다. 1990년대 중반 이전 OECD 평균 수준을 크게 상회 했던 약제비 비중도 지속적인 약가인하로 OECD 평균 수준으로 낮아졌다. 일본이 실행한 시장형 실거래는 의료비 중 약제비 비중을 낮추는데 성공하였으나 일본 내수 제약산업의 성장은 정체되었다.

일본의 제약산업도 약가인하와 R&D 투자비가 증가할 때에는 제약섹터가 전반적으로 de-rating 되었다. 그러다가 수출이 급증하고 M&A를 통해 국내 또는 해외에서 견고한 외형 성장의 기반을 확보했을 때, re-rating이 시작되었다. 이는 내수시장 지배력과 수출을 확대하는 상위제약사들이 의약품 P가격하락에도 불구하고 Q수량 증가로 지속적인 외형 성장뿐 아니라 수익성 개선을 지속하였기 때문에 산업 내 구조조정을 이끌 수 있었던 것이다. 따라서 한국의 현재 제약회사들 중 국내 시장 점유율이 상승할 수 있거나 해외진출 확대를 통해 지속적인 외형 성장을 유지할 수 있는 상위 제약사들에 대한 투자를 권고한다. 일본의 사례에서 보았듯이 장기 성장 둔화는 결국 산업 내 consolidation을 불러왔고 살아남은 제약회사들 위주로 대형화가 이루어졌다.

일본 제약회사들도 약가인하와 동시에 R&D 투자가 증가하는 시기에는 주가가 약세를 면치 못하다가 1) R&D 성과가 가시화되고 수출이 증가할 때 2) 일본 내 M&A가 활성화되어 개별 기업들의 외형 성장이 있을 때 그리고 3) 해외 M&A를 통해 해외시장 진출에 속도를 낼 때 제약업종이 re-rating 되었다.

한국 바이오헬스케어 업체들 투자전망 요약

한미약품, 대륙 아이들의 건강을 책임지다

- 북경한미 의약품에 이어 기존 infra를 활용한 인접사업으로의 사업다각화 추진 중
- 50% 이상의 성장률을 보여주는 시점. 북경한미의 가치 제대로 반영될 수 있을 것으로 판단
- 지지부진했던 R&D 파이프라인들의 L/O 및 에소메졸 미국 출시에 청신호

SK케미칼, 바이오 에너지 사업의 선두주자

- 원재료 가격 하락과 계절성에 따른 바이오디젤BD원가율 하락으로 수익성 개선을 전망
- 엠빅스의 판매호조와 백신 매출 증가를 예상
- NBP601혈우병치료제 임상 3상 진입에 따른 마일스톤 fee 반영될

예정

- 2013년 1월 도래하는 SK건설의 전환사채의 보통주 전환 시기에 주요 주주 구성비율 변화를 예상

마크로젠, 바이오 패러다임 변화의 중심에 서다

- 유전체 의학을 바탕으로 개인맞춤의학 분야의 선두 주자로 자리매김 중
- 글로벌 시퀀싱 장비 회사이며 DNA chip을 생산, 판매하고 있는 Illumina와의 전략적 제휴를 통해 글로벌 시장 진출 확대 셀트리온, 세계 최초 바이오시밀러 출시로 시장 선점 가능
- 세계 최초 항체의약품 바이오시밀러 출시로 파머징 국가 시장 선점 가능
- 낮은 원가율과 신개념의 가격 정책으로 빠른 진입을 기대

씨젠, 남들보다 싸게 만들 수 있는 경쟁력을 보유하다

- 국내 대표 분자진단 전문기업으로, Real time PCR을 보완하는 READ, DPO, TOCE 등의 기술 확보
- 우수한 가격경쟁력을 바탕으로 미국, 유럽 등 대형검진센터 통한 해외 시장 입지 강화

Chapter 4.

스마트바이오

스마트바이오, 상상을 현실로 만들다

바이오에 관한 모든 영화들을 보며

우리들은 신기한 미래에 넋을 빼앗겼습니다.

그러나 그 영화 속의 바이오가 현실로 다가오고 있습니다.

심장박동수와 호흡을 측정할 수 있는 첨단 옷이 나오고,

건강 관련 센서를 탑재한 스마트워치 애플워치가 출시되었습니다.

스마트폰의 대중화, 의료비 절감의 가능성, 의료이용의 불편함 등으로

디지털 헬스케어 시장은 더욱 빨리 우리 앞에 다가올 것입니다.

병원 갈 일이 점점 줄어드는 세상을 우리는 어떻게 준비해야 할까요?

상상을 현실로 만드는 스마트바이오.

대한민국의 미래변화도 바로 여기에서 시작됩니다.

지역별 창조경제센터와 바이오의 만남

박근혜 정부 창조경제의 핵심인 지역별창조경제센터는 바이오헬스케어산업의 발전에 큰 영향을 주었다. 2014년 9월 대구에서 문을 열기 시작한 창조경제혁신센터는 지역인재의 창업, 중소벤처기업의 성장 및 글로벌 진출 지원, 청년 일자리 확대라는 세가지 목표를 세우고 지역창조경제의 거점으로서 창업생태계 조성과 지역경제의 활성화를 도모하였다. 전국 18개 창조경제혁신센터에서는 금융, 법률, 마케팅 전문가가 상주하면서 창업자들을 위한 원스톱 컨설팅 서비스를 진행한다. 특허, 금융, 개발자금 지원 및 투자유치, 마케팅, 판로 확보 등 기업의 성장 단계별로 맞춤형 상담을 제공하고 있으며 유망기업에게는 입주공간을 무상으로 제공하고 투자자 연결 및 글로벌 진출 기회를 지원하고 있기도 하다. 2015년 12월 31일 기준으로 15,896건의 원스톱서비스 및 멘토링 상담이 실시되었고 578개의 창업기업을 육성하였다. 또 창업기업 및 중소기업을 대상으로 투자유치, 융자지원, 담보제공 등 총 1,267억원 규모의 투자를 유치하였다.

사실 창조경제센터는 이명박 정부의 테크노파크를 변형한 것이다. 지금은 각 지역 거점별로 최고의 좋은 건물을 지어놓고 벤처기업들을 육성하고 있다. 대부분의 창조경제센터는 대기업들과 연계되어 있다. 충북창조경제센터는 LG그룹이 펀드를 출자해서 운영하고 있는데 10명 중에 5명은 LG그룹에서 파견 나온 사람들이다. 퇴임하고 보직 발령 받은 분들이긴 하지만 예전에 이분들이 하던 역량을 초기 기업들에게 전수한다는 차원에서는 참 바람직한 일이라고 보여진다. 지역창조경제센터는 각 센터마다 특색을 두려고 노력 중이다. 대구는 섬유자동차, 대전은 ICT와 반도체, 에너지, 경북은 융합형 신산업과 농업6차산업, 충북은 바이오와 뷰티, 부산은 유통과 영화, 광주는 문화, 경기는 이동통신과 게임, 경남은 해수와 항노화 바이오, 강원은 관광, 충남은 농수산식품과 태양광 등의 사업을 중점적으로 진행한다.

각 센터에서는 멘토링도 하고, 벤처캐피탈 투자도 받는다. 근데 여기 기업 사람들은 사업계획서 작성부터 멘토를 붙여 도움을 받아야할 형편이었다. 필자도 창원에 가서 아이엠제노믹스라는 업체의 멘토링을 해준 적이 있다. 이 업체와 여섯 번 이상의 회의와 수차례의 현장방문 등을 거쳐 크라우딩 펀드에서 1위를 차지하였다. 이 업체는 잎새버섯을 만드는 업체인데 이 버섯은 일본에서 잘 나가는 상품으로 국내에서도 전망이 밝았다. 아이엠제노믹스는 골프장 정도의 엄청난 대지에 공장을 만들고 잎새버섯을 대량으로 생산하고 있었다. 이 업체를 멘토링하고 사업계획서를 짜면서 안정적 수익을 확보할 수 있도록 진행하였다. 경남창조경제센터에서 약 37개 업체가 올라왔는데 당당히 1등을 했다.

크라우딩 펀드라는 건 대중을 뜻하는 영어단어인 Crowd와 기금을 모은다는 뜻인 Funding이 합쳐진 것으로 단어가 주는 의미 그대로 '대중이 함께 만드는 기금'이라는 의미다. 해외에서는 발로 밟아 시동을 거는 오토바이 등의 페달을 의미하는 '킥스타터Kickstarter'라는 펀딩 플랫폼이 대표적인데, 이름처럼 아이디어는 있지만 자금이 모자란 창업기업들이 크라우드펀딩을 통해 사업 초기자금을 확보해 자신의 프로젝트의 첫발을 내딛을 있도록 도움을 받는다. 이 펀드는 한 사람당 200만원씩 한도를 정해 투자를 받는다. 예전의 벤처캐피탈 투자는 5천만원 정도 받았는데 위험도 너무 크고 초기부터 투자를 받는 단계까지가 너무 힘들었다. 그런데 크라우딩 펀드는 아무리 손해를 봐도 200만원 정도라 부담이 없다.

아이디어와 기술성을 갖고 있지만 자금 부족으로 성장에 한계가 있는 바이오기업들은 크라우딩 펀드 외에도 정부차원에서 기술성 특례제도를 통해 주식시장에 상장하는 방법도 있다. 정부도 투자활성화를 위해 이들 바이오 업체의 상장을 독려하고 있다 정부는 투자금융과 IPOInitial Public Offering를 활성화하는 정책을 펼쳐나갈 예정이며, 2015년 하반기부터 기술특례상장 예정인 기업들이 대폭 증가해 상장을 통한 기술개발 및 상품화가 활성화될 것이라고 내다봤다. 초기 기업 투자자금이라고 할 수 있는 벤처캐피탈 투자도 바이오 분야에서 많이 이뤄졌다.

바이오 분야는 2014년 대비하여 두 배 규모인 2,928억원이 투자됐으며, 전체 투자 대비 17.9%로 전체 벤처캐피탈 신규투자 중 비율이 가장 높았다. 상장으로 이어지는 벤처캐피탈의 투자자금이 바이오 분야에서 빠르게 증가한다는 것은 우수한 기술력을 가진 바이오 기업들이 많이 출현한다는 걸 의미한다. 한국거래소에서도 우수한 기술을 가진 기업들이 기술특례상장을 통해 쉽게 상장 할 수 있도록 기술성평가제도를 개편 및 완화해 올해 2015년 4월 27일부터 시행하고 있다.

개편된 코스닥 기술평가제에 따르면 기술 기업 상장 특례 대상은 기존 벤처기업에서 일반 중소기업까지 확대됐고, 평가 기관은 22개 기관에서 기술신용평가기관TCB 3개사로 전환됐다. 기술평가기관 선정부터 통보까지 걸리는 기간도 9주에서 4주로 단축됐으며, 건당 평가수수료도 1,500만원에서 500만원 수준으로 낮춰졌다. 이에 2005년 기술기업상장특례제도 시행 이후 기술성평가를 통해 상장한 기업은 총 15개사에 불과했지만 2015년 신규 상장된 5개 기업 중 3개가 기술특례로 상장했고, 올해 하반기 상장 예정인 바이오기업의 약 70~80%가 기술특례상장을 할 것으로 전망되고 있다.

세포치료제와 줄기세포치료제의 전망은 어떤가

세포치료Cell therapy는 살아있는 세포를 환자에게 직접 주입하는 치료를 말하며 세포치료제Cell therapeutics는 세포 치료에 사용하는 살아있는 세포를 말한다. 보통은 세포와 조직의 기능을 복원하기 위하여 살아 있는 자가autologous, 동종allogenic, 이종xenogenic 세포를 체외에서 증식, 선별하거나 여타 방법으로 세포의 생물학적 특성을 변화시키는 등 일련의 행위를 통하여 치료, 진단, 예방 목적으로 사용되는 의약품으로, 사용하는 세포의 종류와 분화정도에 따라 체세포치료제와 줄기세포치료제로 나눌 수 있으며, 이 중에서 줄기세포치료제는 세포원천에 따라 배아줄기세포, 성체줄기세포, 역분화유도 줄기세포로 구분된다. 또한 세포를 어떤 개체에서 채취하였느냐에 따라 자가세포autologous, 동종세포allogenic, 이종세포xenogenic로도 분류할 수 있다. 성체줄기세포는 다시 어디에서 채취하였느냐에 따라 지방줄기세포, 골수줄기세포, 제대혈줄기세포 등으로 나눌 수 있다. 다만, 의료기관 내에서 의사가 해당 수술이나 처치 과정에서 자가세포 또는 동종세포에 안전성에 문제가 없는 최소한의 조작생물학적 특성이 유지되는 범위 내에서의 단순분리, 세척, 냉동, 해동 등을 말한다.만을 하는 경우는 제외한다.

① **체세포치료제** : 연골, 피부 등의 일반세포, dendritic cell 또는 NK cell 등 면역세포 이용 → 중외신약, 이노셀, 엔케이바이오 등
② **성체줄기세포 치료제** : 제대혈, 지방, 골수 활용 → 메디포스트, 알앤엘바이오, 파미셀 등
③ **배아줄기세포 치료제** : 배아 활용 → 차바이오텍

세포치료의 기원은 19세기 과학자들이 동물에게서 얻은 세포를 환자에게 주입하여 질병을 치료하기 위한 시도로 추정된다. Charles-Édouard Brown-Séquard1817-1894는 동물의 고환으로부터 얻은 세포를 주입하여 노화를 막으려고 시도하였다. 1931년 Paul Niehans1882-1971는 소의 배아에서 얻은 세포를 환자에게 주입하는 방식의 치료법을 시도하였다. 그는 이 치료법을 통해 암을 치료했다고 주장하였으나 연구적으로 증명된 바는 없다. 1953년 연구자들은 장기를 기증하는 동물에서

부터 얻은 세포를 미리 주입한 동물에서는 장기이식 거부반응이 나타나지 않은 것을 발견하였으며, 1968년 최초로 인간의 골수이식에 성공하였다. (위키피디아 참조)

세포치료제의 시장현황은 어떠한가? 지금까지 세계 시장에서 임상단계를 거쳐 제품화된 세포치료제는 대부분 무릎연골 재생, 피부 상처 및 화상 치료제, 골세포 치료제 등 자가 유래 치료제가 대부분이다. 현재 Genzyme, Isotis, ACT, Celgene, Dendreon, Geron 등 수십 개 업체가 각축을 벌이고 있고 한국업체들도 해외시장으로의 진출을 서두르고 있는 상황이다. 세포치료제의 대표적인 제품은 Genzyme의 자가연골 세포치료제 Carticel, Isotis의 피부 치료제 Allox, Dendreon의 Provenge 등이 있으나 대체 치료법이 존재하고 있어 큰 성장을 하지 못했다. 그러나 Dendreon이 출시한 Provenge의 경우에는 항암보조제로서의 면역세포치료제라는 장점이 있다.

줄기세포치료제 개발을 위한 임상연구는 미국이 136건으로 가장 많고, 한국40건, 중국17건, 스페인17건 순으로 조사됐다. 일본의 상업적 임상이 1건으로, 정부주도의 비상업적 경로를 통한 임상연구가 추진 중인 것으로 보인다. 식약처가 최근 발간한 '줄기세포치료제 개발 및 규제동향'에 따르면 미국과 한국은 제1상에서 제3상까지 고른 분포의 임상연구가 진행중인 것으로 나타났다. 중국은 94%가 초기임상에 머무르는 수준이다.

세포치료제는 체세포치료제와 줄기세포치료제로 구분할 수 있는데,

두 치료제는 사용하는 세포 특성으로 인해 뚜렷한 장단점을 보인다. 체세포는 세포의 다량 채취가 가능하고, 증식시키기가 용이하며, 윤리적 문제가 제기될 우려가 없고, 자가체세포를 사용할 경우 면역 거부 반응에서 자유롭다는 점이 장점인 반면, 줄기세포 대비 재생 효능이 떨어지고, 타가 체세포 사용 시 면역반응이 있을 수 있으며, 전분화능을 가지고 있지 않아 효과를 나타내는 조직이나 질환이 제한적이라는 단점이 있다. 반면 줄기세포는 종류별로 차이가 있긴 하지만 대체로 효능이 뛰어날 것으로 예상되고, 다양한 난치질환으로 적용이 가능한 장점을 가진 반면 다량으로 얻기가 어렵고, 여전히 안전성 이슈와 윤리적 이슈에서 자유롭지 못하다는 점, 기술적으로 해결해야 할 문제들이 남아있다는 점이 상업화의 걸림돌이 되고 있다.

세포치료제 중 먼저 의약품으로 허가를 받은 것은 체세포치료제이다. 하지만 자가 체세포치료제로서 오직 '카티셀젠자임, 연골재생'만이 의미 있는 매출이 발생하였고, 다른 품목들은 높은 생산비용과 유효성 입증 부족으로 상업성에 있어서는 실패하였다. 1조원의 매출을 기대하였던 덴드리온의 '프로벤지전립선암치료제, 자가체세포치료제'도 10만달러에 가까운 치료비용으로 2012년 매출 3억달러에 그쳤다. 반면 동종 타가 제품 중 피부 치료제 일부는 1998년 이후 30만건에 달하는 시술기록을 달성하면서 상업적 성공 가능성을 입증하였다. 따라서 세포치료제도 동종타가allogenic로서 유효성을 입증할 수 있다면 기존 의약품이 치료하지 못했던 Niche maket에서 '약'으로서 의미 있는 상업적 성공을 이룰 수 있을 것으로 기대된다.

세계적으로 총6종의 줄기세포치료제가 시판허가를 받고 본격적인 실용화단계에 돌입했는데 캐나다의 '프로키말', 이탈리아의 '홀로클라'를 제외한 4종의 치료제가 국내 업체에 의해 개발되었다. 우리나라는 줄기세포 치료 분야에서 세계적 경쟁력을 갖추고 한발 앞서가고 있는 상황이다. 국내업체들이 개발한 4종의 줄기세포치료제는 세계최초의 줄기세포치료제인 파미셀의 급성심근경색 치료제인 '하티셀그램-AMI', 히딩크 전 국가대표 감독이 시술을 받아 화제가 되었던 메디포스트의 무릎연골 결손 치료제 '카티스템', 줄기세포치료제 중 2014년 최초로 보험급여 적용을 받은 안트로젠의 크론성 누공치료제인 '큐피스템' 그리고 근위축성 측색 경화증의 진행속도를 완화하는 치료제로 식약처의 조건부 허가를 받은 '뉴로타나-알' 등이 있다.

배아줄기세포나 역분화줄기세포도 임상치료제 개발이 활발하다. 전통적으로 가장 활발한 연구가 진행되고 있는 적응증은 심장질환, 신경계질환, 정형외과질환, 소화기계질환, 면역계질환이며 최근에는 호흡기 질환, 혈액질환의 임상연구도 꾸준히 증가하고 있는 상황이다. 식약처 보고에 따르면 2014년 3월 기준으로 세계에서 상업적 용도로 진행 중인 줄기세포치료제 임상연구는 총 258건으로 이 가운데 40건16%이 우리나라에서 진행되고 있다. 미국에 이어 두 번째다. 2011년과 2012년에 걸쳐 우리나라 식약청은 3개의 줄기세포 치료제를 공식 승인하면서 세계의 이목을 끌었다. 2012년말 기준 국내에서 품목허가를 획득한 세포치료제는 17개이며, 세포치료제를 이용한 임상건수는 2011년 11건에서 2012년 23건으로 크게 증가하였다. 이는 글로벌 상위권 수준으로 보건복지부 보도

자료에 따르면 재생의료 분야에서 우리나라의 글로벌 리더십은 10위 수준인 것으로 평가되고 있다.

'Regeneration Medicine : Industry Briefing 2009' 자료에 따르면 현재 출시된 세포치료제가 대부분 연골재생이나 피부재생 분야였던것에 비해 향후 심혈관계 질환, 당뇨, 신경재생 분야에서 빠른 시간 내에 상업화된 치료제가 시장에 출시될 것으로 예상된다. 왜냐하면 2000년대 초부터 줄기세포 연구기관 및 회사 설립이 급증하면서 줄기세포 관련 임상건수가 급격히 늘어나고 있기 때문이다. 줄기세포 임상이 늘어나고 있는 질환군은 심혈관계심근경색, 심부전, 뇌졸증 등, 암 및 혈액질환혈액종양, 백혈병, 림프종 등, 뇌질환뇌경색, 알츠하이머형 치매 등 등이다. 이미 국내에서는 세계 최초 자가줄기세포치료제 '하티셀그램-AMI급성심근경색'와 세계 최초 타가줄기세포치료제 '카티스템연골재생'이 품목허가를 획득하였다. 해외에서도 약 120여개의 제품이 임상 단계에 있으며 그 중 19%가 임상 3상을 진행하고 있어 세포 치료제 시장 출시 품목은 꾸준히 늘어날 것으로 전망된다. 임상중인 품목들 중 심혈관질환에 대한 임상 비중이 33%에 달하고 있으며, 2020년에는 줄기세포치료제 시장의 57%가 심혈관계, 폐질환 9%, 정형외과 7%, 관절염 6% 비중을 차지할 것으로 추정되고 있다.

재생의학은 미래 의료산업을 이끌어 갈 새로운 성장동력

세포치료제와 관련해서 재생의학Regenerative Medicine이 새로운 패러다임으로 주목받고 있다. 미국과 유럽도 이 분야에 대한 연구개발 투자를 계속 강화하고 있으며 우리나라도 2009년부터 '미래성장을 견인할 수 있는 국가존망기술' 14가지 중 미래성장기술로 '재생의료기술'을 선정한 바 있다. 재생의학은 세포 및 줄기세포에 대한 기술이 급속히 발전하면서 시작되었는데 경제사회적 파급효과가 매우 큰 치료영역으로 평가되고 있다.

재생의학Regenerative medicine이란 인간의 세포와 조직, 장기를 대체하거나 재생시켜서 원래의 기능을 할 수 있도록 복원시키는 의학 분야라 할 수 있다. 재생 의학의 목표는 이전엔 회복이 불가능했던 조직이나 장기들의 신체 고유 회복 메커니즘을 활성화시키거나 손상된 조직을 교체함으로써 손상된 부위를 재생하는 것이다. 또한 재생의학에는 신체가 스스로 치유할 수 없는 조직, 장기를 실험실에서 배양하고, 안전하게 이식하려는 시도도 포함된다. 이로써 재생의학은, 특히, 장기 이식이 필요한 사람들에 비해 턱없이 부족한 장기 기증의 문제를 해결할 수 있을 것으로 기대된다. 그리고 환자 자신의 세포를 이용한 장기 배양을 통해 장기 이식 때 발생하는 면역 거부현상도 해결할 수 있을 것이다.

'재생의학'이라는 용어가 처음 나타난 것은 1992년 릴랜드 카이저Leland Kaiser의 병원 관리부에서였다. 그 서류엔 미래에 병원에 영향을 줄 기술들에 관한 내용들이 담겨있었는데, 여기서 굵은 글씨로 쓰인 **'Regenerative Medicine'**은 '만성질환을 치료하고 많은 부분에서 손상된 장기 시스템을 재생시킬 의학의 새로운 분야'로 소개되었다. 그리고 이 용어는 1990년대 후반 휴먼지놈사이언시스Human Genome Sciences의 창립자 윌리엄 하셀타인William Haseltine에 의해 널리 알려지게 되었다. 재생의학의 핵심은 줄기세포를 이용한 생물 의학적 치료이다. (위키피디아 참조)

미국 국립보건원NIH은 재생의학을 '생물학, 의약학, 공학이 융합되어 조직과 기관의 기능을 유지, 회복, 증진시킴으로써 건강과 삶의 질을 개선하는 방법에 대변혁을 일으킬 새로운 분야'라고 정의하였다. 또한 '질병에 대항하는 전혀 새로운 기술의 시작'이며, 현재 인류는 과거와 달리 '재생의학 및 줄기세포 기술을 보유한 신인류'라고 언론에 보도될 정도로 재생의학에 대한 기대가 크다. 재생의학은 치매, 척수손상, 당뇨 등 적절한 치료 방법이 없는 난치성 질환의 치료 대안으로 부각되고 있으며, 맞춤형 세포치료제, 생체조직, 바이오장기 개발 등 다양한 분야에 활용되어 막대한 경제적 부가가치를 창출할 수 있는 신성장동력으로 주목받고 있다.

재생의학은 크게 세포치료제Cellular therapeutics, Cell therapy, 조직공학Tissue engineering과 생체소재물질Biomaterials로 나눈다. 그 중 향후 가장 비약적인 발전을 보일 것으로 예상되는 분야는 앞에서 설명한 세포치료제다. 특히 1997년 영국에서 복제양 돌리가 탄생한 이후 줄기세포가 재생의학의 발전을 선도하고 있다. 재생의학 시장은 2009년 약 69억달러에서 2018년 320억달러 규모로 성장할 것으로 추정된다. 그 중 세포치료제Cell based therapies 시장은 2005년 450억달러에서 2015년 1,000억달러로 증가할 것으로 기대하고 있다. 특히 줄기세포기술은 미래 신新경제를 일으킬 수 있는 바이오산업의 핵심기술로 부각되어 전세계적으로 경쟁적인 투자가 이루어지고 있다. 또한 국가적인 차원에서도 재생의학의 발전은 질병치료와 관련된 직간접적 사회적 비용을 효과적으로 컨트 롤 할 수 있다는 점에서 매우 중요한 이슈가 되고 있다. 따라서 막대한 규모의 투자에 힘입어 현재 부딪히고 있는 난관들을 극복하고윤리적 문제, 안전성 문제, 면역거부반응, 유전자 변이 등줄기세포가 상용화된다면 세포치료제 시장은 기하급수적인 성장이 가능할 것이라는 전망이다. (한화증권 자료 참조)

세포치료제나 재생의학 분야는 우리나라가 다른 바이오분야에 비해 다소 경쟁력이 있는 분야다. 특허, 논문, 임상, 허가 상황 등을 고려해 볼 때 세포치료제 분야는 기술 경쟁력이 글로벌 top 수준에 있다고 할 수 있다. 최근 메디포스트의 해외법인 설립 및 기술수출, 차바이오텍의 ACT와의 공동연구, 안트로젠의 일본으로 줄기세포 기술수출, 파미셀의 홍콩으로 줄기세포 기술수출 등 국내 주요 줄기세포 기업들의 해외 진출이 활발하게 이루어지고 있는 것도 사실이다. 하지만 줄기세포치료제 시장 자체는 여전히 태동 단계이기 때문에 단기간 커다란 수익 창출은 쉽지 않을 것으로 판단된다. 따라서 상업적 성공에 중요한 판단기준인 '동종 타가 세포 이용'과 기존 치료제 대비 의약품 경제성 pharmacoeconomics를 확보하였는 지를 확인하고, 장기적인 안목으로 접근하는 투자가 바람직하다.

유전자치료제의 개발이 점점 늘어날 것이다

2015년 식약처의 임상시험 승인현황에 따르면 전체임상 승인 675건 중 유전자재조합치료제의 승인 건이 159건으로 전년 109건 대비 46%가 급증했다. 반면 합성의약품은 451건으로 전년 465건에 비해 –3%로 주춤해 대조를 보였다. 아울러 생물의약품 중 세포치료제가 25건, 생물학적제제 14건, 유전자치료제 등 5건으로 전년에 비해 승인건수가 줄었다. 전년에 각각 24건, 29건, 7건이었다. 생약한약제제는 2014년 18건에서 지난해 21건으로 3건이 늘었다. 숫자는 거짓말하지 않는다. 이런 임상의 흐름을 봤을 때 앞으로 유전자치료제의 개발은 가속화될 것으로 보인다.

임상시험 승인 의뢰자별로 보면 다국적 임상전문업체인 퀸타일즈트랜스내셔널코리아가 35건으로 최다였다. 종근당과 삼성서울병원이 각각 30건을 진행해 그 뒤를 따랐다. 이어 연세대세브란스병원이 23건, 서울대병원 21건, 한미약품과 한국노바티스, 한국얀센이 18건으로 동수였으며 한국엠에스디와 서울아산병원, 피피디디벨럽먼트피티이엘티디가 17건씩이었다. 이밖에도 한국아스트라제네카 15건, 파머수티컬리서치어소시에이츠코리아 13건, 일동제약과 씨제이헬스케어, 인벤티브헬스코리아, 코반스코리아서비스가 각각 11건으로 뒤를 이었다. 국내외 제약사를 비교하면 국내제약사는 1상 148건, 2상 42건, 3상 53건, 기타 2건 등 전체 245건이었다. 2014년 220건에서 25건이 늘어났다. 다국적제약사는 1상 51건, 2상 73건, 3상 170건, 기타 2건으로 전체 296건이었다. 전년 285건에 비해 11건이 증가했다. 그외 연구자 임상은 134건이었다.

유전자치료제란 잘못된 유전자를 정상 유전자로 바꾸거나 치료 효과가 있는 유전자를 재료로 하는 치료제를 말하며 유전자를 재료로 하는 의약품의 경우는 차세대 의약품으로 각광받고 있다. 2014년 11월 네덜란드 바이오기업 유니큐어가 개발한 혈액장애 유전자 치료제 글리베라가 독일에서 세계 최초로 허가를 받았다. 이 치료제를 사용하는 데 드는 비용은 110만유로약 13억원다. 그만큼 부가가치가 높아 미국 영국 프랑스 등 선진국뿐 아니라 중국까지 치료제 개발에 나서고 있다. 2021년 유전자 치료제 시장은 210억달러 규모로 성장할 것으로 예상된다. (한경경제 용어사전 참조)

유전자치료제는 분자 생물학과 DNA 재조합 기술의 발전에 기반을 두고 있으며, 1980년대 레트로바이러스를 비롯한 벡터시스템유전자전달물질에 대한 연구가 활발해지면서 유전자치료제 개발이 가시화되었고, 1989년 최초로 유전자치료제 임상이 허가되면서 본격적인 개발이 시작되었다. 유전자치료제에 대한 개념은 1980년대로 거슬러 올라가는데 맨 먼저 미국, 영국, 이탈리아 중심으로 시작되었으며, 1989년 미국 국립암연구소에서 위암환자를 대상으로 최초의 유전자 치료가 시도되었다.

최근 정부는 '바이오헬스 미래 신산업 육성 전략'을 수립하고 글로벌 임상/생산/수출 등 전반적으로 올해 총 3,400억원을 투자한다고 밝혔다. 우리나라가 보유한 기술 및 임상능력을 토대로 바이오의약품의 글로벌 시장 선점에 박차를 가하겠다는 것이다. 특히 태동기에 있는 세포치료제, 유전자치료제 등의 3세대 바이오의약품 시장은 절대적인 강자가 없기 때문에 정책적으로 강하게 Drive를 걸 가능성이 높다. 세포치료제 중 줄기세포치료제는 현재 상용화된 치료제 6개 제품 중 4개를 보유하고 있어 글로벌 경쟁력을 갖추고 있는 분야다. 최근 메디포스트의 카티스템 시술 건수가 증가하면서2015년 1월 138건 줄기세포치료제 중 최초로 흑자를 기록하는 제품이 출현할 것으로 기대되는 등 전망도 밝다. 다만 부작용 논쟁, 생명윤리법, 높은 가격 등은 해결해야 할 과제다. 국내 줄기세포치료제 관련 기업은 메디포스트078160, 차바이오텍085660, 파미셀005690 등이 있다.

상용화 단계 측면에서 유전자치료제는 줄기세포치료제에 비해 더디지만, 다국가 임상으로 임상 Data가 풍부하고, 시장성이 유망한 치료제가 많아 글로벌 라이선스-아웃이 기대되고 있기 때문이다. 더욱이 내년에는 코오롱생명과학102940의 퇴행성관절염 치료제인 티슈진-C가 국내 최초의 유전자치료제로 시판될 것으로 기대되면서 시장의 관심이 커지고 있는 상황이다. 세계적으로도 유전자치료제의 개발 성과가 가시화UniQure社의 Glybera 출시되면서 시장에 활기를 불어넣고 있는 모습이다. 2008년 900만달러에 불과했던 유전자치료제 시장 규모는 올해 3억1,600만달러, 2017년에는 7억 9,400만달러로 CAGR'08~'17 64.7%의 고성장이 전망된다. 국내에서 유전자치료제 개발에 박차를 가하고 있는 기업은 코오롱생명과학 이외에도 바이로메드084990, 제넥신095700, 신라젠IPO 추진 중 등이 있다.

유전자치료의 핵심 기술은 1) 치료효과를 나타내는 치료유전자 2) 치료 유전자를 타겟 세포에 전달해 주는 유전자 전달기술 3) 유전자 전달체에 포함된 치료 유전자의 인체 전달 기술 등 3가지라고 할 수 있다. 우선 치료유전자를 인체에 전달하는 기술은 크게 ex Vivo체외와 in Vivo체내두 가지로 분류한다. 체외치료는 환자의 세포를 분리한 후 바이러스를 이용하여 치료유전자를 삽입하고, 그 세포를 다시 환자에게 재이식하는 방법이다. 이 방법은 표적 세포에 대해 선별적인 치료가 가능하고, 발현효율이 높으며, 발현시간이 지속적이라는 장점이 있으나 세포조작이 필요하기 때문에 비용이 많이 들고 품질관리가 어렵다는 단점이 있다. 반면 체내치료는 환자에 필요한 유전자를 포함한 벡터를 환자에게 직접 주사하는 방법으로 비용이 적게 들고 처치방법이 간단하다는 장점이 있으나 질환별 특이성이 낮고, 벡터에 따라 유전자 전달 효율 및 발현량, 안전성등에 차이가 있다는 단점이 있다. 국내 유전자치료제 대표 개발 업체인 바이로메드는 체내 유전자치료 방법을 사용하고 있다

두번째로 타겟 세포로 치료유전자를 전달하는 기술은 물리화학적 방법과 생물학적 방법으로 나눌 수 있다. 물리화학적 방법은 세포막에 임의의 충격을 가하거나, 세포막에 결합할 수 있는 화학물질을 이용하는데 주로 CaPO4, 초미세주사법, 전기충격법, 리포좀, 고분자, 리간드, 항체 등을 이용하여 치료유전자를 주입하게 된다. 이 방법은 제조방법이 쉽고, 면역반응이 유발되지 않으며 유전자 크기에 제한이 없다는 장점이 있으나 전달 효율이 낮고, 유전자 발현이 일시적이라는 단점이 있다. 유전자치료제에 주로 사용되는 방법은 생물학적 방법인데 미생물이나 바이러스 같은 생물체에 치료 유전자를 전달한 후 다시 타겟세포로 치료유전자를 전달하는 방법이며, 주로 레트로바이러스, 아데노바이러스 등이 사용된다. 생물학적 전달 방법은 전달 효율은 매우 높으나 면역원성 문제와 안전성 이슈에서 자유롭지 못한 단점이 있다.

마지막으로 유전자치료제에 중요한 핵심기술은 치료용으로 사용되

는 유전자이다. 유전자치료제에 가장 많이 사용되는 유전자는 신생혈관 성장유도인자인 VEGF, 암세포 사멸 기능을 하는 p53, E1A, E1B, interleukin-2 등이 있다. 바이로메드의 VM202의 경우 혈관생성 촉진인자 유전자인 HGF간세포 성장인를 사용하였으며, 중국에서 허가받은 Gendicine과 Oncorine은 각각 항암유전자로 알려진 p53과 E1B를 사용하였다. 최근 유럽에서 허가를 받은 Glybera는 지단백지질 분해 유전자를 직접 사용한 유전자치료제이다.

최근 글로벌 제약업체들이 2세대 바이오의약품항체의약품, 바이오시밀러을 넘어서 3세대 바이오의약품으로 영역을 확장하고 있다. Pfizer는 유전자치료제를 추가적인 성장동력으로 삼을 것임을 발표하였고, Spark Therapeutics와 혈우병 치료제 개발 계약을 체결하는 등 적극적인 행보를 보이고 있다. Spark Therapeutics는 희귀 안구질환 치료제 임상3상이 진행 중인 유전자치료제 신생 기업이다. 올해 1월 29일 상장 이후 주가는 약 3배 이상 급등하였는데, 유전자치료제에 대한 관심 고조와 글로벌 제약업체와의 협력이 반영된 결과다. 신생 기업들의 경우 임상이 진행될수록 투입되는 비용 부담이 만만치 않기 때문에 글로벌 제약사와 손을 잡고 공동 개발하는 사례가 급증할 것으로 전망된다. 국내 기업들 역시 임상2상~3상 단계에 있는 품목들이 많기 때문에 라이선스-아웃의 가능성에 기대를 걸어볼 만한 시점이라 판단한다.

기존 화학요법, 방사선 치료 등의 암 치료법은 종양 진행을 지연시키는데 효과가 있으나 탈모 및 골수에서 생성되는 호중구neutrophil의 감소를 야기하는 등 부작용 역시 동반되는 문제가 있었다. 반면에 유전자치료제는 암세포를 대상으로 하면서도 면역반응이 손상되지 않아 2013년부터 암 치료에 유전자치료제를 적용한 치료법이 주목을 받기 시작했다. 2014년 6월 기준 유전자치료제의 적응증별 임상 현황을 살펴봐도 암 관련 임상 실험은 64%로 대다수를 차지하고 있다. 특히 해외에서 임상3상 단계에 있는 치료제 11건 중 4건이 방광암, 췌장암, 전립선암, 급성 백혈병과 관련된 것으로 암 치료를 위한 유전자치료제의 첫 출시와 함께 본격적인 시장 확대가 예상된다.

최근 국내 유전자치료제 기업들의 난치성 및 희귀질환의 치료제 개발 경쟁이 치열하게 전개되고 있다. 임상 단계에서는 코오롱생명과학의 퇴행성관절염 치료제 티슈진-C가 국내 임상3상 진행 중으로 가장 앞서 있다. 미국에서도 코오롱의 자회사인 티슈진 인크가 상반기 중으로 임상3상을 진행할 예정이다. 글로벌 임상이 가장 활발한 기업으로는 바이로메드를 꼽을 수 있다. 허혈성 지체질환 치료제VM202-PAD가 미국과 한국에서 임상3상이 연내 개시될 예정이고, 당뇨병성 신경병증 치료제VM202-DPN는 미국에서 임상3상 승인을 받았다. 이밖에 항암 유전자치료제인 신라젠의 JX-594간암 대상는 최근 글로벌 임상3상을 미국 FDA로부터 승인을 받았고, 제넥신의 GX-188E자궁경부전암 대상는 한국에서 임상2상이 순조롭게 진행 중이다.

해외의 유전자치료제 개발 현황을 살펴보면 임상3상 단계에 있는 가시성 있는 품목 11건이 진행되고 있는 중이다. 이중 4건은 암, 3건은 유전성질환, 4건은 기타질환을 대상으로 한다. 임상 실험은 유전자치료제 개발이 가장 활발한 미국에서 대부분 진행되고 있다. 대부분 5년 내 상업화 승인 신청이 가능할 것으로 보이며, 유전자 치료라는 새로운 패러다임이 의료계의 핵심 쟁점으로 떠오르는 시대가 곧 도래할 것으로 보인다

유전자치료제는 기존 치료법으로는 완치가 어려운 선천적 혹은 후천적인 질병을 치료 가능하게 하는 잠재력이 높은 분야이다. 그런 이유로 유전자치료제 개발은 많은 윤리적 문제와 안전성 이슈, 잠재적 위험성에도 불구하고 꾸준히 확대되어 왔다. 현재 유전자치료제 개발에 있어 기술적 문제점은 치료유전자의 안전성 확보와 유전자의 전달 효율, 그리고 체 내에서의 장시간 발현 유도이다. 이 문제를 해결하기 위해 유전자치료제 연구는 유전자 전달 시스템의 개발에 좀 더 투자가 많이 되고 있는 상황이다. 지난해 말 EU에서 선진국 최초로 유전자치료제를 허가하면서 이제 막 유전자치료제 시장이 열리기 시작했다는 판단이다. 향후 유전자치료제는 시장의 니즈를 충족시키면서 기대 이상으로 큰 규모의 시장을 형성할 것으로 예상하고 있다.

RNA 표적 치료제와 신약개발에 대한 분석

기존 신약개발의 한계와 패러다임의 변화

2015년은 한미약품의 해외 기술수출로 제약산업의 부가가치 창출능력이 새롭게 조명 받은 한해이다. 무형의 신약개발 기술이 가지는 부가가

치가 수십조원에 해당한다는 사실이 언론에 부각되며, 신약개발이 잭팟을 만들어 낼 수 있다는 성공사례가 많은 언론에 특집으로 여러 번 다뤄졌다. 아쉽게도, 한미약품이 기술수출로 거둘 수 있는 부가가치는 그 기술을 라이센싱한 다국적 제약회사가 차시하는 부가기치의 일부분에 불과하다. 화이자사의 고지혈증약인 리피토성분명;아토르바스타틴, 아스트라제네카의 위산분비억제제인 로섹성분명;오메프라졸 등 세계적 블록버스터 약물들의 경우 출시 후 누적 매출은 100조원을 거뜬하게 넘긴다. 또한 IT산업과는 달리 제약산업에서는 10년 넘게 블록버스터의 자리를 계속 차지하는 경우가 흔하다. 그러나 최근에는 지금까지 신약개발의 기반기술이 되어왔던 저분자 화합물과 단백질 의약품의 한계로 인해 기존 신약개발 방식을 통한 블록버스터의 탄생을 기반으로 하는 제약회사의 성장모델은 위기를 맞이하고 있다. 본장에서는 새롭게 차세대 신약의 기반으로 각광받기 시작하고 있는 RNA 기반 의약품의 특징 및 현황 그리고 향후 신약으로서의 가능성에 대해 살펴 보고자 한다.

현재 의약품으로 쓰이고 있는 약물은 크게 저분자 화합물과 단백질, 항체, 백신 등을 포함한 바이오의약품 및 천연물 3종류의 범주로 분류할 수 있다. 저분자 화합물은 보통 분자량이 500달톤dalton이하이며 물에 녹는 친수성hydrophilic 과 기름에 녹는 친유성lipophilic을 적절하게 가지고 있어, 확산passive diffusion현상으로 세포막을 비교적 쉽게 통과할 수 있는 물질들이다. 세포막의 통과는 약물의 개발에 있어서 상당히 중요한 이슈인데, 이는 대부분의 약물이 작용하는 장소가 세포내 세포질ytoplasm이기 때문이다. 저분자 화합물은 대규모 생산의 용이성, 상대적으로 저렴한 생산비용, 경구로 투여가 가능하다는 편의성 등으로 지금까지 개발된 의약품의 절반 이상을 차지하고 있으며, 현재 제약회사들의 신약 파이프라인에서도 여전히 상당 부분을 차지하고 있다. 추출물 형태의 천연물 의약품은 가장 오래 동안 쓰여 온 약물로 저분자 화합물의 모티브가 되기도 했고, 각국마다 다양한 경로로 널리 사용되고 있다. 그러나 추출물 형태의 천연물 의약품은 대부분 비교적 가벼운 질병의 치료나 대중요법으로 활용되며, 중대한 질병에 그 자체로 주 치료제가 되는 경우는 거의 없다.

1973년 단백질 재조합 기술recombinant protein technology의 개발 이후 본격 개발된 단백질 의약품과 항체 의약품은 현재 가장 활발하게 연구 개발되고 있는 분야이다. 단백질 의약품, 특히 항체의 경우 체내 약물이 작용하는 대상인 타겟target에 대한 특이성arget specificity이 저분자 화합물에 비해 높다는 장점이 있다. 또한 산업적으로는 단백질, 항체 모두 저분자 화합물 대비 훨씬 복잡한 구조를 가지고 있어 특허만료 후에도 쉽게 복제약generic 의약품이 나오기 어려우며, 복제약이 나와도 바이오시밀러biosimlar일 뿐 오리지널 약과 똑같은 약으로 인정받는 것이 아니어서 오리지널 약품의 매출은 유지되는 경향을 보인다. 그러나 높은 생산비용과 주사제로 밖에 투여될 수 없다는 투여경로의 한계가 있고, 근본적으로는 저분자 화합물과 유사한 작용기전을 가지고 있어 치료방식에도 한계가 존재한다. 다시 말해 저분자 화합물과 단백질 의약품은 체내에 투여되면 세포막의 수용체receptor나 특정 효소 등에 결합하여 이들의 작용을 억제하거나 활성화시키는 역할을 한다. 만약 체내에 특정 수용체나 효소 자체가 잘못된 형태로 생산된 경우 이 기능을 저해할 수 있지만 정상화시킬 수 없다는 한계가 존재한다. 또한 A라는 체내의 수용체와 A1이라는 수용체가 형태적으로 매우 유사하게 생긴 경우 A1만 선택적으로 저해하기는 매우 어려우며, A1까지 저해하는 경우 약물의 부작용이 발생할 수 있다. 항체의 경우 특이성이 존재하지만 세포 내로 투과할 수 없으며 타겟에 따라서는 항체를 통한 저해가 불가능하다.

[그림] R&D 비용 10억달러당 개발되는 신약의 수

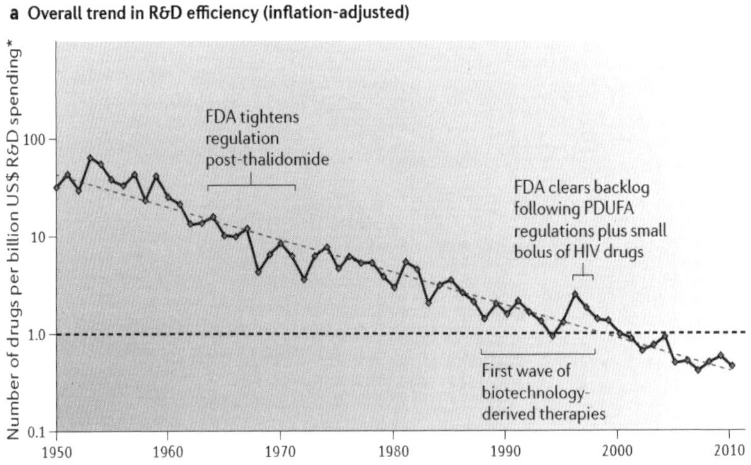

(출처: Diagnosing the decline in pharmaceutical R&D efficiency)

따라서 기존의 저분자 화합물과 단백질 의약품으로 해결할 수 있는 약물의 타겟은 점차 고갈되고 있으며, 이 같은 한계로 인해 2000년대 이후 상당히 많은 제약회사들이 더 많은 비용을 R&D에 투여하고도 허가 받는 신약은 적어지는 현상을 겪고 있다. Tuft 연구소의 2014년 보고서에 따

르면 하나의 신약을 개발하는 비용은 26억달러로, 2003년의 8억달러에 비해 3배 이상 증가했다. 또한, Scannell J.W.etal 등의 분석에 따르면, 위 그림과 같이 단위 비용 당 신약개발의 생산성은 꾸준히 감소하고 있다. 따라서 제약회사들 특히 흔히 big pharma라고 불리는 대형 제약회사들은 기존 블록버스터를 개발하고 이에 의존하여 성장하는 비즈니스 모델에 대해 매우 심각한 도전을 맞고 있으며 이 때문에 근본적으로 새로운 신약개발 기반을 출현시키기 위해 노력하고 있다. 이중 가장 주목받고 있는 분야가 줄기세포와 RNA 표적 치료제RNA targeting therapeutics이다. 두 분야 모두 지금까지 의약품의 소재로 쓰이지 않았던 물질을 기반으로 저분자 화합물과 항체 등이 치료하지 못했던 분야를 타겟팅 하고 있다. 다음부분에서 RNA 표적 치료제의 현황, 전망 등에 대해 설명하고자 한다.

RNA 조절 의약품의 태동

J. Watson과 F. Crick의 DNA 구조 발견 이후 분자 생물학 연구가 시작되면서 인간의 유전 정보에 대한 관심이 대두되었으며, 의학 및 생명과학의 발전으로 지놈 프로젝트Genome project가 성공을 거두면서 인간의 유전자 지도 완성을 시작으로 질병 치료에 있어서 유전자 자체를 활용한 치료 개념이 활성화되기 시작되었다. 초기 유전자 자체를 이용한 치료는 M. Cline가 베타 지중해 빈혈beta thalassemia치료법을 제시함으로써 시작되었다.

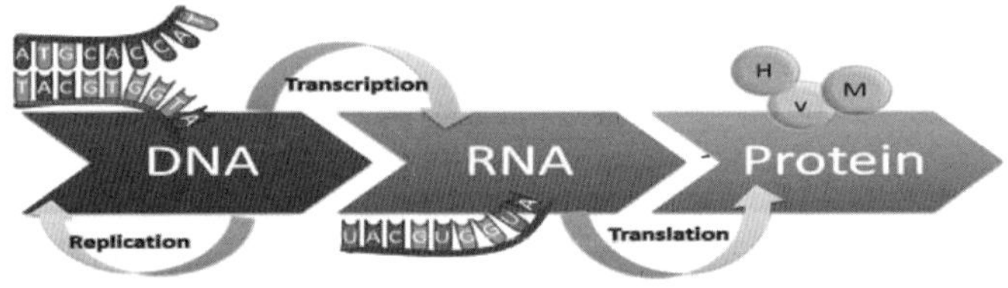

[그림] F. Crick이 제시한 Central Dogma이론 (출처: Genius Media Group Inc.)

지금까지 유전자 치료는 F. Crick이 제시한 DNA가 mRNA로의 전사transcription를 통한 최종 산물인 단백질로의 번역translation 과정그림을 기초로 인간의 대표적 유전물질인 DNA 결손의 회복 및 발현 조절을 통해 질병을 극복할 수 있다고 생각되었다. 그러나 현재까지 알려진 사실과 달리 RNA가 오히려 DNA의 발현을 조절하는 중요한 역할을 한다는 사실이 밝혀지면서 RNA의 조절을 통한 질병 극복 연구가 활성화되고 있다. 질병 치료를 위해 RNA를 조절하는 방법은 크게 다음과 같이 세 가지로 나눌 수 있다. 인공유전자를 사용하되 체내의 단백질 번역 조절 메카니즘을 그대로 이용하는 RNA 간섭RNA interference 기술과 전통적 올리고뉴클레오타이드oligonucleotide를 이용하는 기술, 그리고 입체간섭steric-blocking을 통한 새로운 안티센스 올리고뉴클레오타이드oligonucleotide 기술 등이다.

RNAi 간섭기술

RNA 간섭RNA interference, RNAi은 세포 내 20-30 뉴클레오타이드의 RNA가 mRNA에 특이적으로 결합하여 DNA에서 mRNA로의 유전정보 전달을 억제하는 현상을 말한다. 동물과 식물에서 유전자를 조절하는 작은 조각의 RNA가 있다는 것이 알려진 이후에, 1998년 A. Fire와 C. Mello이 예쁜꼬마선충Caenorhaditis elegans, C. elegans을 이용하여 유전자 발현 조절에 관한 연구를 수행하면서 상보적 서열을 가진 이중 가닥 RNAdouble strand RNA, dsRNA를 시험관 속에서 합성하였으며 이 dsRNA조각이 유전자 발현을 효과적으로 억제한다는 사실을 밝혀냈다. 이는 인체 내 지놈에서 유래된 마이크로 RNAmicroRNA, miRNA로 보고되었으며, 인체 내의 세포는 유전자 억제 및 발현의 조화를 위해 선택적으로 지놈유래 miRNA를 만들어내어 세포 성장, 조직 분화, 세포 증식에 관여하는 유전자를 조절함을 밝혔다. 또한, miRNA기능 손실로 인한 정상 유전자 발현 억제 및 유전적 변형의 유발로 인해 심혈관 질환, 뇌질환 및 암 등의 발생함이 보고되었으며, 이를 바탕으로 miRNA를 표적으로 하는 유전적 치료제 연구가 진행되고 있다. 이와 같은 miRNA에 의한 mRNA 조절 기전을 기반으로 miRNA를 대신해 외부에서 RNAi현상을 일으키기 위해 주입하는 RNA단편 조각을 small interfering RNAsiRNA라 하며, 유전적 질병을 일으키는 유전자를 특이적으로 조절하는 siRNA기술들이 개발되고 있으며 지금까지 개발되고 있는 표적 유전자 치료약물의 한계인 비특이적 효과off-target effect가 적다는 것이 보고되고 있다.

RNAi의 발견은 기초과학을 넘어서 새로운 의료용 치료제 개발까지 다양하게 적용되고 있으며 그 파급효과는 새로운 유전자 기능 해석 및 연구를 통하여 완전히 새로운 표적 약물을 발굴할 수 있는 잠재력을 가지고 있다. 현재 RNAi로 표적 유전자에 대한 기능 분석이 확대되면서 유전적 변형에 의한 뇌질환, 심혈관 질환 및 암을 유발하는 유전자에 대한 표적 RNAi screening 기술이 활발히 진행되고 있어 치료약물 개발가능성에 대한 산업적 가치가 매우 큰 것으로 평가받고 있다. 이러한 RNAi 기술에 대한 높은 평가는 RNAi 기술이 가지고 있는 1) 표적 유전자에 대한 특이적 결합 2) 낮은 농도에서의 효과적인 활성도의 장점을 가지고 있기 때문이다.

RNAi는 mRNA의 특이적 결합을 통한 표적 단백질의 발현 억제효과가 뛰어남에도 불구하고, RNAi기술을 이용한 치료제 개발로서의 한계도 있다. RNAi기술을 통한 치료제 개발을 위해서 많은 연구진들이 공통적으로 고민하고 있는 것은, 세포 내에서의 지속적인 활성 유지와 세포 내 투과성과 관련한 것이다. 또한 RNAi는 체내 시스템을 이용하기 때문에 DNA 또는 RNA의 기본 구조에 많은 변형을 시킬 수 없다는 근본적인 문제가 있다. 변형이 많이 된 DNA 또는 RNA 구조는 체내에서 RNAi 경로를 이용할 수 없기 때문이다. 세포 내 RNase에 의해 분해되기에 실제 생체 내에서 활성을 나타낼 수 있는 시간이 제한적이고, 저분자 화합물 의약품과 달리 분자량이 매우 크기 때문에 단독으로 세포막 투과가 어렵다는 한계를 지니고 있다. 세포 내로의 투과성을 높이기 위해 바이러스 벡터아데노바이러스, 레트로 바이러스, 렌티 바이러스를 이용한 RNAi 전달체를 개발되고 있으나, 바이러스성 전달체는 숙주의 염색체 내로 이입될 경우 숙주 유전자의 정상 기능의 이상을 유발할 수 있는 안전성의 문제가 있어 대체 전달 방법이 요구되고 있다. 최근 비 바이러스 성 벡터인 리포좀에 RNAi를 융합시켜 전달하는 방법 이외에 양이온 성 지질 또는 양이온 성 고분자를 이용한 비 바이러스성 벡터non-viral vector를 이용한 RNAi 전달 기술들이 개발되고 있으며, 바이러스성 전달에 비하여 효율성이 떨어지지만, 생체 내 안전성과 경제성을 고려해 볼 때 부작용이 적고 생산가격이 저렴해 질 수 있다는 장점이 있다.

안티센스 올리고뉴클레오타이드Antisense Oligonucleotide, ASO 기술

RNAi의 특이적 결합의 장점과 저 농도에서도 세포 내 표적 단백질의 효율적인 억제 효과를 지님과 동시에, RNAi의 세포 내 투과성의 한계를 극복하는 표적 유전자에 대한 치료제로 대두되고 있는 것은 안티센스 올리고뉴클레오타이드Antisesne Oligonucleotide, ASO이다. 비 바이러스성 전달체를 이용한 ASO를 포함한 올리고데옥시뉴클레오티드ODN; oligodeoxynucleotide 분자의 안정적stable 전달을 효과적으로 이루기 위해서 효소 또는 비효소적인 분해를 막는 효과적 방법이 요구되는데, ASO를 화학적으로 변형시키는 방법을 통해 핵산분해효소에 대한 불안정성 및 세포 내 낮은 흡수율을 개선하는 방법이 제안되고 있다.

최근 ASO의 세포 내 전달 효율성을 향상시키기 위해, ASO에 생체 적합성 고분자인 폴리에틸렌글리콜PEG;polyethylene glycol 등의 친수성 물질을 단순 공유결합 또는 링커-매개linker-mediated 공유결합을 이용하여 접합시킨 접합체를 통해, ASO의 안정성 확보 및 효율적인 세포막 투과성을 위한 기술이 개발되었다.대한민국 등록특허 공보 제0466254호 하지만 화학적 변형 및 PEG의 접합PEGylation만으로는 ASO의 생체 내 안정성을 개선하고, 목표 조직으로의 전달이 원활히 이루어지지 않는 단점을 개선하기에는 어려움이 있다.

대부분의 ASO는 생체 내 안정성을 향상시키기 위해 핵산분해효소 저항성을 갖는 다양한 변형modification이 이루어진 올리고데옥시뉴클레오티드ODN; oligodeoxynucleotide형태로 만들어 졌다. 2003년도부터 새롭게 만들어진 변형 ODN을 통하여 면역 반응회피, 세포 내 이동성의 증가, 타겟 유전자에 대한 결합력 증대, 반감기 증대 효과를 꾀하고 있다. 이와 더불어 하나의 당 구조만을 변형하는 것이 아니라 두 개 이상의 뉴클레오타이드를 연결하는 방법을 변형하여 당 구조 내의 산소가 황으로 치환된 변형 뉴클레오타이드 간 결합의 포스포로티오에이트phosphorothioate, 메틸 포스포네이트methyl phosphonate 결합으로의 변형 또는 인산염Phosphate 구조에서 산소대신 아민amine 등에서 하나 이상을 조합하여 기본 siRNA보다 400배 이상 안정화된 PNApeptide nucleic acid를 만들어 냈으며 리보스ribose 오각고리를 변형하여 6각 구조를 사용하여 강력한 결합력을 갖는 모폴리노morpholino 등 새로운 기술들이 탄생하고 있다. 이중 현재 대표적으로 동물 실험 등에서 효과를 확인하고 있는 PNAPeptide Nucleic Acid는 펩타이드 골격을 갖는 인공 핵산으로서 1991년 Nielsen 등에 의하여 발명되었다. PNA 역시 DNA나 RNA에 상보적으로 결합하는 등 안티센스 올리고뉴클리오타이드Anti-sense oligonucleotide, ASO로서 필요한 성질들을 보유하고 있다. 그러나 PNA는 동물세포에 대한 투과성이 좋지 않아, PNA 자체를 의약으로 개발하는데 한계가 있었다.

PNA 모노머의 염기Nucleobase에 적절한 아미노기Amino Radical를 도입할 경우, PNA의 세포투과성과 핵산결합력이 현저히 개선될 수 있다는 보고가 있다.특허번호 WO2009/113828 이 보고에 따르면 ASO의 전달 효율성을 향상시키기 위해 ASO의 양 말단에 친수성 물질 및 소수성 물질을 단순 공유 결합 또는 링커-매개linker-mediated 공유결합을 이용하여 접합시킨 ASO 접합체를 사용하여 세포내 이동성과 타겟하는 RNA와의 결합력을 증대하여 nucleus안에 존재하는 pre-mRNA 발현을 제어할 수 있는 기술수준으로 발전하였다.

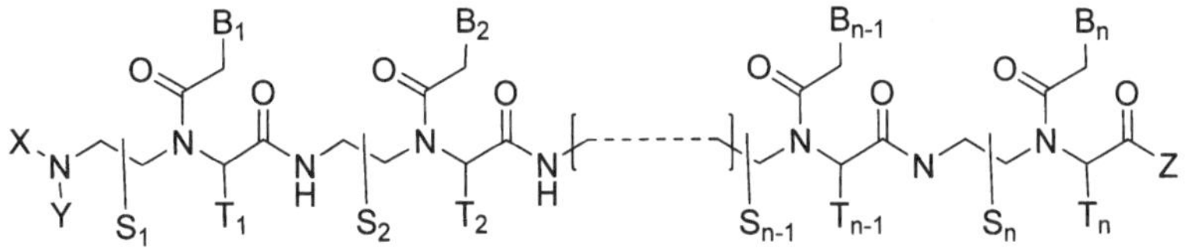

[그림] Peptide nucleic acid derivatives with good cell penetration and strong affinity for nucleic acid (특허번호: WO2009113828)

미국의 마켓리서치 업체인 AMRAllied Market Research의 'RNA Therapeutics Market technology, applications, end user and geography – Industry Analysis and Forecast, 2013-2020' 보고서에 따르면 RNA 기반 치료제 시장은 2020년까지 연평균 약 28.4%씩 성장할 것으로 전망하고 있으며 기반이 되는 기술이 RNA 간섭기술interference technology, RNAi, RNA 안티센스 기술antisense technology 등 각 기업별 보유 기술이 상이하여 직접적으로 기업간 비교분석은 불가능하지만 현재 세계적으로 Quark Pharmaceuticals, Inc.미국, Alnylam Pharmaceuticals, Inc.미국, Dicerna Pharmaceuticals, Inc.미국, Tekmira Pharmaceuticals Corp.캐나다, Benitec Biopharma Limited호주, Genzyme Corporation 미국, Ionis pharmaceuticals Inc미국, Silence Therapeutics PLC영국, Cenix BioScience GmbH독일 등이 RNA 기반 치료제 시장을 주도하고 있는 기업으로 분석되고 있다.

RNA 기반 치료제를 개발하는 Sarepta Therapeutics의 2014년 연례 보고서Annual Report에 따르면 중소형 제약사 및 바이오텍Biotech을 제외하고 현재 시장에서 경쟁력을 보유한 RNA 기반 치료제를 개발하는 경쟁사는 Alnylam, Tekmira Pharmaceuticals Corp., Ionis, Prosensa, Sanofi, Synthena AG, Santaris Pharma A/S 등 약 10개 기업이 미국 내에서 경쟁 중에 있다고 언급되어 있다. 국내에서는 올리패스(주)를 비롯하여 약 5개 미만의 기업이 RNA 기반 치료제 개발 경쟁력을 보유하고 있다.

가 해외기업

1. Ionis Pharmaceuticals 구 Isis Pharmaceuticals

○ 기업 개요

구 분	내 용	비 고
설 립	1989년	
본사 소재지	Sandiego, USA	
대표이사 (CEO)	Crook, Stanley	
상장여부 (Market)	NASDAQ	
시가 총액 (USD)	약 USD $ 5.3B	2015년 10월
주요 주주	Fidelity Research Company 14.7% Crook Stanley 0.6%	
매출 (2014년 말 기준)	USD $214m	
주요 Deal	2010: GSK (U: $20m, T: $1.5B) 2012: Biogen(U:$29m, MbL: 35m T: $225m) 2015: Janssen (U: 35m, T: $835m) - Autoimmune, GI (ulcerative colitis) 2015: Bayer (U: $100, T: $155+alpha) - ISIS-FXIRx (anti-thrombosis) 2015: AstraZeneca (U: $65m, T: $4B)	U: Upfront T: Total MbL: Milestone before execution of licensing options
대표 기술	Modified DNA (phosphorothioate based nucleotide)	Pipeline : 38개

출처: 2014년 Company Annual Report, 10K Form, Thomson Reuters Knowledge http://knowledge.reuters.com/

○ 주요 Pipeline

Product	Target	Indication	Status	Partner
Cardiovascular (심혈관)				
Kynamro (Mipomersen)	ApoB-100	유전적 소양을 가진 고도 고지혈증	출시 (2013 1Q) -RNAi 최초	Sanofi / Genzyme
ISIS-APOCIIIRx	ApoC-III	Familial chylomicronemia (FCS) and partial lipodystrophy	3상	-
ISIS-APOARx	ApoA	특정 동맥경화	2상	-
Metabolic (대사)				
ISIS-PTP1BRx	Protein tyrosine phosphatase 1b (PTP-1b)	2형 당뇨	2상 완료 (Partnering 예상)	-
Ongology (종양)				
ISIS-STAT3Rx	STAT 3	림프종, 전이성 간세포 암	2상 (2015년 3상 진행 예정)	AstraZeneca
Neurodegenerative (신경퇴행성)				
ISIS-SMNRx	SMN2 modulator	척수성 근위축증 (spinal muscular atrophy)	2/3상	Biogen Idec
기타				
ISIS - TTRRx	Transthyretin (TTR)	가족성 아밀로이드성 다발신경병증 (Transthyretin familial amyloid polyneuropathy)	2/3상 Data (2016년 2H 예상)	
ISIS-HBVRx	Undisclosed target	B형 간염 Hepatitis B virus (HBV)	1상	

출처: 2015년 1Q Company Annual Report, Jefferies(2015), Ionis Pharmaceuticals Thechnology Value Is Only As Good As Commercial Success of Resulting Products」

2. Alnylam Pharmaceuticals Inc.

○ 기업 개요

구 분	내 용	비 고
설 립	2003년	
본사 소재지	Cambridge, USA	
대표이사 (CEO)	John K. Clarke	
상장여부 (Market)	NASDAQ	
시가 총액 (USD)	USD $7.2b	2015년 10월
주요 주주	Fidelity Research Company 14.9% Sanofi SA 11.9%	
매출 (2014년 말 기준)	USD $50.56m	
주요 Deal	2005: Novatis (U: $10m, T: $85m) 2007: Roche/Arrowhead (U: $273.5m, T: $353.5m) 2008: Takeda (U: $100m, T: $321m) 2012: Monsanto (U: $29.2m, T: $34.2m)	U: Upfront T: Total
대표 기술	siRNA (GalNAc-siRNA)	Pipeline: 18개

출처: Company 10k Form, Thomson Reuters Knowledge http://knowledge.reuters.com/

○ 주요 Pipeline

Product	Target	Indication	Status	Partner
		Generic Medicines		
Patisiran (ALN-TTR02)	TTR	가족적 아밀로이드 다발신경병증	3상	Sanofi / Genzyme
ALN-AT3	antithrombin (AT)	혈우병	1상	
ALN-CC5	complement component C5	발작성야간 혈색소뇨증	1상	
		Cardio-Metabolic Diseases		
ALN-PCSsc	PCSK	과다콜레스테롤혈증	1상	
		Hepatic Infectious Diseases		
ALN-HBV	HBV	B형 간염	전임상	

출처: 2015년 1Q Company Annual Report, Alnylam Pharmaceuticals Homepage, http://www.alnylam.com/

3. Sarepta Therapeutics

○ 기업 개요

구 분	내 용	비 고
설 립	1980년	
본사 소재지	Cambridge, USA	
대표이사 (CEO)	Edward Kaye	
상장여부 (Market)	NASDAQ	
시가 총액 (USD)	USD $1.3b	2015년 10월
주요 주주	Fidelity Research Company 4.6%	
매출 (2014년 말 기준)	USD $9.76m	
주요 Deal	–	U: Upfront T: Total
대표 기술	Modified RNA (Phosphorodiamidate Morpholino Oligomer, PMO)	

출처: 2014년 Company Annual Report, 10K Form, Thomson Reuters Knowledge http://knowledge.reuters.com/, Sarepta Therapeutics Homepage, https://www.sarepta.com/

○ 주요 Pipeline

Product	Target	Indication	Status	Partner
Rare Diseases				
Eteplirsen	Distrophin	DMD (뒤셴근이영양증)	3상	
Infectious Diseases				
AVI-7288	Nucleocapsid protein (NP)	Marbug virus (마버그 바이러스)	1상 완료	
AVI-7537	–	Ebola virus (에볼라 바이러스)	1상 완료	

출처: 2014년 Company 10k Form, Sarepta Therapeutics Homepage, https://www.sarepta.com/

4. Regulus Therapeutics

○ 기업 개요

구 분	내 용	비 고
설 립	2007년	
본사 소재지	San Diego, USA	
대표이사 (CEO)	Paul C. Grint	
상장여부 (Market)	NASDAQ	
시가 총액 (USD)	USD $500m	2015년 10월
주요 주주	Alnylam Pharmaceuticals (11%) Sanofi (10%) – Strategic Alliance AstraZeneca (8%) – Strategic Alliance Isis Pharmaceuticals (5.5%) GSK (3%)	
매출 (2014년 말 기준)	USD $7.6m	
주요 Deal	AstraZeneca (metabolic disease, oncology) – 2010년 U:$2.6m, $10m Equity investment) Sanofi (helpatocellular carcinoma, renal fibrosis) GSK (HCV)–2015년	Deal Total $900m
대표 기술	microRNA	Pipeline: 7개

출처: 2014년 Company 10k Form, Thomson Reuters Knowledge http://knowledge.reuters.com/

○ 주요 Pipeline

Product	Target	Indication	Status	Partner
Hepatic Infectious Diseases				
RG–101	miR–122	C형 간염 바이러스	2상	
Fibrosis				
RG–012	miR–21	신장 섬유증	1상	Sanofi
Metabolic				
RG–125	miR–103/107	2형 당뇨	1상	AstraZeneca

출처: Regulus Therapeutics Homepage, http://www.regulusrx.com/

나. 국내기업

1. 올리패스 주식회사

○ 기업 개요

구 분	내 용	비 고
설 립	2006년	
본사 소재지	경기도 용인시	
대표이사 (CEO)	정 신	
상장여부 (Market)	비상장	
시가 총액 (KRW)	5~6,000억원	
주요 주주	정신 등	
매출 (2014년 말 기준)	68억원	
주요 Deal	2014년 – BMS License Out Deal	
대표 기술	OliPass 인공유전자, 인공유전자로 mRNA 합성 억제 (세포투과성이 매우 우수한 인공유전자 플랫폼 기술)	

출처: 회사 제공 자료, 시가 총액의 경우 http://www.38.co.kr 참고

○ 주요 Pipeline

Product	Target	Indication	Status	Partner
QOL Therapeutics				
Pain	SCN9A	신경병증통증 (Neuropathic Pains)	Development Candidate	
Diabetes	PTP1B	2형 당뇨	Lead Design	
Cancer Treatment Initiatives				
Solid Tumors	HIF-1α	고형암	Development Candidate	
	IDO1		In Vitro Lead	
Life Style Management				
Alopecia	Androgen Receptor (AR)	대머리치료	Development Candidate	
Wrinkles	SNAP25	주름개선	In Vivo Lead	
Rare Diseases				
DMD	Dystrophin	뒤센근이영양증	POC in MDX Mice	

출처: 회사 제공 자료

2. 바이오니아

○ **기업 개요**

구 분	내 용	비 고
설 립	1992년	
본사 소재지	대전광역시	
대표이사 (CEO)	박한오	
상장여부 (Market)	KOSDAQ	
시가 총액 (KRW)	약 1,600억원	
주요 주주	박한오 등	
매출 (2014년 말 기준)	172억원	
주요 Deal	2014 Sanofi - SAMiRNA-Sanofi 간암치료제 개발 2014 브라운대(미), 안전성평가연구소 - SAMiRNA-COPD/IPF치료제 개발	
대표 기술	SAMiRNA (Self-Assembled-Micelle-inhibitory-RNA)	

출처: 회사 2015년 반기보고서, 2014년 사업보고서, 인터넷 기사 검색

○ **주요 Pipeline**

– 바이오니아는 SAMiRNA 플랫폼 기술을 기반으로 각종 난치성암, 특발성폐섬유화증IPF, 만성폐쇄성폐질환COPD, 피부질환, 뎅기치료제 분야에 중점을 두고 있음.

약으로 개발된 RNA 표적 치료제 사례

RNA 타겟팅 의약품으로 FDA의 허가를 받은 사례는 비트라빈Vitravene, formivirsen과 키남로Kynamro, mipomersen이 있다. 포미벌슨formivirsen은 시토메갈로바이러스cytomegalovirus의 mRNA를 타겟팅하는 항바이러스제로 안구에 투여하여 국소적인 효능을 가진 약물이다. 1998년 최초로 허가된 mRNA 타겟팅 안티센스 약물이지만 2002년 제품이 철수했고, 바이러

스의 mRNA를 타겟팅 했기 때문에 본격적인 안티센스 약물로 보기는 어렵다. 따라서 2013년 허가받은 미포멀슨mipomersen, 상품명: Kynamro이 사실상 RNA 타겟팅 약물로는 최초의 허가사례가 된다.

미포멀슨Mipomersen은 앞에서 언급된 Ionis pharmaceutical이 개발하고 젠자임Genzyme, 현재 Sanofi가 인수이 라이센싱하여 미국에서 출시한 제품이다. 적응증은 유전적 변이에 따른 고지혈증HoFH, Homozygous Familial Hypercholesterolemia으로 대상환자는 전 세계적으로 6,000명 정도로 추정되는 희귀질환을 치료하는 의약품이다. 미포멀슨은 아포지질단백질apolipoprotein B-100의 생성을 저해하여 LDLlow-density lipoprotein-C를 낮춰주는 역할을 하는데, 간독성이 매우 심하고 200mg을 매주 주사제로 투여해야 하는 불편함이 있어 경쟁약물인 적스타피드Juxtapid, 성분명;로미타파이드 대비 시장에서 고전하고 있는 것으로 파악되고 있다. 특히 간독성으로 인해 FDA는 허가조건으로 의약품 위해관리제도REMS, risk evaluation and

mitigation strategy를 통해서만 처방이 가능하도록 했고, 이와 같은 이유 때문에 의료현장에서 허가 또는 신고된 효능효과, 용법용량 범위를 벗어나 처방 또는 복용되는 허가초과의약품off label 처방으로의 사용은 사실상 불가능하다. 시장성이 매우 제한적이라는 단점에도 불구하고 약물의 기전과 분자구조 등이 기존 약물과 전혀 달라 병용으로 인한 시너지가 극대화될 수 있고, 약제간 상호작용drug drug interaction이 없다는 점은 의미 있는 장점으로 꼽히고 있다.

구 분	내 용
일반명(INN, International Nonproprietary Name)	mipomersen
상품명	Kynamro
적응증	유전적변이에 의한 고지혈증 (HoFH)
개발회사	Isis Pharmaceutical (미국)
판매회사	Genzyme (Sanofi)
연간약가	약 USD $176,000
허가국	미국 등 (유럽은 미허가)
투여경로	피하주사
용량 · 용법	200 mg / 주 1회 투약
주요 부작용	간독성, 감기 유사 증상 (flu like syndrome)

출처: US FDA prescribing information 부분 발췌, ISIS pharmaceutical press release

미포멀슨 자체는 그다지 성공적인 RNA 타겟팅 의약품으로 볼 수는 없지만 인체의 유전자 발현 조절을 통해 전신적 효과를 주는 안티센스 약물에 대한 FDA의 최초 승인사례라는 점에서 의미가 있다. 또한 RNA 타겟팅 올리고뉴클레오타이드로서 그 기전 및 대사경로에서의 완전한 차별성으로 기존 약물과 병용시 장점을 보여주는 사례가 되고 있다.

앞에서 기존 저분자 화합물이나 단백질 의약품의 한계와 RNA 표적 치료약물의 기전 및 현황, 관련 기업, 제품들에 대해 살펴봤다. RNA 표적 치료제의 가장 큰 장점으로는 기존 기술로는 시도할 수 없었던 영역에 대해서도 치료제를 개발할 수 있다는 데 있다. 이미 생성된 단백질 자체를 막는 것이 아니라 생성 자체를 차단하거나 잘못 생성되는 단백질을 교정할 수 있고 기술의 활용에 따라서는 단백질 생성을 증폭시킬 수도 있어 저분자 화합물이나 단백질 의약품이 도전하지 못했던 영역으로 치료 범위를 넓힐 수 있다. 일례로 듀센근이영양증DMD, duchenne muscular dystrophy의 치료제로 RNA 표적 치료제 약물이 최근 3상을 성공적으로 끝낸 바 있다. 이 약물은 엑손 스키핑exon skipping을 통해 환자들의 잘못된 디스트로핀 유전자의 발현을 막고 근력의 회복을 돕는다.

또한 RNA 표적 치료제는 급속하게 증가하고 있는 지놈 분석 데이터를 이용할 수 있고, 자연적 돌연변이에 의해 생기는 증상 등을 약물개발에 그대로 이용할 수 있다는 점도 상당한 장점 중 하나이다. 예를 들어 SCN9a 유전자에 돌연변이가 생긴 사람의 경우 다른 인지 능력은 정상인데 반해 통증을 전혀 느끼지 못한다. 만약 SCN9a의 발현을 저해하는 치료제를 ASO를 이용하여 개발할 경우 획기적인 진통제가 될 수 있는 것이다. 마지막으로 RNA 표적 치료제의 장점은 개별 맞춤의약personalized medication에 가장 적합하다는 것이다.

타겟 단백질의 3차 구조에 따라 다양한 화합물을 가지고 스크리닝 해야 했던 과거의 신약개발과 달리 타겟팅하는 유전자의 염기서열을 대상으로 상보적인 서열을 개발하면 되기 때문에 신약후보물질lead 도출까지의 시간과 비용을 획기적으로 줄일 수 있다. 다시 말해 mRNA를 구성하는 각 염기인 아데닌, 구아닌, 시토신, 우라실 등에 대응하는 기본적인 안티센스 플랫폼이 만들어지면, 타겟 유전자 서열에 맞도록 이를 조합하는 것으로 신약후보물질 도출이 끝난다. 기존 방식과는 비교할 수 없이 빠르게 의약품 타켓이 완성되게 된다. 이를 통해 궁극적으로는 미래 의약품 개발의 가장 큰 방향인 개인별 맞춤치료가 가능하다.

예를 들면, 암환자의 경우 빠르게 대중화되고 있는 개인별 지놈 분석에 따라 암세포의 돌연변이가 일어난 종양유전자oncogene를 분석해 내고, 이에 대응하는 맞춤형 ASO 의약품을 생산할 수 있는 것이다. 물론 이를 위해서는 의약품의 개발 및 생산과정에서 획기적인 규제방식의 전환과 함께 플랫폼에 대한 폭넓은 독성학적 평가validation 등이 필요할 것이다. 그러나 다른 대안적 치료가 불가능한 환자들부터 시작한다면 빠르게 이러한 시장이 도래할 수 있을 것으로 예상할 수 있다.

RNA 표적 치료제가 신약개발의 패러다임을 획기적으로 바꿀 만큼 잠재력을 가지고 있지만 빠르게 블록버스터를 배출하지 못했던 것은 약물전달 기술의 한계 때문이었다. 그러나 미국 Anylam사가 개발한 약물전달 시스템drug delivery system이나 최근 우리나라 올리패스 주식회사가 개발한 세포투과성 ASO 플랫폼platform 등이 이러한 약물전달의 한계를 극복한 것으로 보인다. RNA 표적 치료제가 본격적으로 시장에 진입할 경우 30년전 단클론항체monoclonal antibody가 최초로 개발된 이후 있었던 변화

보다 훨씬 더 큰 파급력으로 새로운 의약품을 시장을 열어갈 것으로 기대된다.

헬스케어 산업에서 일어나는 변화들

전 세계적으로 제약, 의료기기 및 의료서비스를 포괄하는 헬스케어 산업의 성장성에 대한 기대감이 고조되고 있다. 많은 나라들이 헬스케어 산업을 향후 국가경제의 신성장 동력으로 평가하고 있으며, 막대한 인력과 자본을 투자하고 있는 상황이다. 헬스케어 산업의 근본적인 성장 동력은 인구 고령화이다. 선진국을 중심으로 생활수준이 높아지고 의료 기술이 발전하면서 전세계적으로 인구 고령화 추세가 심화되고 있다. 미국 인구통계국 자료에 따르면, 2008년 세계 고령인구(65세 이상)는 5억 600만명이었으며, 2040년에는 고령인구가 13억명에 이를 것으로 추정되고 있고, 10년 이내에 고령인구가 5세 미만의 유아인구보다 많아질 것으로 예상되고 있다. 인구 고령화뿐 아니라 생활습관 변화에 따라 만성질환 중심으로 질병의 구조도 변화하고 있는 상황이다. 특히 만성질환은 나이가 들어감에 따라 유병률이 증가하여 이미 고령화 사회에 접어든 선진국에서는 주된 질병 원인으로 자리 잡고 있으며, 국가 보건 의료비 재정을 압박하는 원인으로 지목받고 있다. 인구 고령화, 만성질환자 증가, 의료서비스 비용 상승 등 여러가지 요인으로 인해 전 세계 어떤 나라도 의료비 증가가 향후 큰 사회적 부담이 될 것이라는 점을 부인할 수 없는 상황이 되었으며, 이 때문에 의료비 부담을 경감시킬 수 있는 대안 도출 노력이 이어지고 있다.

우리나라 역시 엄청나게 빠른 속도로 인구 고령화가 진행되고 있다. 통계청에서 발표한 '장래 인구 추계'를 보면, 2008년 65세 이상인 고령인구는 502만명이었으며, 2050년에는 1,616만명에 이를 것으로 추산되고 있다. 이는 전체 인구의 32%를 차지하는 수치로, 같은 해 예상되는 세계 고령화 인구 비율 14%보다 훨씬 높은 수준이다. 실제로 우리나라는 이미 2000년 '고령화 사회65세 이상 인구비율 7% 이상'에 진입하였으며, 2026년에는 고령 인구 비중이 20%를 넘는 '초고령 사회'에 진입할 것으로 예상된다. 초고령화 사회 도달 속도는 총 26년으로 우리나라가 OECD 가입국 중 가장 빠른 속도로 초고령 사회를 향해 나아가고 있는 상황이다. 인구 고령화가 가속되고 생활 수준이 높아짐에 따라 실제 우리나라에서도 의료비 지출이 급격히 증가하는 추세이며, 2007년에서 2011년까지 OECD 국가별 1인당 의료비 증가율 통계상 7.2%로 8.2%인 폴란드에 이어 두 번째로 높은 증가율을 기록하였다. 평균 4%의 2배 가까운 증가율이다.

우리나라의 GDP 대비 의료비 비중은 2011년 기준 7.4%로 OECD 평균인 9.5% 보다는 낮았지만 앞서 언급한 것과 같이 매우 높은 증가율을 보이고 있다. 국민건강보험공단에 따르면 2020년에는 의료비 비중이 11.4%, 2030년에는 16.8%에 이를 것으로 전망되고 있다. 실제로 우리나라의 국민 1인당 연간 의료비는 2008년 71만원에서 2011년 93만원으로 연평균 8.9% 증가하였고, 특히 노인 의료비는 2012년 311만원으로 전체 평균 107만원보다 약 3배나 높은 수준을 기록하였다. 최근 약가인하로 인해 건강보험 재정이 안정되었지만, 향후 늘어날 의료비 부담에서 우리나라 역시 자유롭지 못할 것으로 예상된다. 이러한 차원에서 최근 유헬스의 도입에 관심이 집중되고 있다.

원격의료 개념의 유헬스가 도입되면 환자입장에서는 교통비, 진료비 절감 및 질병의 조기발견에 따른 의료비절감, 생산성 증대, 삶의 질 향상 효과가 있고 의료기관 입장에서는 서비스 질 향상, 환자 대기시간 단축, 서비스 공급 비용 절감 및 경영개선, 새로운 서비스 개발 기회 등의 효과가 있을 것으로 기대된다. 또한 사회 전체적으로는 의료서비스 이용의 접근성 및 형평성 증대, 사회 전체적인 삶의 질 향상, 국민 건강수준 향상에 따른 의료비 절감, 지역 의료기관의 기능 강화 등의 효과를 기대할 수 있다. 보건산업진흥원에서 원격진료 도입에 따른 비용 효과를 분석한 자료에 따르면 입원 진료비 감소에 따라 총 진료비가 최대 14%까지 감소하는 것으로 나타났고, 5년간의 유헬스 서비스만성질환 관리 서비스, 생활습관 패턴관리 서비스를 통한 사회적 편익은 약 2조원에 달하는 것으로 추정되었다. 신규로 창출되는 유헬스 관련 시장 규모 역시 커질 전망이다. 이와 관련 서비스와 장비시장을 합쳐 서비스 시작 5년 후 약 1조원의 시장이 형성될 것으로 추정된 자료가 있으며2008, 보건산업진흥원, 원격진료 서비스와 만성질환 관리 서비스, 일반인 건강관리 서비스 시장을 합산하여 서비스 시작 5년 후 약 3조원의 시장이 형성될 것이라는 자료도 있다.(2010, 보건산업진흥원)

미국에서는 오바마 의료개혁 이후의 의료비 부담 증가를 완화시키기 위해 다양한 형태의 유헬스 서비스 도입이 논의되고 있는 상황이다. 베인앤컴퍼니의 자료에 따르면 현재 미국의 의료비는 GDP 대비 17.9%로 1인당 연간 8,300달러의 의료비를 지출하고 있으며, 특별한 정책도입이 없다면 2020년 1인당 의료비는 13,600달러까지 증가하고 전체 의료비는 GDP 대비 21.0%에 달할 것으로 추정된다. 하지만 유헬스e-health로 사용가 도입되어 의료비 절감이 가능하다면 best case의 경우 2020년 1인당 의료비는 11,200달러로 증가가 억제되고 GDP 대비 의료비 비중도 17.5%로 오히려 감소할 수 있다는 결과가 발표되었다. 유헬스가 의료비 증가를 완화시킬 수 있는 이유는 의료서비스의 경영 효율성을 증대 시키고 고비용 환자만성질환 환자들에 대한 비용을 줄일 수 있으며, 적절하고 효율적인 치료를 행하여 불필요한 의료비 지출을 감소시킬 수 있기 때문이다. 이러한 과정을 통해 평균 의료비를 최대 27%까지 감소시킬 수 있다는 연구결과가 도출되기도 하였다.

인구 고령화와 동시에 생활 수준이 높아지고, 의료 기술이 발전함에 따라 의료 서비스에 대한 패러다임이 변화하고 있다. 과거 의료서비스에 대한 니즈가 질병 치료였다면 최근에는 웰빙well-being을 넘어 웰에이징well-aging, 웰다잉well-dying으로 소비자의 요구가 변화하고 있는 것이다. 이를 헬스케어 3.0 시대삼성경제연구소 자료 인용라고 일컫는다. 헬스케어 1.0 시대는 공중보건의 시대로서 18~20세기초 의료서비스의 주 목적이 전염병 예방과 확산 방지였다. 헬스케어 2.0 시대는 20세기 초에서 20세기 말까지 질병 치료로 기대 수명을 연장하는 것이 주 목적인 시대였다. 그러나 21세기 이후 인간 지놈 정보가 해독되면서 헬스케어 3.0 시대가 도래하였으며, 의료서비스의 수요자가 일반인으로 확장되었고, 질병의 치료를 넘어 질병의 예방 및 관리를 통한 건강 수명 연장으로 의료서비스의 니즈가 변화하고 있다. 결국 미래의 보건 의료 서비스는 IT를 포함한 신기술이 도입되면서 급성질환에서 만성질환으로, 일시적 치료에서 질병의 예방과 모니터링으로, 환자의 치료에서 일반인의 건강관리로 서비스의 중심이 변화할 것으로 예상된다. 실제로 영역별 헬스케어 산업 규모를 살펴보면 치료시장의 비중은 줄어들고 예방, 진단, 사후관리 시장 비중이 커질 것으로 전망되고 있다

이러한 의료 서비스에 대한 시장의 요구가 변화함과 동시에 IT 기술의 발전으로 유헬스의 실현이 가능한 산업적 환경도 조성되었다. IT 혁신에 따라 의료 서비스의 시 · 공간적 제약을 극복할 수 있게 되었으며, 서비스의 효율성도 제고할 수 있게 되었다. 네트워크 기술과 디지털 의료기기가 발달하면서 진료장소를 벗어나 환자의 상태를 진단하고 의료서비스를 제공하는 것이 가능해졌으며, 의료 정보와 기기가 디지털화 되면서 의료 서비스 전 과정이 단순화되어 시간과 비용을 절감할 수 있게 되었다. 이처럼 인구 특성의 변화고령화, 기술 특성의 변화디지털화, 시장 특성의 변화의료 서비스 패러다임 변화로 인해 유헬스 산업의 잠재성이 더욱 부각되고 있는 것으로 판단된다.

특히 우리나라의 경우 IT에 대한 기술적 역량을 강점으로 의료서비스와 IT 기술을 접목시켜 새로운 산업에서 성장 동력을 확보할 수 있을 것이라는 기대감이 큰 상황이다. 인구 고령화, 도시화, 선진국형 생활습관

확산으로 아시아 지역의 제약시장과 헬스케어 시장 성장성이 부각되고 있으며, 그 중 우리나라는 세계적인 임상의료 수준과 선진국형 의료시스템으로 주목 받고 있다. 또한 세계 최고 수준의 IT 인프라를 확보하고 있으며, 의료기기의 디지털화, 소형화에 필요한 IT 기술 기반에 경쟁력을 확보하고 있기 때문에 향후 IT와 헬스케어의 융복합 서비스 시장에 관심을 가질 필요가 있다는 판단이다.

디지털 헬스케어 시대의 도래

헬스케어에 대해서도 겨우 감히 잡히기 시작하는데 이제 우리는 디지털 헬스케어 시대를 대비해야 한다. 디지털 헬스가 뭘까? '디지털 헬스'는 스마트 헬스, 모바일 헬스를 포괄하는 개념으로, 건강 상태에 대한 정보를 수집해 개인 맞춤형 건강 관리 및 의료 서비스를 제공하는 것이다. 의료 영역이 의료기관과 환자에서 일반 소비자 영역까지 확대될 수 있음을 시사하는 것으로 삼성전자도 디지털 헬스케어를 주목하고 있을 정도다.

생물학자 '르로이 후드'는 BT생명공학기술와 IT정보기술의 융합을 통해 헬스케어 산업의 범위와 정의가 변할 것이라고 예측했었다. 지금까지 헬스케어의 변화를 살펴보면 유무선 통신을 이용해 원거리에서 환자의 상태를 모니터링하는 유헬스U-Health를 시작으로 스마트 기기를 활용해 스스로 자신의 영양 섭취, 운동량 그리고 건강 상태를 관리할 수 있는 스마트 헬스sHealth와 웨어러블 기기, 스마트 기기가 결합된 모바일 헬스mHealth

까지 확장되고 있다. 보다 정확한 데이터를 기반으로 지능화되고 있는 것이다.

디지털헬스는 유헬스와도 차이가 있다. 오히려 가장 진화한 단계가 디지털헬스라 할 수 있다. 쉽게 말해 Mobile HealthmHealth에서 u-health유헬스를 거쳐 s-health 서비스로 진화된 헬스케어의 집약된 단계가 디지털헬스라고 할 수 있다. 유헬스와 디지털헬스의 가장 근본적인 차이는 의료제도의료보험을 포함한 내에서 산업이 형성되느냐와 일반적인 소비재로서 산업이 형성되느냐이며, 이는 곧 산업의 주도권을 보험회사나 의료기관이 가지느냐 혹은 일반 제조업체나 소비자가 가지느냐의 차이로 구분할 수 있다.

지금까지 디지털 헬스케어 산업에는 어떤 것들이 등장했을까. 우선 Fitbit Flex핏비트, FuelBand나이키, Shine미스핏, Gear Series삼성와 같은 센서내장형 개인 건강기기Personal Health Device; PHD를 볼 수 있는데 이 기기들이 센서를 통해 측정한 데이터는 애플리케이션을 통해 운동 상태걸음 수, 이동 거리, 신체 변화 상태칼로리 소모량, 혈압, 심장 박동수 등을 체크한다. 이런 것을 개인 건강 애플리케이션Personal Health Application; PHA이라고 한다. 이를 통해 수집된 개인의 건강 정보는 개인 건강정보Personal Health Information; PHI라고 하는 개인 건강 관리나 의료 맞춤형 서비스 데이터 플랫폼에 저장된다.

디지털헬스케어는 우리 일상에 어떤 변화를 가져올까? 김치원의 〈의료, 미래를 만나다〉에 이 변화상을 아주 쉽게 설명하고 있다. "디지털헬스케어는 저렴하고 편리하게 이용할 수 있는 제품 혹은 서비스를 제공함으로써 병원에서 의사가 값비싼 장비를 이용해 진료하는 것을 대체하고 한 발 더 나아가 평소에 건강을 유지해 병원에 갈 일을 줄여줄 것을 약속한다." 김치원은 같은 책에서 디지털 헬스케어의 성장을 이끄는 핵심 요인을 스마트폰의 대중화, 의료비의 절감 가능성, 의료 이용의 불편함 등 세가지로 정리한다.

삼성전략혁신센터SSIC는 2014년 5월에 미래 헬스케어 비전을 발표했다. 각종 건강 정보를 모아 활용할 수 있는 클라우드 기반 데이터 플랫폼 그리고 활동량 추적을 통해 현재 헬스케어 기능을 강화한다는 전략이었다. 이날 공개된 것은 의료용 웨어러블 하드웨어인 심밴드Simband와 소프트웨어인 사미Samsung Architecture Multimodal Interactions; SAMI로 구성되어 있었다. 심밴드는 연구자들을 위한 손목형 웨어러블 기기로 심장박동부터 혈압, 피부 온도까지 다양한 생체 신호를 추적할 수 있는 센서들을 이용한 것이어서 다양한 맞춤형 헬스 데이터 앱과 수집 기기에 대한 기대를 모았다. 또 사미는 개인의 건강정보 데이터를 수집하고 분석해 제공하는 개방형 건강관리 서비스 플랫폼으로 주목받았다.

보건복지부에서 추진한 헬스케어 추진사업으로는 ▲의료기관-재택연계 u-health 서비스모델 사용화 ▲u-health 서비스 활성화 기반 구축 ▲글로벌 u-health 서비스 모델 연구 ▲USN 기반 원격모니터링 시스템구축미래창조과학부와 공동사업 ▲독거노인 u-Care 시스템 구축미래창조과학부와 공동사업 등이 있다. 그러나 정부에서 추진한 디지털 헬스케어는 다양한 건강관리기기 및 서비스 개발 사업이 추진됐으나 국민이 체감할 수 있는 서비스가 부족했고, 일부 기업은 해외시장 진출을 시도 중이지만 해외에서 요구하는 임상결과 등 요구기준을 검증할 국내 테스트베드가 전무한 상황이다. 또 디지털 헬스케어 기기 및 서비스에 대한 경험 및 효용성 부족도 지적됐는데 건강데이터와 디지털 헬스케어 서비스가 가지는 가치에 대한 대국민 홍보가 부족하고, 기기 및 서비스 상용화를 위한 법제도 개선 지원도 부족한 실정이다.

업계 전문가들은 헬스케어 시장이 개인 건강 관리에 대한 관심과 함께 지속적으로 커질 것으로 예상하고 있다. 삼성은 헬스케어 산업이 모바일 비즈니스보다 약 40배 정도 더 큰 기회가 있을 것으로 전망하고 있고 KT는 연세대의료원과 '후헬스케어'를 설립해 모바일 헬스케어에서 경쟁하고 있다. 국내 디지털 헬스케어 분야는 미국에 비해 발전이 더디다. 중요한 이유는 벤처기업의 기술 부족, 의료시스템의 차이 때문이다. 벤처기업은 각종 규제로 동기부여가 적고, 한국의 경우는 미국에 비해 의료시스템이 잘 되어 있어서 상대적으로 헬스케어에 대한 수요가 작다. 미국의 경우는 의료 접근성이 열악하고, 의료비에 대한 부담이 높아 디지털헬스케어에 대한 니즈가 강하지만 한국은 병원을 이용하는 거리가 그렇게 멀지 않고 의료시스템도 나름 발전되어 있기 때문에 디지털 헬스케어에 대한 니즈가 강하지 않다고 할 수 있다. 우리나라의 디지털 헬스케어가 발전하려면 각종 창업지원 프로그램을 통해 벤처기업을 육성하고, 벤처기업에 대한 자금을 투자하는 벤처캐피탈도 늘어나야 한다.

디지털 헬스케어의 시장동향

우리나라의 디지털 헬스케어의 시장은 어디까지 왔는가. '내 손안에 주치의'로 불리는 디지털 헬스게어 서비스는 스마트폰, 태블릿PC 등의 모바일 디바이스와 생체계측 센서를 탑재한 웨어러블 디바이스를 연결하여 건강상태와 운동량을 체크하는 단계까지 발전했다. 우리나라의 경우, 고령화는 급속도로 진행되고 있지만 심장병, 당뇨 등 만성질환 등을 체계적으로 관리하는 시스템은 갖추어져 있지 않다. 보다 건강하고, 보다 여유롭게 살고자하는 욕구가 증가하면서 만성질환 관리에 대한 해결책을 제시할 디지털 헬스케어 산업의 성장 가능성은 더욱 높아지고 있으며 디지털 헬스케어 분야가 새로운 부가가치 창출 기회로 부각되면서 의료기관과 통신사의 제휴를 추진하며 모바일 헬스케어 서비스 구축이 현실화되고 있다.

디지털헬스 시대를 맨 앞에서 이끌고 있는 기업은 IT 제조업체들과 통신회사들이다. Nike, Adidas와 같은 스포츠웨어 전문 기업들도 착용형 헬스케어 장비 시장에 참여하면서 모바일 헬스케어 시장에 뛰어들었고, 삼성전자, LG전자, 후지쯔 등 전통적인 IT 제조업체들뿐 아니라 Fitbit, Jawbone, Misfit 등 스타트업 기업들도 웨어러블 컴퓨팅 혹은 착용형 장비를 이용한 헬스케어 제품들을 발표하고 있다. 이들은 대부분 스마트폰 애플리케이션과 연동하여 사용자가 자신의 신체상태를 모니터링하거나 활동을 체크하고 건강을 관리할 수 있는 기능을 제공한다. 가장 대표적인 혁신사례로는 Nike+를 들 수 있는데 Nike는 Nike+라는 브랜드를 통해 스포츠웨어 전문 브랜드에서 모바일 헬스케어 시장을 움직이는 라이프스타일 브랜드로 변신에 성공하였고, Fuelband24시간 활동 측정를 출시하여 모바일헬스케어 시장을 선도하고 있다. 크라우드 펀딩사이트에서 7만명의 후원자들에게 1천만달러 이상의 투자액을 모금하여 이슈가 되었던 '페블Pebble'도 출시되었는데, 페블은 블루투스를 통해 스마트폰 앱과 연결되며 활동량에 관한 정보들을 분석할 수 있다.

우리나라 디지털 헬스케어의 현황은 어떻게 전개되고 있을까. SK텔레콤과 서울대학교병원은 디지털 헬스케어를 위한 합작회사 '헬스커넥티드(주)'를 만들었다. 이 회사는 시 · 공간의 제약 없이 의료 서비스를 이용할 수 있는 스마트 헬스케어 사업을 본격화하고 임직원들을 대상으로 웰니스Wellness 시범사업과 결제 시스템까지 접목된 위치기반LBS, Location Based Service 모바일 서비스가 가능한 병원용 고객 서비스도 개발을 진행 중이다. 중점 사업으로는 모바일 기반의 건강관리 서비스 개발과 헬스케어 연구 개발 체계 구축, 디지털 병원 해외 진출 등이 있다. 헬스커넥티드(주)에서는 모바일 전자의무기록EMR, 건강 진단 애플리케이션 '내 손안의 건강'을 공동 개발해 배포했다. 앞장에서도 잠깐 언급하였듯이 KT와 연세대학교의료원은 의료-정보통신기술 융합 합작회사 '후헬스케어'를 설립했다. 후헬스케어는 인간에게 무한한∞ 가치를 제공한다는 의미로 영문 표기를 'H∞H Healthcare'로 정했다. 후헬스케어는 개인별 체질에 따른 맞춤형 건강관리 서비스를 중심으로 운영될 예정이다. 주력사업 분야는 차세대 병원정보시스템 개발, 병원 경영지원 서비스 제공, e-헬스 상용화, 해외시장 진출 등이다.

LG유플러스와 명지병원은 디지털 헬스케어 사업을 공동으로 추진하기로 협약을 맺고 차세대 병원환경 호스피탈 2.0 구축, 병원 간 정보교류가 가능한 클라우드 HISHospital Information System와 PHRPersonal Health Record 서비스를 제공하고 있다. 클라우드 HIS를 제공하기 위해 LG유플러스의 IDC를 활용하여 의료 정보 솔루션을 제공하는 인프라를 구축했다. 이에 따라 병원정보 시스템을 갖추지 못한 병원에서도 초기 투자 부담 없이 최첨단 호스피탈 2.0 시스템을 도입할 수 있게 되었다. 병원에서는 호스피탈 2.0을 이용하면 TCOTotal Cost of Ownership, 소유 총비용을 낮추고 환자의 만족도를 높여 환자 진료에 집중할 수 있는 환경을 갖출 수 있다.

스마트폰이나 헬스케어 장비들이 모바일헬스케어가 가능하도록 하는 것은 센서들 때문이다. 기본적으로 장착된 GPS움직인 거리 및 속도 측정, 운동량 계산, 가속도 센서만보기 역할, 온도/습도 센서체온 측정, 카메라심장박동수 측정에 활용 등으로 기본적인 생체 정보를 확보할 수 있으며, 좀 더 정밀하고 의학적인 측정결과는 별도의 액세서리 형태로 측정 후 데이터를 관리하게 된다. 현재 측정할 수 있는 데이터들은 혈압, 당뇨, 맥박수, 운동량, 스트레스, 뇌파 등이며 센서 기술이 비약적으로 발전하면서 그 범위가 나날이 확장되고 있는 추세이다. 이렇게 센서를 통해 수집된 정보를 가공하여 사용자가 이해하기 쉬운 형태로 보여주는 역할을 하는 것이 모바일 애플리케이션이다.

딜로이트의 자료에 따르면 애플스토어에 있는 헬스케어 관련 애플리케이션은 13,600여 개에 이르고, 다운로드 횟수는 2억 4,700만 건에 이르고 있다. 2016년 전체 모바일 애플리케이션 시장 규모는 46억달러에 이를 것으로 추정되는데, 그중 헬스케어 관련 애플리케이션 시장은 약 1%로 4억달러 규모가 될 것으로 예상되고 있다. 전체 애플리케이션 중 70-80%가 소비자 중심의 헬스케어 서비스 기능으로서, 다운로드된 애플리케이션 중 60% 정도는 체중감량이나 운동에 관한 것으로 파악된다. 또한 지난 1월 시장 점유율 5위인 클라우드 기반의 HERelectronic health records 업체인 아테나헬스가 의사용 모바일 애플리케이션을 개발하는 에포크라테스를 약 3억달러에 인수하면서 화제가 되었고, 퀄컴벤쳐스는 한국인이 창업한 것으로 유명한 건강관리 애플리케이션 개발 전문업체인 눔Noom, 구글플레이스토어 헬스 앱 분 야 매출 1위에 투자한 바 있다. 이처럼 오프라인 헬스케어 서비스기업이나 IT 제조업체들도 헬스 애플리케이션의 역할에 기대하는 바가 큰 상황이다.

유헬스 케어, 의료서비스의 권력이 소비자에게로 이동

유-헬스케어가 무엇일까? 유-헬스케어U-Health Care란 유비쿼터스와 원격의료 기술을 활용한 건강관리 서비스를 말한다. 유비쿼터스 헬스케어Ubiquitous Health Care의 줄임말로 유비쿼터스 건강관리라고도 한다. 이 서비스는 시간과 공간의 제한없이 의료서비스를 제공 받을 수 있는 게 가장 큰 특징이다 출근할 때 삼성의 기어같은 웨어러블 디바이스Wearable Device를 손목에 차고 가면 나의 심박수, 걷는 횟수 등을 감지해서 건강 관련 어플리케이션으로 분석하여 나의 건강 현황을 친절하게 알려준다. 유-헬스케어는 내가 항상 건강할 수 있도록 도와주는 미래의료혁명이라 할 수 있다. 우리는 앞으로 이러한 최신의 정보통신 기술을 이용해서 개인 맞춤형 건강서비스를 언제 어디에서나 받을 수 있으며 불시에 찾아오는 병마에 불안해하지 않아도 충분히 예방하고 건강해질 수 있다.

우리는 아플 때에만 병원을 방문했었다. 그러나 소득수준이 높아지고 아프지 않고 건강하게 사는 것에 관심이 높아지면서 우리는 아프지 않아도 정기적으로 병원에 가서 각종 검사를 한다. 우리는 질병을 초기에 발견하는 것이 치료 가능성 여부, 나아가 삶과 죽음을 가를 수 있다는 사실을 알게 되었기 때문이다. 그리고 질병을 예방하기 위해 어떤 음식을 먹고 어떤 생활습관을 고쳐야 하는지 관심을 갖는 사람들도 많아졌다. 세상은 치료 중심에서 건강관리 및 예방 중심으로 바뀌어 가면서 유헬스케어의 기반이 충분히 조성되고 있다. 인터넷 사용인구의 폭발적 증가도 유헬스케어 시대를 앞당기는 요인이다. 우리는 디지털기기와 친숙해지면서 원격의료에 대한 서비스 수용도가 완벽하게 바뀌었다. 앞으로는 몸이 불편하거나 아플 때 대부분의 사람들이 의료포탈에 문의하게 될 것이다. 또한 정부와 보험사들도 유헬스케어 서비스에 적극 참여하여 그 보급속도가 몰라보게 빨라질 것이다.

유헬스는 기존 의료서비스의 한계를 뛰어넘어 헬스케어 산업이 새로운 영역으로 확장할 수 있는 가능성을 제시하고 있다. 병원 내에서 환자 중심으로 이루어졌던 전통적인 의료 서비스가 본질적인 한계를 벗어나 누구나 접근할 수 있는 보편적인 가치로 전환될 수 있는 계기가 되었고,

유무선 통신장비와 생체신호 측정장치를 통해 병원이라는 물리적 공간의 제한을 뛰어넘어 의료 서비스의 공간적 확대까지 가능하게 되었다. 또한 의료기관 뿐 아니라 전문 건강관리회사, 사이버 진단센터 등 의료 서비스의 공급체계가 다원화되면서 산업에 변화를 불러 일으키고 있고, 환자 중심에서 일반인으로 서비스 대상이 확대될 수 있는 기반을 마련되었다고 평가된다.

유헬스가 가져오는 생활의 대변화를 하나씩 점검해 보자. 일단 U-Healthcare 헬스케어가 보편화되면 소비자들에게 보다 다양한 의료서비스 선택의 자유가 주어질 것이다. 온라인상의 주치의에게 간단한 상담을 하고 나서 어떤 검사를 하고 어떤 치료를 받을지 많은 정보를 토대로 스스로 선택을 하게 된다. 인터넷에 넘치는 정보만큼이나 많은 의료정보들이 소비자에게 주어질 것이며 이를 걸러서 고급 정보로 만들어 제공하는 회사들도 넘쳐날 것이다. U-Healthcare유헬스케어 서비스가 본격적으로 시행되면 의사가 아닌 소비자 중심으로 권력이동이 가속화될 것이다.

소비자들은 비슷한 효과를 가진 서비스에 대해서는 가격에 민감하게 반응할 것이고 공급자들은 제공하는 의료서비스를 차별화하기 위해 경쟁자들보다 훨씬 더 나은 서비스를 제공하고 있다는 사실을 스스로 입증해야 할 것이다. 또한 대부분의 의료기능은 범용화되어 무차별적으로 이용될 것이다. 명의라 불리는 사람들은 더 넓은 범위에서 소비자에게 접근하고 더 많은 서비스 제공 기회를 갖게 될 것이며 의료기관들도 공간적 제약에 따른 독과점 형태가 아니라 의료서비스 차별화를 통해 시장을 유지하기 위해 노력해야 할 것이다. 한편 의학지식의 일부는 공공재로 변모한다. 일반인들도 찾고자 하면 자신의 증상과 관련된 병명을 유추할 수 있을 정도의 정보는 찾을 수 있고, 치료 방법도 초보적인 수준에서 알게 된다. U-Healthcare유헬스케어 시대에는 모두가 스스로의 건강과 질병 치료에 대한 최종 책임자가 된다. 의사를 선택하는 것도 치료 방식을 선택하는 것도 가능해지지만 그만큼 선택에 따르는 책임은 자신의 것이라는 생각을 공유하게 될 것이다.

우리는 병원에서 번호표를 끊고 기다리는 불편함을 더 이상 인내하지 않아도 된다. 앞으로는 병원에 직접 걸어가서 의료서비스를 받는 것에서 의료서비스가 환자가 있는 곳으로 찾아가는 서비스로 180도 바뀌게 된다. 이것은 내가 있는 그 장소가 병원이 된다는 의미다. 유비쿼터스 헬스케어, 즉 유헬스의 의미는 바로 이런 시공을 초월한 의료서비스를 받을 수 있다는 의미가 된다. 아이가 갑자기 아파 응급실에 달려가야 하는 상황은 구석기 시대 유물이 된다. 혈압약을 복용하고 있는 고혈압 환자들은 혈압을 체크하여 필요한 경우 병원에 방문하지 않고 원격으로 처방전을 발급받아 필요한 약을 배송 받고 투약 조절을 할 수 있다. 환자들은 암, 심장병 등 주요한 질병에 대한 검사결과를 오래 기다리지 않고 괜찮다는 한마디를 듣기 위해 몇 시간씩 걸려서 먼 거리의 병원까지 다녀오는 수고를 하지 않아도 된다. 약을 처방받을 때도 나만의 체질과 병력을 통해 오직 나에게만 맞춰진 약 처방을 받을 수 있다.

유헬스는 사용자 및 관련 서비스에 따라 u-메디칼u-medical, u-실버

u-silver, u-웰니스uwellness로 나눌 수 있다. 한국보건산업진흥원 자료에 따른 분류로 u-메디칼은 고위험군 환자를 대상으로 질환의 진단, 치료, 관리 및 진료 환경 지원 서비스를 제공하는 영역으로 의료법이 적용되는 범위이다. 실제 병원에서 행해지는 의료서비스를 원격의료 시스템을 통해 제공하는 모델이라고 할 수 있다. u-실버는 65세 이상 고령자를 대상으로 질환 진단과 치료 제공 및 관리뿐 아니라 안전관리와 독립생활 지원 등의 서비스를 제공하는 분야이다. 이는 현 의료 시스템 기준으로 의료법과 노인장기요양 보험법 적용 대상이면서 건강관리 서비스의 영역이기도 하다. 마지막으로 u-웰니스는 일반인을 대상으로 건강증진 및 건강 환경지원 서비스를 제공하는 영역이며, 현재 보험으로 지원되지 않는 예방차원의 건강관리 서비스로 새로운 산업 영역이기도 하다. 이러한 분류기준으로 국내 서비스 이용자수 예측 자료를 보면 향후 20-60대 인구 기준으로 u-메디칼은 4.0%, u-실버는 3.7%, u-웰니스는 16.2%로 약 1,200만명이 유헬스 서비스를 이용할 것으로 예상되고 있다

유헬스 서비스 이용자수 예측 자료를 근거로 추정한 국내 유헬스 시장의 총 규모는서비스 본격화 5년 후 기준, 자료에서는 2014년 기준 약 3조원 규모에 달한다. u-메디컬 시장은 약 5,600억원, u-실버시장은 4,800억원에 이를 것으로 전망되고, u-웰니스 시장이 2조원 규모로서 가장 큰 시장을 형성할 것으로 추정된다. 전반적인 유헬스 시장의 연평균 성장률은 12.5%로 예상되고 있으며, 특히 u-웰니스 시장은 14.4%의 성장률을 기록하여 높은 성장성을 보일 것으로 전망된다. 또한 한국전자통신 연구원이 예측한 자료에 따르면 국내 유헬스시장은 의료기관 제공 유헬스 서비스병원,

약국 의료정보 공유서비스, 스마트카드 서비스, 의료기록 온라인 제공서비스, 원격검진서비스 등, 개인가입형 유헬스 서비스병원 예약관리 서비스, 질병상담서비스, 질병 모니터링 서비스 등와 개인 서비스 이용을 위한 장비 구입을 합할 경우 약 1조 8천억원에 달할 것으로 추정되고 있으며, 삼성경제연구소 자료에 따르면 환자수와 유헬스 서비스 비용, 이용률 추산 결과 약 2조원 규모로 시장이 성장할 것이라 전망되고 있다. 하지만 아직 국내 유헬스 시장은 크게 형성되지 못하고 있다. 보고서에서 추정한 시장 규모는 의료법 개정 후 환자와 의사간 원격진료가 허용된 경우를 가정한 것이며 현시점에 의료법 미개정, 보험수가 미적용, 기술표준 미확립과 전문인력 부족 등으로 본격적인 시장 창출에는 어려움이 있기 때문이다.

Chapter 5.
바이오벤처

바이오헬스케어 산업의 미래를 선도하는 사람들

예전에 IT쪽으로 대한민국 청년인재들이 모여들었듯이
이제는 바이오헬스케어 분야로
대한민국의 미래산업지도를 바꿀 인재들 모여들고 있습니다.
특히 한 수위의 IT 경쟁력을 갖춘 우리나라는
디지털헬스케어 분야에서도 분명 독보적인
영향력을 발휘하게 될 것입니다.
바이오벤처 기업들의 창업 분위기는 무르익었습니다.
아이디어와 기술만 있으면 정부도 적극 지원합니다.
인류의 미래 먹거리, 대한민국 차세대 산업혁명의
중심에 서 있는 바이오분야의 젊은 리더들이
지금 열심히 뛰고 있습니다.

바이오벤처 투자현황 및 활성화 방안

벤처투자가들은 누구일까? 투자를 유치하고자 하는 기업이나 대표이사들은 자신들의 과거 이력을 조사하고, 현재 상황을 살펴보며 미래 잠재성을 평가하는 사람들에 대해서 항상 궁금하게 생각할 것이다. 벤처투자가들은 투자라고 하는 복잡하고 거대한 시스템, 일례로 현행 자본투자 집행을 규율하는 '자본시장과 금융투자업에 관한 법률'에 따르면 금융투자상품에는 증권,파생상품 등이 있으며, 증권을 보다 세분화하면 채무증권, 지분증권, 수익증권, 투자계약증권, 파생결합증권, 증권예탁증권 등이 있고, 금융투자업에는 투자매매업, 투자중개업, 집합투자업, 투자자문업, 투자일임업 중에서 작지만 중요한 역할을 담당하고 있다.

국내에서 바이오분야 벤처기업이 유치할 수 있는 투자가로는 엔젤투자가, 일반기업, 창업투자회사신기술금융사 등이 있으며, 이중 창업투자회사가 설립한 투자조합이 가장 활발한 투자를 진행하고 있으므로 투자유치를 희망하는 벤처기업인들은 이들의 성향과 추구하는 목표를 이해할 필요가 있다. 창업투자회사의 역할을 재조명해보면 "전통적인 금융기관으로부터 사업자금 공급을 받기 어려운 초기단계의 벤처기업에 창업자와 함께 위험을 부담하면서 자본 참여를 하여 기업이 성장한 후 자본이득을 통하여 일반적인 금융상품보다 높은 수익을 실현하는 투자"를 실행한다.

창업투자회사는 공적기금, 일반기업, 개인자산가들로부터 자금을 유치하여 벤처기업에 투자하는 투자조합을 결성하고 이를 통해 지분획득 등의 방법으로 투자를 집행한다. 이러한 조합에 참여하는 조합원들은 대규모 자산가들로서 기타 안정적인 금융상품이나 다양한 수익창출 포트폴리오를 구성하고 있음에도 고위험, 고수익인 벤처투자에 간접적으로 참여한다.

특히, 사회가 안정되고 자본사회가 발전할수록 자산가들의 고민은 보유자산의 안정적이며 효율적인 운용을 통한 수익창출에 있다 할 수 있으며, 정치적 안정이 주는 미래에 대한 안전한 예측은 예금이자율을 낮추게 되고, 자산가들은 저하되는 수익성을 유지하기 위해 보유자산의 포트폴리오 구성에 있어 고민할 수밖에 없는 상황이다. 벤처투자는 이러한 자산의 포트폴리오 구성에 있어 구성비율은 적으나 성공시 큰 수익을 기대할 수 있어 저하되는 수익성을 제고할 수 있는 매력적인 투자수단으로 부각되고 있다.

이러한 벤처투자는 인류역사에 있어서도 지속적으로 활용되어 왔으며, 일례로 1492년 4월 신대륙탐험을 위해 출발하는 크리스토퍼 콜럼버스에게 항해에 필요한 재정지원을 한 카스티야왕국 여왕 이사벨1세는 이러한 벤처투자를 실행한 초기 벤처투자가라고 할 수 있다. 콜럼버스는 자본을 제공한 이사벨여왕에게 귀족칭호와 새로 발견된 땅에서 얻은 수입의 10%, 모든 무역거래의 1/8을 자신의 지분으로 하고 식민지가 될 경우 자신을 총독으로 임명할 것을 요구하였다.

〈이사벨여왕을 알현하는 크리스토퍼 콜럼버스〉

벤처투자는 이렇듯이 위험이 따르지만 성공하였을 경우에는 콜럼 버스와 이사벨여왕 양자와 같이 막대한 부를 얻을 수 있다는 희망과 계약을 기반으로 모험이 시작되었다. 현재 실행되고 있는 벤처투자도 별반 다르지 않다. 벤처기업인은 본인의 경험,네트워크,자본 등이 결합된 기업가 정신을 바탕으로 벤처투자가들로부터 자본투자를 유치하여 회사를 성장시켜 기업가치를 높이게 된다. 이후 코스닥상장이나 인수합병을 통해 벤처기업인과 벤처투자가 들이 부를 얻게 된다. 500여 년의 시간차이가 있으나 근본적인 시스템과 이해관계는 놀라울 정도로 유사하다.

이제부터 바이오관련 국내외 상황을 고찰하고, 벤처투자 유치 관련하여 벤처기업인들이 접할 수 있는 유치대상들 중에서 창업투자사조합 관점에서 투자시 고려하는 조건들과 유치를 위해 대비해야 할 부분을 살펴보고자 한다. 국내 바이오벤처투자는 2000년부터 2002년까지의 태동기, 2003년부터 2004년까지의 시련기, 2005년부터 2010년까지의 성숙기, 2011년부터 현재까지의 활황기로 구분할 수 있다. 벤처투자가는 보유지분 매각을 통해 자금을 회수하고 수익을 배분하며, 새로운 기업에 대한 재투자를 할 수 있기 때문에 보유지분 매각수단에 민감할 수밖에 없다. 벤처투자가들은 주식시장 장내매각, 인수합병을 통한 매각, 장외매각을 지분매각수단으로 확보하고 있는데 각 시기별로 이러한 지분매각수단을 감안한 투자현황을 살펴보자.

1) 2000년부터 2002년까지의 태동기

2000년은 전 세계적으로 몰아쳤던 인터넷버블이 꺼져가는 시기였으나 바이오업계에서는 의미있는 해였다. 바이오기술을 기반으로 한 마크로젠이 2월에 상장하였으며, 전체적으로 6개 기업이 상장하였다. 이러한 경향은 벤처기업 창업을 활성화하는 사회전반적인 분위기에 힘입어 대기업 및 국가산하 연구소 소속 연구원과 대학교 재직 교수들의 창업이 활발하게 이루어진 결과이다. 내용적으로는 2000년부터 2002년까지 코스닥시장에 전체 497개 기업2000년 177개, 2001년 170개, 2002년 150개이 상장하는 동안 상장된 바이오기업은 15개3.01%이며, 이들은 신약개발 및 바이오테크 기술관련 기업들의 비중이 낮고, 대부분이 농업분야의 사료첨가제 또는 동물약품 회사가 대다수를 차지하고 있었다.

2) 2003년부터 2004년까지의 시련기

2003년부터 2004년까지는 주식시장을 통한 기업공개가 극도로 부진하게 된다. 코스닥시장에 상장한 총 117개 기업2003년 69개, 2004년 48개 중 바이오기업은 3개2.56%를 차지하게 되었으며, 이러한 회수시장의 부진은 투자에도 영향을 미쳐 2003년에는 22개 기업에 177억원을 2004년에는 14개 기업에 127억원을 투자하는 등 2002년도 대비 감소하게 되었다. 특히, 2000년도에 결성되었던 투자조합의 만기가 2005년으로 도래하였으나, 코스닥시장에의 저조한 상장실적으로 인해 벤처투자가들의 자금회수가 불투명하게 되었다. 이러한 저조한 코스닥상장실적은 상장 기준에서 그 원인을 찾을 수 있는데, 상장요건 중 수익성부문에 해당하는 경상이익 실현조항과 자기자본이익률ROE, Return On Equity 5% 이상 조항을 대다수의 신약 및 바이오테크 기술관련 기업들이 충족시킬 수 없었기 때문이다. 이러한 제약은 2005년도에 우회상장이 유행하는 기반이 되었다.

3) 2005년부터 2010년까지의 성숙기

정부는 2005년 3월 25일자로 코스닥상장규정에 신규심사요건의 특례조항을 신설하였는데 개정안은 성장 벤처기업 상장특례를 인정한다는 것이 주된 핵심내용으로, 정부가 중점 육성하고자 하는 차세대 성장동력산업 등의 업종바이오로서 전문평가 기관에 의한 기술평가결과가 A등급 이상인 바이오 벤처기업에 대해서 그간 충족시키기 어려웠던 경상이익 실현, 수익성 ROE 5% 이상 요건을 폐지하여 상장 가능케 한다는 것이다. 즉, 기술성평가 제도를 통해서 수익요건을 충족시키지 못하는 벤처기업의 경우에도 코스닥 위원회가 외부전문기관 평가를 참고하여 기술력, 시장성을 판단하여 코스닥시장 상장을 가능토록 개선한 것으로, 이를 담당하는 전문평가기관에는 기술신용보증기금, 한국전자통신연구원, 한국산업기술평가원, 한국과학기술정보연구원, 한국생명공학연구원이 있으며, 2005년 8월부터 한국보건산업 진흥원이 추가되었다. 우회상장은 미국 나스닥시장에서 일부 기업들이 도입한 방식을 국내에도 적용한 것으로 바이오벤처기업 등 성장동력이 있으나 대규모 자금이 필요한 회사를 'Pearl'이라 칭하고, 상장되어있으나 한계상황에 봉착한 기업을 'Shell'이라 할 때 이들 양측이 합병,주식교환,인수 등을 통해 'Pearl'이 전통적인 기업공개에 따른 심사를 거치지 않고 주식시장에 상장하는 방법이다. 바이오기업에 대한 우회상장은 2005년 라이프코드를 필두로 유행하는 회수수단으로 각광받게 되었다. 2005년에는 9개, 2006년에는 11개 기업이 우회상장을 통해 자금조달을 하였으며, 2006년 6월 26일 "코스닥시장 상장개정 규정"에 의해 우회상장도 기존 기업공개와 같은 심사를 받게하고 각종 보호예수 조항을 신설하면서 많은 제약을 받게 되었다.

우회상장에 대한 평가는 극단적으로 나뉠 수 있는데, 바이오기업들에 대한 제도권 내 제약을 해소시켜주는 대안적 방안으로 긍정적인 면과 테마와 루머에 의지한 작전세력의 도구로 전락하여 많은 투자자들에게 손실을 끼친 부정적인 면이 있겠다. 우회상장을 통해 2005년 전체 9개 기업코스피 4개,코스닥 5개이 상장하였으며, 특히 코스닥경우 전체 상장기업의 55.5%에 해당한다. 이는 우회상장이 2005년부터 2006년까지 바이오벤처 기업들의 주요한 회수수단이었음을 부인할 수 없으며, 많은 기업들이 투자유치시에도 우회상장을 회수수단으로 고려하는 분위기가 팽배하였다.

이러한 우회상장은 'Shell'업이 가지고 있는 여러가지 문제점으로부터 자유로울 수 없기 때문에 SPACSpecial Purpose Acquisition Company라는 제도를 2010년 2월부터 도입하였다. 이는 주식시장에서 공모를 통해 자금을 유치한 후 적절한 성장 동력을 갖춘 기업과의 합병을 하는 한시적인 특수법인을 상장시키는 제도로써 극단적으로 현금만을 보유한 회사이기에 기존 우회상장의 문제점을 해소할 수 있는 방안이다. 또한, 우회상장은 성숙기에 접어든 바이오벤처 산업에 있어 코스닥시장 전체에 영향을 미치는 거대규모 기업들이 등장하는 수단으로 활용되었는데 2008년도에 우회상장한 차바이오텍과 셀트리온이 그 주인공들이다. 셀트리온은 2011년 하반기 시가총액 6조원에 이르며 코스닥시장내 시가총액 1위 기업으로 자리매김하였다.

4) 2011년부터 현재까지의 활황기

성장한계에 부딪힌 다국적제약사들의 초대형 합병이 촉발시킨 바이오헬스케어 산업에 대한 영향은 실로 컸다. 다국적제약사들은 합병과 동시에 연구소조직을 통폐합하고 기존의 파이프라인들을 재검토하면서 선택과 집중에 몰입했다. 이러한 과정 중에 다국적제약사들은 자신들의 역량이 미치지 못하거나 빠른 시일 내에 경쟁력을 갖춰야 하는 분야에 대해서는 과감하게 바이오벤처 개발제품에 대한 라이센스도입을 추진하였다. 또한 바이오로직스와 세포치료제 등의 기술적 성과에 따라 바이오벤처기업들의 가능성은 시장에서 높게 평가받으면서 전 세계적인 바이오 붐이 형성되었다.

2016년 2월 현재 국내 바이오헬스케어 산업은 상장된 기업가치로만 보면 초활황상태이다. 아래 표는 2000년부터 2015년까지 매년 8월 1일을 기준으로 코스닥시장에 상장되어 있는 바이오기업들의 수와 시가총액의 합을 기록한 것이다. 2000년에는 11개 기업이 총 6천억원 정도 시가총액을 형성하던 것이 2015년에는 96개 기업이 42.2조원에 달하고 있다. 이는 코스닥시장 시가총액 1위 기업이 바이오분야에서 나오고, 기업수로는 전체 시장의 8.7%, 시가총액의 합은 전체 시장의 22.1%를 차지하고 있다.

〈바이오기업들의 수와 시가총액 〉

(단위 : 조원)

	2000	2001	2002	2003	2004	2005	2006	2007	2008	2009	2010	2011	2012	2013	2014	2015
전체 기업 수(a)	590	658	828	868	883	891	943	993	1,033	1,012	1,012	1,030	1,015	991	1,015	1,103
전체시총(b)	54.0	38.1	48.0	44.0	29.4	47.2	64.1	103.5	70.2	80.0	84.9	102.1	111.1	120.1	139.1	191.0
바이오헬스케어기업 수(c)	11	20	28	32	36	39	46	53	56	61	66	71	74	82	85	96
바이오헬스케어기업 시총(d)	0.6	0.7	0.6	0.8	0.6	2.6	2.5	5.1	3.9	7.4	7.6	15.9	14.2	18.8	19.7	42.2
기업 수 비중(c/a)	1.9%	3.0%	3.4%	3.7%	4.1%	4.4%	4.9%	5.3%	5.4%	6.0%	6.5%	6.9%	7.3%	8.3%	8.4%	8.7%
시총 비중(d/b)	1.0%	1.8%	1.3%	1.7%	1.9%	5.4%	3.9%	4.9%	5.6%	9.2%	8.9%	15.5%	12.8%	15.7%	14.2%	22.1%

이제 바이오헬스케어 산업은 더 이상 기술성평가 등을 통해 보호와 특혜를 받는 대상이 아니라 다른 산업을 견인하고 지원하는 책임을 느껴야 할 정도로 성장하였다. 이제는 아이가 어른으로 성장하였듯이 그에 걸맞는 바이오벤처 기업들이 시장에 등장하였고, 새로운 평가방식과 사업을 투자가들에게 제시해야할 시기가 도래하였다. 투자를 유치하는 기업입장에서 돌아보자. 투자유치를 희망하는 바이오벤처 기업들과 상담할

경우 흔히 접할 수 있는 얘기는 상장되어 있는 기업보다 자사기술과 인력이 보다 우수하기 때문에 기업가치에 있어서도 보다 높게 평가받기를 희망한다. 내지는 미국 나스닥에 상장되어 있는 회사와 목표 질환, 임상단계 등이 유사하기 때문에 동일한 기업가치로 평가받는 것을 당연하다고 생각한다.

바이오벤처 기업 평가를 위해서는 Ralph Villiger 등이 제안한 여러가지 가치평가방법Discounted Cash flows,Real Options을 활용할 수 있지만 미래 확보될 수 있는 성공과 그에 따른 매출, 수익을 현재시점으로 확정하거나 추정하는 것은 매우 어려운 일이다. 바이오벤처 기업들은 자신들의 사업계획에 따른 매출을 추정하되 막연한 계산식이 아닌 투자가들에 대한 약속이라고 생각해야 한다. 단지 기업가치를 높게 평가받기 위해 사업계획과 자료보다는 매제품별로 매년별로 진지한 고민과 실행에 대한 구체적인 방안이 뒤따를 때 투자가들도 이를 높게 인정할 것이다.

바이오벤처 기업들은 비상장상태로서 향후 주식시장에 상장될 것이라는 전제 하에 투자가 이루어진다. 따라서 코스닥 등 주식시장의 흐름에 영향을 받지 않을 수 없다. 이러한 주식시장의 동향은 세계경제흐름, 국내경제상황 등 여러가지 변수에 의해서 빠르게 급변하고 있으므로 바이오벤처 기업들에 대한 평가도 변동할 수밖에 없다. 이러한 상황을 바이오벤처 기업들은 인식하고 투자가들과 지속적인 의견교환을 통해 적정가치를 평가받을 수 있을 것이다.

투자유치를 희망하는 바이오벤처 기업들이 준비해야 할 사항을 다음 두 가지로 정리해볼 수 있겠다.

1) 수익을 확보하라

바이오벤처 기업들은 제품개발관련 일정을 세분화하고 이와 관련한 개발비용을 최적화해야 한다. 최대 3년 이내에는 제품관련 개발결과물을 바탕으로 매출을 일으켜야 하고, 매출달성이 안될 경우에는 라이센싱 아웃을 한다든지 다양한 방법을 통해 수익을 확보해야 한다. 3년 이상 매출달성을 하지 못하거나, 회사경영이 위태로울 정도라면 기업의 영속성유지라는 측면에서 매우 큰 문제라고 할 수 있으며, 이는 기업가치평가에도 감안하여 큰 폭의 할인율이 적용되어야 한다. 이제는 바이오벤처 기업이라 할 지라도 연구개발에 10여년이 소요되기 때문에 투자가들에게 무작정 인내 하라고만 요구할 수 없는 시대가 온 것이다. 투자기업 사례로 에스디바이오센서를 들 수 있겠다. 이 회사는 진단시약부문의 뛰어난 기술력을 바탕으로 혈당측정기사업에서 시작하여 보다 고부가가치 영역으로 확장해가고 있다. 특히 콜레스테롤 분석장치, 당화혈색소 측정장치 등을 성공적으로 출시하면서 탄탄한 수익성을 바탕으로 신규제품들을 추가하고 있다.

2) Plan B를 가동하라

미국 창업 전문가 랜디 코미사KPCB Partner는 원래 계획했던 사업이 진행되지 않을 경우에는 Plan B를 가동하라고 제시한다. 여기서 Plan B는 시장에서 실전을 통해 확보한 진짜 정보를 바탕으로 방향을 수정한 사업계획이다. 이러한 수정을 위해 다른 기업들의 사례를 연구하고 그들의 장점만을 도출하고 자신에게 받아들여 자신만의 새로운 가치를 창조한다는 것이다. 당사 투자기업사례로 디알텍의 경우를 보면, 회사는 직접방식 X-ray 디텍터관련 세계적인 기술을 보유하고 있으나 시장은 간접방식 장비위주로 확대되고 있어 고전을 면치 못하고 있었다. 2014년부터 직접방식 제품에 추가하여 간접방식 제품을 출시하였으며 시장진입에 성공하여 2015년 300억여원 매출을 실현할 수 있었다. 이를 바탕으로 2016년 상반기 코스닥 상장을 추진하고 있다.

바이오벤처 투자를 담당하고 있는 실무자로서 2001년부터 2011년까지 바이오 산업계를 조망해보면 투자분야에 있어 큰 변화가 있었다. 2001년 당시에는 3억원~5억원 정도 규모로 투자하는 것이 일반적이었으나, 2011년에는 투자조합들의 대형화로 인해 최소 30억~50억원 규모로 바뀌게 되었다. 2014년에는 100억원 투자를 찾아보기도 그리 어렵지 않은 상황이다. 즉, 투자규모가 산업발전에 따라 20배로 성장한 것이다. 이러한 변화에 따라 초기업체들에 대한 투자는 많이 어려워진 상황이며, 벤처투자가들은 일정규모로 성장한 기업이나 상장기업을 투자대상으로 할 수 밖에 없는 상황이다. 따라서 초기업체 투자를 담당하는 새로운 주체가 요구되고 있으며 이에 대한 해결책으로 엔젤투자가 들과 상장 바이오기업들의 적극적인 참여를 제시하고자 한다.

엔젤투자가들은 소규모 자본으로 바이오벤처 기업들의 사업성을 검증하는 단계까지 실증할 수 있는 투자를 담당하고, 이후 상장 바이오벤처 기업들이 보유자금과 기술에 대한 이해를 바탕으로 적극적인 투자와 인수합병을 실행해야 한다. 벤처투자가들은 인수합병을 거치는 중에 있는 성장기업에 대해 투자기회를 적극 모색하는 등 역할분담을 통해 각 단계별 회수가 가능하게 하는 것이 중요하다.

또한, 바이오벤처 기업들은 사업계획작성 시 투자가들과 미리 약속한 결과물 또는 매출을 확보하는 것에 주력하고 이에 대한 전망이 불투명할 경우에는 상장 바이오기업들에게 인수되는 전략을 취함으로써 기술인력들이 보다 성공적인 과제에 효율적으로 분배될 수 있고, 초기 기업에 투자한 투자가들이 자금을 회수할 수 있는 길을 열어주어 또 다른 기업들에 대한 재투자가 가능하게 해주어야 한다. 특히, 상장 바이오기업들은 매년 10여개 기업을 인수한다는 생각으로 인수합병에 적극적으로 나서서 우수인력을 유치하고, 관련기술을 확보함으로써 기업가치를 지속적으로 유지, 상승시키는 것이 요구된다.

국내 바이오산업은 정부의 적극적인 육성의지와 많은 혜택에 힘입어 온실 속의 화초처럼 큰 경쟁없이 성장해왔다. 바이오벤처 기업들은 그간 당연하게 여겨왔던 많은 특례를 얻어내는 것에 주력하기 보다는 갖춰진 인프라와 인적자원, 기술을 바탕으로 진정한 글로벌 경쟁에 임해야 할 시기가 왔다. 우리 바이오벤처 기업들은 새로운 경쟁을 통해 보다 발전된 단계로 나아갈 것임을 믿는다.

무위험 창업모델을 통한 바이오벤처 창업활성화 방안

바이오벤처 기업 뿐만 아니라 모든 벤처기업들은 규제에 민감할 수밖에 없다. 그 규제만 풀어준다면 날개를 달 수 있는 분야가 한 두 개가 아니다. 정부에서도 창조경제 측면에서 벤처기업의 활성화에 관심을 쏟기 시작하였다. 2014년에 수립하여 시행중인 '벤처 · 창업 활성화를 위한 규제개선 추진방안'도 벤처기업 활성화의 맥락이라 할 수 있다. 그 대책의 핵심은 창업→성장→회수→재도전의 선순환을 유지한다는 점이다. 이를 통해 벤처 · 창업 생태계 전체의 걸림돌을 치우고 부담을 덜어 주고자 하는데 의미를 두고 있다. 정부는 지속적으로 현장의 의견을 수렴하여 규제를 발본색원해, 글로벌 지향형 창업이 활발한 선순환 벤처 · 창업 생태계 조성을 앞당길 것이라고 밝혔다.

벤처 캐피탈리스트가 바라보는 바이오산업의 문제점은 무엇일까? 크게 세가지 부분에서 점검이 필요하다. 일단 무언가 고정관념에 갇혀있는 기업이 문제다. 첨단기술을 개발하면 시장은 자연적으로 생길 것이라는 막연한 생각. 기술개발이 완성되면 매출에 관련한 금융 등은 자연적으로 해결될 것이라는 점 그리고 정부 등 허가권자의 적극적인 협조로 새로운 시장이 창출될 것이라는 수동적 생각이 기업들이 가지고 있는 문제점이라 할 수 있다. 두 번째는 비용투입 대비 성과에 대한 예측 가능성이 낮다. 세 번째는 바이오산업의 정의에 대한 합의의 문제인데 이미 레드, 그린, 화이트 바이오는 과거의 정의일 뿐이다. Product based나 Platform based company라는 분류도 있을 것이고 신약개발 분야는 예방, 진단,

치료, 관리의 차원에서 구분할 수 있을 것이다.

그렇다면 국내 바이오벤처기업의 성장을 저해하는 요인은 무엇이 있을까? 우선 기업내부 측면을 살펴보자. 기업은 기술매출 중심의 성장전략 KSFkey success factor의 균형적인 보유가 필요하다.science, technology /clinical/ business development 또한 기술대상의 발굴 및 글로벌 성장을 위한 기업규모 달성 및 경영전문성을 확보해야 한다. 그러나 기업간 격차특히 대기업에 의한 단계별 관련 핵심인력 확보가 어렵다는 문제가 있다. 금융환경적 측면에서는 실제 매출이 발생하기 이전 단계에서 투자금 회수가능한 시장의 미발달에 따른 타산업대비 과도한 투자리스크가 부담으로 작용한다. 그리고 초기 투자유치 자금 성격에 따른 회사의 자금조달방법엔젤투자, 전략적 기업자금투자, 재무적투자 등이 제한적인 것이 현실이다. 제도환경적으로는 새로운 제품의 개발속도와 현존하는 국가규제제도의 신설 또는 개선시기가 일치하지 않은 문제점이 대두된다. 또한 한미 FTA 등 새로운 무역환경의 도래에 바이오벤처 기업이 적절하게 대처하지 못하고 있는 문제가 있다. 아울러 초고령화 사회 진입 등 정치, 사회학적 요인에 의한 변동성 증대도 바이오벤처기업의 성장을 저해하는 요인 중의 하나로 분석된다.

그렇다면 국내 바이오벤처기업의 구체적인 발전방향은 무엇이 있을까? 첫 번째는 글로벌 경쟁력을 확보한 기업만이 생존 가능하다는 점이다. 해심적인 기술을 보유한 바이오벤처 기업은 기술의 제품화에 필요한 개발, 생산, 핀매 분야의 파트너링을 확보하기 용이하다. 또한 최종 제품화에 필요하나 재무적 리스크 극복에 대한 분명한 전략을 보유하게 된다. 그것이 벤처에서 메이저로 올라가는 중요 전략이 될 것이다. 두 번째 발전방향으로는 금융환경의 개선을 들 수 있다. 우선은 기술개발의 단계별 투자가 가능한 다양한 펀드조성이 절실하다. 아울러 기술의 발전적 개발을 촉진할 2차 투자 및 개발주체의 신설도 요구된다. 이는 창투사와 정부, 중견제약사 간의 공동투자 및 인수를 통해 가능할 것이다. 금융쪽에서는 하드웨어 부분에 있어서의 과감한 재정지원이 아쉬운 상황이다. 기업의 제도환경 개선 방안으로는 치료에서 예방중심으로 변화되는 국가정책에 맞는 회사의 발전방향을 갖추어야 한다. 또한 한미 FTA 등 새로운 무역환경에서의 경쟁력을 확보해야 한다. 정부는 새로운 바이오의 약품 개발에 대한 제도 및 법규 구축 및 개발되는 바이오제품에 대한 수요기반의 확충을 위한 적극적 지원이 있어야 국내 바이오벤처기업이 세계적인 경쟁력을 갖춘 기업으로 발전할 수 있을 것이다.

바이오벤처 투자의 새로운 바람이 불고 있다

벤처기업의 창업은 박근혜 정부가 가장 공을 들인 창조경제 분야 중의 하나이다. 창조경제가 꽃을 피우려면 벤처기업들의 활발하게 살아나야 한다. 이를 위해서는 정부의 지원은 물론이고 민간차원의 활발한 투자가 선행되어야 한다. 박근혜 정부 들어와서 경제 패러다임 자체가 벤처 중심으로 바뀌고 있다. 특히 2015년에는 벤처 투자 누적 금액이 15년 만에 연 2조원을 넘었다. 통계엔 잡히지 않았지만 사모펀드, 민간기업의 벤처투자 액수까지 합치면 그 규모는 상상을 초월할 정도다. 이런 벤처창업

열기는 2000년대초 IT 버블 때에 한번 있었지만 지금은 그때와 분위기가 다르다. 지난 2000년대는 IT로 한정된 산업 분야에 자금이 몰리면서 제한된 투자가 이뤄졌다면 최근에는 바이오 · ICT 분야로 분산됐고, 적자를 면치 못했던 문화콘텐츠 분야에서도 성과를 내기 시작하면서 점차 투자를 늘려가는 추세다.

박근혜 대통령은 2016년초, 창조경제와 문화융성이 경제 재도약을 이끌 성장엔진이라면 금융개혁은 그 성장엔진에 동력을 제공하는 혁신의 기반이라고 말했다. 그러면서 바이오헬스 등 신성장 유망 서비스업에 정책금융을 집중 지원하고, 기술금융을 투자중심으로 확대해 창업과 성장을 촉진해야 한다고 당부했다. 또한 박 대통령은 "그동안 정부는 창조경제 생태계 조성을 위한 각종 플랫폼 구축과 벤처 창업제도 개선에 총력을 기울여 왔다."고 언급하고, "이제는 창조경제의 틀과 기반 위에서 본격적으로 새로운 시장, 새로운 산업, 새로운 일자리를 창출할 성장동력을 만들어 가는 데 모두가 힘을 모아야 한다."고 강조한 바 있다.

미래창조과학부는 연초에 '2016년도 업무 추진계획'을 발표하면서 △스타트업 7대 강국 진입 △핵심 원천기술 확보 및 미래 성장동력 창출 △ICT 성과 창출 및 신산업 경쟁력 조기 확보 △과학기술 · ICT 글로벌 확산을 4대 전략으로 설정하고 이를 위한 16대 과제를 선정해 추진키로 했다. 미래부가 자체 분석한 결과 스타트업 강국은 미국, 이스라엘, 스웨덴, 영국, 중국 등으로 나타났는데 한국은 10위권 수준에 불과하다. 이 지표를 7위 수준까지 올리겠다는 것이 정부의 목표다. 이 지표는 창업 1

년 내 기업의 비율과 벤처캐피털 투자액 등 양적 지표와 창업기업의 5년 생존율, 창업 환경, 기업가정신 등의 지표가 활용됐다.

벤처기업들의 활성화를 위해서는 창조경제혁신센터의 역할이 중요하다. 정부는 전국 17개 혁신센터에 '고용존'을 구축하고 전담 대기업 등을 활용해 양질의 일자리 및 교육 훈련 기회를 제공한다. 고용존은 '일자리 중매쟁이'이자 '취업 트레이너' 겸 '인재 인큐베이터' 구실을 하게 된다. 더불어 온라인 창조경제타운도 문제해결형 플랫폼으로 발전시킨다. 또한 기술창업 초기 단계의 진입경로를 다변화해 공공기술 기반 창업기업을 570개로 확대하고, '죽음의 골짜기'를 극복하기 위한 전용 펀드 조성에 착수한다. 3~5년간 500억원을 투입할 예정이다. 미래부는 '바이오 헬스'를 주력사업으로 육성하는 등 연구개발R&D 투자 혁신, 민간이 주도하는 지능정보기술연구소 설립 및 플래그십 프로젝트, 과학기술 ICT 글로벌 확산 등에 주력할 방침이다. 바이오헬스케어 분야 뿐만 아니라 우리나라 벤처창업을 위한 기반조성은 인식과 제도 측면에서 충분히 확보된 것 같다는 생각이 든다.

이런 정부정책의 변화에 따라 벤처캐피털의 바이오기업 투자도 빠르게 늘고 있다. 기업당 투자하는 벤처캐피털 수와 투자액 모두 완연한 증가세로 돌아섰다. 지난해 기술특례 상장 규정이 완화돼 바이오기업 상장이 쉬워지면서 상장기업 수가 늘었기 때문이다. 상장한 바이오기업 주가가 강세란 점도 벤처캐피털이 바이오기업을 주목하는 이유로 꼽힌다. 한국거래소에 따르면 2015년 기술특례로 상장한 바이오기업은 상장

직전 평균 6.6개의 벤처캐피털로부터 자금을 유치한 것으로 나타났다. 2010~2014년 평균 5.8개에서 크게 늘어난 숫자다. 상장 직전 벤처캐피털로부터 투자받은 금액공모가 기준 지분평가액도 지난해 기업당 215억원으로 2010~2014년 평균 181억원보다 증가했다. 이는 정부가 지난해 기술력 있는 중소기업의 상장 기회를 넓히기 위해 기술특례 상장 규제를 완화하면서 벤처캐피털 투자가 늘었다는 분석이다. 상장 문턱이 낮아지면서 지난해 기술특례로 상장한 바이오기업은 10개로 사상 최다를 기록했다. 이 제도가 시행된 2005년부터 2014년까지 기술특례로 상장한 바이오기업이 총 14곳이라는 점을 감안하면 약 8년치가 지난 한 해에 상장하였다. 코스닥시장에 상장한 바이오기업 주가도 대부분 상승세다. 지난해 기술특례로 상장한 바이오기업 주가는 공모가에 비해 평균 67% 올랐다. 박웅갑 한국거래소 기업기술상장부장은 "올해 기술특례를 통해 상장할 것으로 예상되는 회사 20여개 중 대부분이 바이오업체"라며 "바이오분야 상장 업체 수는 올해 더욱 늘어날 것"이라고 전망한바 있다.

바이오산업의 판도 점점 커지고 있다. 바이오 · 제약, 유전자 분석 기업 뿐 아니라 화학, IT, 전자 등 다양한 분야의 글로벌 기업들이 바이오산업에 가세하면서 시장의 판이 본격적으로 커지고 있다. 이들 기업이 바이오사업에 뛰어든 데엔 고령화 · 식량 부족 등 미래 이슈에 대한 해결책이자 차기 성장 동력이라는 점, 선제적으로 진입 시 고수익을 상당 기간 창출할 수 있다는 기대감, 기업 내 보유 역량을 활용할 여지가 크다는 점이 주효하게 작용한 것으로 보인다. LG경제연구원 보고서에 따르면 바이오 · 제약기업 외에 일루미나, 덱스컴 같은 유전자 분석 기업과 23앤드미, 파운데이션 메디신 같은 바이오 서비스 기업들이 새로 등장했다. 구글, IBM, 애플, 마이크로소프트, 지멘스 등 IT기업과 듀폰, 다우케미컬, 바스프, 바이엘, DSM 같은 화학기업 등도 바이오사업에 적극 진출하고 있다.

유기돈 LG경제연구원 연구위원은 "바이오는 타 산업분야 기술과의 융합이 잘되는 특성상 다양한 배경의 기업들이 가세하면서 새로운 경쟁 구도가 형성될 것"이라며 "2020년 이후 세계 바이오 시장이 반도체 등 국내 3대 수출품목보다 규모가 커질 것으로 예상되고 있는 만큼 미래 신사업을 고민하고 있다면 지금부터라도 바이오 기술 역량 확보 전략을 수립할 필요가 있다."고 조언한 바 있다.

창고에서 진행되는 바이오생물학

대한민국 벤처투자시장은 바이오시대라고 해도 과언이 아닐 듯 하다. 정보통신 관련 기술들이 급변하고 있어 관련 기업들의 비즈니스모델이 2년 후를 기약할 수 없다는 점에 비해 바이오기술은 향후 계속적으로 성장하며 개발될 것이기에 지속성에 있어 후한 점수를 받고 있는 듯 하다. 이렇게 바이오에 대한 관심이 높아지고 있는 상황은 바이오벤처 투자가의 한 사람으로써 매우 고무적으로, 지난 10여 년간의 경험에 비추어 앞으로의 바이오기술에 대해 조망해보고자 한다.

주요 신약개발 제품

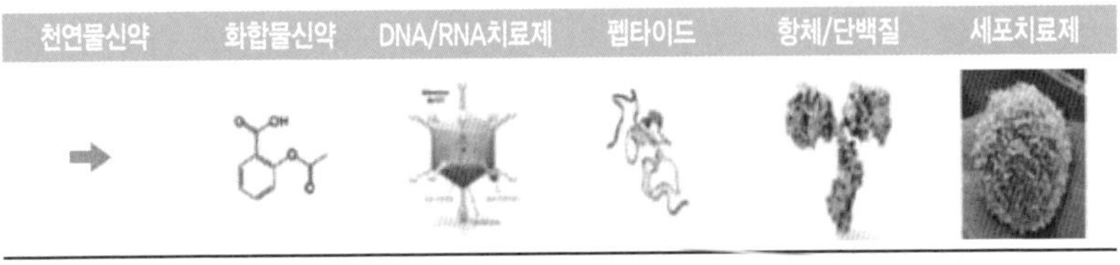

바이오벤처 투자가로서 투자와 함께 매우 중요하게 생각하는 것이 투자자금의 회수방안이다. 바이오기업의 회수방안은 일반적인 기업들과 동일하게 기업공개, M&A 등인데, 현재 활성화해야 한다고 다들 생각은 하지만 국내에서 현실적으로 쉽지 않은 상황이다. 특히 바이오벤처기업들의 인수합병은 우회상장이 많던 시기에 활발했으나 큰 기업으로 성장하기보다는 단순한 머니게임으로 그친 느낌이다. 현실이 이렇다보니 바이오벤처기업들은 계속 길어지고 있는 개발기간 동안 지속적으로 자금조달을 해야 하고 기업가치를 높이기 위해 기업공개를 추진하고 있는데, 특히 국내에서는 정책적인 지원으로 뒷받침되는 기술성평가라는 제도가 있어 바이오벤처기업 및 투자가들에게 환영받고 있다. 실제로 이 방식은 큰 실효를 거두고 있으며 최근 코렌텍과 레고켐 바이오사이언스 등 총 11개 기업이 특례방식으로 상장되었다.

이들 기업들은 상장 후에도 높은 시장가치를 형성하고 있어 효과적인 방안임을 입증하고 있다. 그렇다면 바이오벤처기업들의 기술은 어떤 것일까? 과연 기술성평가를 통한 상장특례기업들은 무슨 기술을 보유하고 있기에 상장특례를 받았으며 시장에서도 각광받는 것일까? 주식시장에서 이들 기업주식을 매입하거나 보유하고 있는 일반주주들은 그 내용을 거의 모를 것이다. 각 회사별로 특수한 영역에서 십수 년간에 걸쳐 확보한 복잡한 기술내용을 이해하기란 쉽지 않다. 또한, 바이오벤처기업들의 기술은 생명과 환경에 직접적인 영향을 주기 때문에 식약청 등 관리감독 기관의 엄격한 규제와 감독을 받고 있다.

그렇다면 기술도 이해하기 어려운데 과연 이 제품이 상용화에 성공하여 장래 매출이 실현될 지는 더더욱 예측하기 어렵다. 이렇게 이해하기 어렵고, 평가하기 복잡하며 예측하기 불가능한 것이 바이오벤처기업들의 기술이라고 좌절하기 이전에, 향후 미래 바이오 관련 기술이 개발되는 환경에 대한 변화인 Garage biology창고에서 진행되는 생물학에 대해서 소개하고자 한다.

기술성평가를 통한 상장기업 보유 주요기술

회사	상장년도	주요기술
바이로메드	2005년 12월	유전자치료제
바이오니아	2005년 12월	유전자진단
크리스탈지노믹스	2006년 01월	신약연구개발
이수앱지스	2009년 02월	항체지료제
제넥신	2009년 09월	항체융합단백질치료제
진매트릭스	2009년 11월	분자진단
인트론바이오	2011년 01월	분자진단 및 치료제
나이벡	2011년 07월	치과소개
디엔에이링크	2011년 12월	맞춤유전자정보
코렌텍	2013년 03월	생체이식 고관절임플란트
레고켐 바이오사이언스	2013년 06월월	신약연구개발발

위의 표에서 현재까지의 기술성평가 상장사 현황을 살펴보면 바이오

관련 기술들은 치료제 개발, 진단 관련 등이 대부분을 차지하고 있는데, 이는 바이오기술의 현재 수요가 있는 제약업체와 기존 산업의 효율을 향상시키는 수준에 머물러 있다는 것을 말한다. 그렇다면 과연 바이오기술이란 단순히 치료제에만 국한되는 것일까? 정답은 그렇지 않다. 치료제 기술은 기존 바이오산업이 의존하고 있던 제약산업의 한 영역으로 자리매김하고 있으며, 보다 광범위한 기술영역을 다루고 있다.

앞으로의 바이오기술은 현재 비약적인 발전을 하고 있는 전자정보기술과의 융합, 소셜미디어 등의 영향으로 인해 다양한 아이디어가 사업화될 것으로 예상되며, 이러한 사업의 기반이 될 것이라 생각된다. 그렇다면 자연스럽게 바이오산업에서도 여태까지 찾아보지 못했던 정보통신산업 분야의 카카오톡과 같은 제품과 이를 개발하는 벤처기업들이 출현할

그림1 애플사 창업자 Steve Jobs, Steve Wozniak

그림2 Apple I

그림3 Google 창업자의 Garage

그림4 Hewlett & Packard 창업자의 Garage

것이라고 예상할 수 있겠다. 다만 확실한 것은 기존 통신사들이 초기에 카카오의 사업발전을 방해했듯이 기존 바이오벤처기업들이 이러한 혁신적인 기술에 대해 폄하하고 억제하는 역할을 할 수도 있다.

혁신적인 기술들이 태동한 것은 미국의 사례를 보면, 아마추어 개발자들이 자신의 집을 개조한 Garage에서 시작한 사례가 많다. 가장 극적인 Garage 벤처의 사례는 애플사의 스티브 잡스를 들 수 있을 것이다. 스티브 잡스와 스티브 워즈니악은 당시 보편적이던 인텔사의 i8080 CPU가 아닌 모토롤라사의 MOS6502 CPU를 사용하여 보다 저렴하면서 사용하기 편리한 개인용 컴퓨터 Apple I을 개발하였다. 이들은 1976년 4월 자신들의 집 창고에서 부품을 모아 제품을 제조해서 판매할 수 밖에 없었는데, 비록 시작은 초라하였지만 2012년 12월 기준 시가총액 5,006억달러에 달하는 기업으로 성장하였다. 이렇듯 전자정보산업계에서 Garage 벤처에서 시작한 굴지의 대기업들 사례는 흔히 찾아볼 수 있는데 1939년도 Hewlett&Packard사의 창업자 Bill Hewlett and Dave Packard도 1998년 Google사의 창업자 Larry Page and Sergey Brin도 그들만의 Garage에서 사업을 시작하였다.

이러한 Garage에서 유래한 벤처기업들의 특징은 기존 산업들로부터 유래된 점진적인 개선제품이나 효율을 개선하는 제품이 아닌 뛰어난 창조능력을 바탕으로 한 혁신적인 제품으로 새로운 산업을 창출하고 인류 생활과 문화를 변화시킨다는 것이다. 따라서 기존의 틀에서 벗어나 있는, 어떻게 보면 엉뚱해 보이는 사업계획과 기술개발을 추진하는

Garage 벤처기업들이 발전할 수 있는 환경을 만들어주고 이를 포용해줄 수 있는 사회가 이들 기업이 창출해내는 새로운 산업리더로서의 혜택들 일자리, 세금확보, 사회환원을 누릴 수 있을 것이라 본다.

전자정보산업에서 Garage는 전자부품을 모으고, 소프트웨어를 실험하고, 웹서비스를 제공하고, 제품을 조립하는 장소 역할을 하고 있는데, 과연 바이오산업에서는 어떤 모습일까 살펴보자. 우선 Garage biology를 수행하는 사람들은 자기 집 거실이나 창고 등에 실험장비들을 설치하고 각종 바이오실험을 실행하는 아마추어 과학자로서 Life hackers, DIYDo it yourself biologist, Biohackers 등으로 불린다. 그들은 자신들의 취미생활로부터 시작해서 다양한 목표를 가지고 있는데 몇몇을 살펴보면 유전자조작 박테리아를 이용한 요거트 만들기, 자신들의 유전자 분석하기 및 소규모 임상실험 실행 및 참가하기, 형광단백질 만들기, 바이오연료 만들기, 유전자증폭 및 분석 표준장비 만들기 등으로 다양하다.

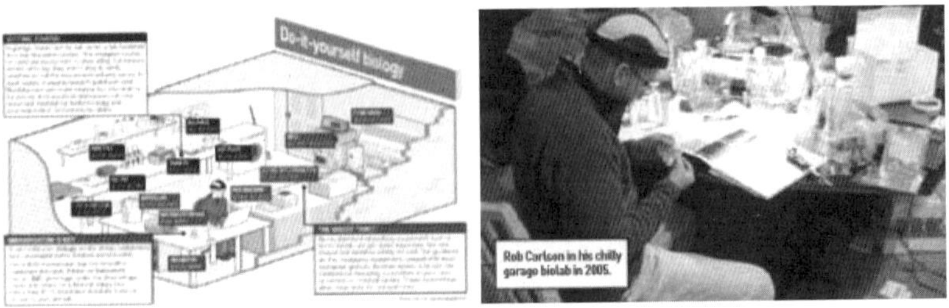

그림5 Garage Biology 실험실 사례

이들은 대학연구소나 공공연구소에서 불하한 중고장비들과 저렴한 장비를 확보하고 일부는 직접 제작하기도 하면서 자신들의 연구를 진행한다. 또한 각종 커뮤니티를 결성하여 자신들의 연구성과를 홍보하고 연구 참여자들을 모집하기도 한다. 이러한 Garage biology의 활성화는 바이오산업 저변 확대와 다양한 아이디어의 사업화 및 그 자체로도 연구 관련 장비 및 각종 소모품을 소비하는 시장역할을 담당할 것이다. 특히 최근 빠른 속도로 개발되고 있는 3D 프린터장비들은 이러한 Garage Biology의 개념적인 제품을 보다 신속하게 구체화시킬 수 있을 것으로 기대된다. 그림 6에서 올해 2월 래리 보나사 코넬대학교 교수가 3D 프린터로 제작한 귀 보형장치를 보면 그 안에 생체세포를 주입하여 인공 귀를 제작하였다. 그림 7에서는 미숙련 치과의를 위한 임플란트 가이드를 제작하고 있다.

그림6 Garage Biology 실험실 사례

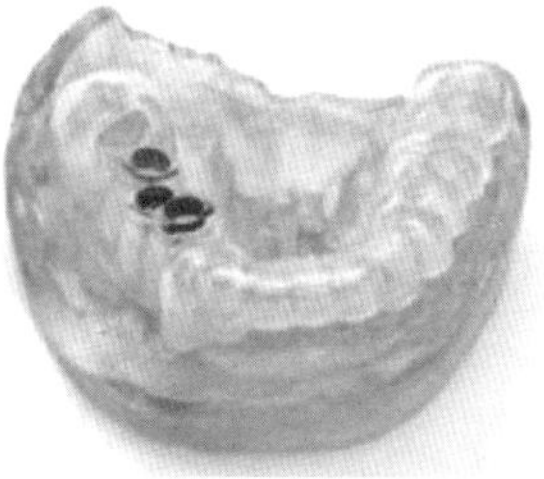
그림7 Garage Biology 실험실 사례

그림8 3D 프린터를 이용하여 인공장기를 생산하는 상상도

그림 8은 바이오 3D 프린터장비를 이용하여 장기를 만들어내는 상상도이다. 이와 같이 개인별 맞춤형 바이오 산물을 제작할 수 있는 시대가 언제 도래할 것인가? 물론 기술적으로 매우 쉽지 않은 과제이지만 이를 목표로 지속적인 자동화와 기술개량을 추진할 DIY biologist들이 있기 때문에 불가능해 보이지는 않는다. 또한, Garage biology의 의미는 인허가, 기술적 장벽 등을 이유로 대량생산에 최적화된 제약업계 및 바이오 관련 산업에 대한 패러다임 변화이며 다양한 아이디어가 사업화되면서 바이오산업을 한 단계 업그레이드시키는 주요 동력이 될 것이다.

그림9 애니메이션 공각기동대 중 인간두뇌를 전뇌화 개조하는 장면

애플의 창업자 스티브 잡스도 "나는 21세기의 최대 혁신이 생물학과 기술의 교차점에서 이뤄지리라고 생각합니다."라고 내다 봤듯이 필자는 가까운 장래에 Garage biology 기반의 벤처기업이 세상을 변화시킬 혁신적인 제품을 개발해낼 것이라고 생각한다. 이러한 개발품은 기분에 따라 모발색깔을 변화시키는 기술, 생명체의 기억을 추출하여 저장하는 기술, 특히 그림 9에서와 같이 생체두뇌와 정보통신 관련 로봇 등과의 연

결 등은 기존 바이오 관련 기업들이 생각해낼 수 없는 뜻밖의 영역에서 출현할 것이라는 생각이다.

국내 바이오 벤처기업들 중에서도 이러한 Garage Biology시대에 발전할 수 있는 제품을 개발하고 있는 사례들이 있다. 이들은 주로 Garage Biology 실험실을 설립한 Life hacker들이 사용할 수 있도록 저렴하면서 폭넓게 사용되는 기본 장비 및 소모품을 개발, 생산하고 있다.

그 첫 번째 사례는 오비이랩사가 개발한 뇌활동 측정장치이다. 이 장치는 초소형 휴대가능 장비로서 외부자극 등에 대한 뇌활동 부위와 세기를 측정해준다. 두 번째 사례는 나노바이오시스가 개발한 UltraFast LabChip 장치이다. 이 장치는 초소형 유전자분리장비로서 각종 시료로부터 유전자정보를 키트를 사용하여 빠른 시간 내에 얻을 수 있게 해 주는 장비이다. 세 번째 사례는 에스피엘사가 제조하는 각종 플라스틱 배양용기류로써 플라스틱 표면에 플라즈마 코팅을 하여 바이오 관련 실험에 필요한 세포 등이 증식하게 되는 소모성 제품이다. 필자는 국내 우수한 바이오 관련 종사자들이 Garage Biology의 의미와 같이, 보다 폭넓은 아이디어를 가지고 기술개발 및 창업을 한다면 기존 패러다임을 완전히 탈피하는 새로운 영역을 찾을 수 있을 것이라고 믿는다.

본 책에서 다루고 있는 Garage Biology는 이런 정형화된 벤처캐피탈, 기업체 등의 한계에서 벗어나 순수하게 자신이 좋아하는 주제에 대해 열정으로 매진하는 개발자들의 결과물에서 예상하지 못한 큰 성과가 나타날 수 있다는 가능성을 보여주고자 한다. 스티브 잡스가 예견했듯이 21세기의 최대 혁신은 생물학과 기술의 교차점에서 이뤄질 것이다. 다만 이러한 혁신은 우리가 상상할 수 있는 그런 뻔한 신약이나 생산성 향상 등의 주제가 아닐 것은 확실하다. 기존의 비즈니스 모델이나 기술체계와 동떨어진, 처음 보기엔 엉뚱해 보이는 그런 아이디어에 대해서 '사업성이 없다, 허황되다, 실현 가능성이 없다.' 등의 잣대로 판단하여 싹을 잘라버리기 보다는 보다 포용력 있는 태도가 필요하다. 필자 또한 벤처투자가의 일원으로서 Garage Biology에서 출발한, 다소 엉뚱하고 어설프지만 이를 인내하고 잘 다듬어서 미래생활과 문화를 바꿀 수 있는 벤처기업에 투자하고 싶은 열망이 솟구친다.

해외에서 활약중인 바이오 뉴리더들

바이오헬스케어의 비중이 높아지면서 우리나라의 인재들도 세계 곳곳에서 맹활약하고 있다. 우리 두 사람은 해외에서 활약중인 바이오 뉴리더들을 찾아 간단한 설문을 보냈다. 그 설문을 토대로 바이오헬스케어를 바라보는 그들의 생각과 전망 등을 알아보고자 한다. 우리의 설문에 답한 이들은 앞으로 몇 년안에 세계 바이오헬스케어 산업에 큰 영향을 미칠 바이오 뉴리더들이다. 이들의 면면을 미리 파악해 두는 것도 바이오헬스케어 산업의 미래를 예측하는 데 큰 도움이 될 것으로 보인다.

<<<<<<<<<< 박상태 박사 (Macrogen Corp. 대표)

1. 현재 분야에 어떻게 참여하게 되었는지, 그리고 향후 비전은?

전 직장TB Systems Biology Progam : Broad Institute/BU Biomedical Engineering/NEIDL에서 NGSNext Generation Sequencing 관련 개발 연구를 하다가 합류하게 되었고, NGS 기술은 기초 연구로부터 임상 진단에까지 광범위하게 사용이 되고, 더 개선된 기술을 통해서 정확한 유전자 정보를 확인하고 알려진 데이터베이스 등을 통해서 관련 정보를 제공할 것으로 기대됩니다.

2. 한국과 미국의 바이오헬스케어 산업의 차이점은?

개인적으로는 한국에서 일을 해본적이 없습니다. Postdoc 과정 등을 미국에서하바드 하면서 느낀 점은 다양성과 유연함인 것 같습니다. 정해진 틀에 집착하지 않고 다양한 사고와 시도를 할 수 있는 점. 그리고 업무나 연구 자체도 틀에 너무 집착하지 않는 점이 한국과 다른 점이지 않을까 생각합니다. 제가 일하는 분야에서의 가장 큰 차이점은 미국은 정부에서 기준을 정하고 지켜나가는 방향이 좀더 확실하게 되어 있습니다. 특히나, 임상 쪽으로는 규제가 점차 강화되는 중입니다. 한국도 미국과 유사하게 변화하는 중으로 알고 있습니다.

3. 현재 계신 회사의 연구 분야 등 회사 소개를 부탁드립니다.

Macrogen은 시퀀싱 등의 genomic 기술을 도입하고 발전시키며, application 등을 개발하여 서비스를 제공하고 있습니다. 미국에서는 미 정부에서 인증하는 CLIA 라이센스를 취득하고 임상 및 GLP 기준 서비스까지 확대하여 서비스하고 있습니다. 현재 미국 동부에 3곳매사츄세츠, 뉴욕, 메릴랜드에 facility가 있고 캘리포니아에 오피스가 추가로 있습니다.

4. 한국 내 기업의 신약개발 가능성 및 현황에 대한 의견은?

신약개발 가능성에 대해서는 특별한 지식이나 정보를 갖고 있지 않습니다. 최근에 한미 등의 신약 성공 및 라이센싱을 보면 가능하고 늘어날 것이라고 생각합니다.

5. 미국 의료보험체계와 미국 바이오산업의 성장 또는 산업화와의 상관관계는?

제가 일하는 헬스케어분야는 정부 규제와 제일 큰 부분이 보험 적용이기 때문에, 의료보험 체계와 보험 회사들의 이해에 따른 인증이 헬스케어 분야의 성장에 굉장히 큰 관련이 있습니다.

6. 미국 저소득층을 위한 메디케이드에 대한 의견은?

적절한 의료보험을 갖지 못하는 계층직업 유무 등의 경우는 한국과 비교하여 상대적으로 어려움이 클 것으로 생각합니다. 최근에 오바마 케어 등의 보험이 생기면서 그러한 부분을 보완하고자 하는 시도가 있는 상황이라고 알고 있습니다.

7. 한국업체가 바이오신약으로 글로벌 메이저업체가 될 가능성은?

잘 모르겠습니다. 개인적 의견은 최근의 성공 등으로 개발은 점차 더 늘어날 것이라고 생각합니다. 하지만, 글로벌 주력 제약회사는 개발보다도 마케팅이나 네트워크가 더 중요한 것이 아닌가 싶어서, 쉬운 일은 아닐 것 같습니다. 특히, 미국 제약회사의 기초 연구가 예전에 비해서 크게 늘어나는 느낌보다는 학교나 기관의 연구 성과를 구매하여 상품화하는 쪽에서 더 많은 케이스를 볼 수 있는 것 같습니다.

8. 오바마케어와 귀사의 바이오헬스케어 산업과의 영향은?

아직 특별한 연관은 없으나, genomic diagnostic 서비스가 늘어나면 오바마케어 등에서 approval을 받을 경우에는 매출 증대가입자들이 보험 지원을 통해서 쉽게 테스트를 선택될 가능성이 있습니다.

9. 미국에서 활동하고 있는 한국인 바이오기업은?

바이오니아,씨젠, 인트론 등과는 학회나 다른 활동을 통해서 본적도 있고 교류도 있습니다.

10. 이번 책 출간과 관련된 의견은?

많은 연구자들이 인더스트리 분야로의 진출에 대해서 아직 좋은 인식이 갖고 있지 않은 경우도 있고, 알더라도 그 폭이나 깊이에 대해서 잘 알지 못합니다. 제 경우도 그렇고요. 이번 책 출간이 그러한 사람들에게 도움이 될 수 있는 기회가 되면 좋겠습니다.

<<<<<<<<<<<<<<< 양세환 박사 (NIT 대표)

1. 현재 근무하고 계신 회사 및 역할에 대한 설명

현재 미국 NeoImmuneTechNIT라는 바이오벤처 기업의 CEO입니다. NIT는 한국 Genexine의 spinoff company이며, 2014년 1월에 설립되어 메릴랜드에 있습니다. NIT는 8명으로 이루어진 임상개발 및 사업화에 집중하는 회사입니다. NeoImmuneTech, 줄여서 NIT 입니다. MIT와 NIH의 중간쯤 되는 회사 이름입니다. 창업자이고, 저도 투자를 하여 주주이며, CEO로 있습니다. 이 회사는 Immuno-Oncology 분야의 새로운 면역 치료제를 개발하고 있습니다.

2. 현재 분야에 어떻게 참여하게 되었으며, 향후 비전은?

2001년에 포항공대에서 박사 학위를 하고, Post-Doc으로 면역치료제 연구를 하고 있다가, 2005년부터 제넥신의 창업1999년 창업자 이자, 포항공대 교수이신 성영철 지도교수님과 함께 바이오 산업에 널리 사용할 수 있는 플랫폼 기술 개발을 착수하였고, hyFc라는 특허 기술을 발명하게 되었습니다. hyFc 기술은 주사형 단백질 치료제에 적용하여 그것의 반감기를 획기적으로 늘리면서도 매우 안전한 새로운 기술입니다.

2007년, hyFc 기술을 포항공대로부터 Genexine이 도입하였고, 이때 제넥신 연구소에 입사하였으며, 다양한 단백질 신약 후보들을 개발하게 되었고, 이를 통해 제넥신은 기술성 평가를 통해서 2009년에 코스닥에 상장을 하였고, 2014년까지 연구소장을 거쳐 사업본부장 역할을 하면서도 경영 부문 등도 관여하면서 다양한 경험을 했습니다.

2014년 미국 FDA와 NIH가 있는 메릴랜드 Rockville 지역에 NIT를 설립하였고, 제넥신의 다양한 신약 후보 중에 hyFc 기술이 인터루킨-7에 적용된 IL-7-hyFc 융합단백질을 License in하여 임상 개발을 본격화 하였습니다. IL-7-hyFc 제품도 발명자 중 한 사람이었고, 오랜 기간 연구를 해 오던 것이라서 이 물질의 잠재적인 신약으로서의 가치를 알고 있었습니다. 또한, 최근에 신약들이 출시가 되면서 새롭게 시장이 창조된 immune-oncology 분야에 매우 적합한 치료제이기 때문에, 이것을 미국에서 임상 개발을 집중해서 하고자, NIT가 도입하게 되었습니다.

3. 현재 하고 계신 연구분야는?

현재 개발 중인 IL-7-hyFc는 lymphopenia림프구 감소증는 우리 몸의 lymphocyte림프구가 부족한 질환입니다. 처음에는 이 질환이 매우 심각한 질환이라는 것을 모르고 있다가, 최근 5년 정도에 논문이 계속해서 발표되면서, lymphopenia인 사람이 암에 더 잘 걸리게 되고, 암 환자의 25%가 lymphopenia이고, chemotherapy를 받으면 정상적인 lymphocyte를 가진 암환자라도 절반 가까이 lymphopenia가 되게 된다고 알려져 있습니다. Lymphopenia를 가진 암 환자의 경우, lymphocyte를 충분히 가진 암 환자에 비해서 훨씬 더 빠르게 사망한다는 것이 보고되고 있습니다. 또한, lymphopenia 암 환자의 경우 새로운 immnotherapy의 치료 반응율도 낮을 것으로 예상되어 lymphopenia를 예방하거나 치료하는 것이 매우 중요하다고 인식하고 있습니다.

Lymphocyte 중에서 70%가 T cell 입니다. T cell은 우리 몸에서 정상 세포와 구별하여 암 및 감염된 세포를 감지하고, 죽일 수 있는 유일한 세포입니다. 이 T 세포를 새롭게 만들고, 성장시키고, 오래 살게 해 주는 역할 즉, 마치 사람으로 생각하면 엄마와 같은 역할을 하는 것이 우리 몸 안에 있는 IL-7입니다. 기존 IL-7의 경우 매우 짧은 반감기와 낮은 효능에 대한 단점 해결이 필요한데, hyFc를 적용한 IL-7-hyFc의 경우, 그 단점을 모두 극복하여 IL-7과 비교하였을 때 동물 모델 시험에서 매우 우수한 효과를 확인 했습니다. IL-7-hyFc는 암 환자가 건강하게 살고, 오래 살고, 다른 항암 치료제와 병용 치료하였을 때 완치 확률을 더욱 올려줄 수 있는 신약으로 개발 중에 있습니다. 2016년 초에 한국에서 임상 승인 받아 임상 착수를 하고, 2016년 하반기에 미국에서도 임상 승인을 받아 임상에 진입할 계획입니다.

4. 한국 내 기업의 신약개발 가능성 및 현황에 대한 의견은?

바이오 분야의 경우, 바이오시밀러 및 신약 모두 개발이 잘 되고 있다고 생각됩니다. 바이오시밀러의 경우, 셀트리온 및 삼성 바이오로직스 등 제조 능력 및 임상 · 허가 능력이 글로벌 수준에 도달하였고, 향후 마케팅 분야만 개척한다면 글로벌 경쟁력을 갖추게 될 것으로 기대됩니다. 바이오신약의 경우, 한미약품이 사이언스, 제조, 임상 개발 등 여러 측면에서 좋은 실적을 보여주면서 글로벌 수준으로 보았을 때도 최고의 사업화 실적을 2015년에 보여주었습니다. 과거 우수한 사람들이 미국 · 유럽의 학교 · 연구소에 집중되어 있어서, 사이언스 분야는 문제 없었지만 제조, 임상개발, 허가, 비즈니스, 마케팅 등 나머지 분야에서는 매우 큰 약점이 부각되었으나, 최근 1-2년 사이에 우수한 사업화 성공 사례를 통해 이러한 부문에서도 그 동안 많은 성장이 있었다는 것이 입증 되었습니다. 따라서, 최근의 성공사례는 한국의 다른 바이오 · 제약 기업에 영향을 주어 제2, 제3의 성공 사례가 곧 계속 나올 것으로 기대가 되고 있습니다.

5. 바이오산업 뉴리더로서 한국 바이오 후배들에게 싶은 말씀은?

남들이 하지 않는 새로운 일을 했으면 합니다. 저의 경우 모든 사람들이 미국으로 post-doc을 나갈 때 한국에 남아 있다가 바이오벤처에 입사하여 일했고, 이제 미국에서 다시 바이오벤처를 설립하여 도전을 하고 있습니다. 도전의 경우 실패할 수 있습니다. 그렇지만 risk가 없는 분야에서는 큰 성공도 없습니다. risk를 안고 도전해야 하며, 대신에 미리 예상하고 관리하면서 일해야 합니다. 이제 새롭게 시작하는 분들 역시 겁도 나겠지만 용기를 가지고 어떤 일이든 도전한다는 생각으로 높은 수준의 목표를 세우시고 즐겁게 바이오 산업에서 일 해 나갔으면 합니다. 혼자가 아닌 여러 사람들과 함께 일 할 수 있는 능력과 인성을 갖추는 것이 중요합니다. 바이오산업은 경쟁이 치열하기 때문에 기존에 다른 사람들이 걸어 가지 않는 길을 가야 오히려 성공 가능성이 높습니다. 또한 기초 과학자, 약학자, 의사, 제조 공학자, 변리사, 변호사, 경영전문가, 그리고 투자자까지 다양한 사람들이 힘을 합해야 성공할 수 있는 분야입니다. 따라서 협력할 줄 아는 사람이 성공 가능성이 높으므로 마음을 열고 함께 일하는 능력을 갖추시길 바랍니다.

6. 올리패스 박종호 부사장님과 인터베스트 임정희 전무님에 대한 한 말씀

박종호 부사장님 – "직관력을 갖추고 있고, 담대한 멋진 투자 사업가"이십니다. 다양한 초기 기업들에 대해서 장기 투자를 선도하셨고, 성공 사례를 만들었던 분으로서 계속해서 start-p company의 좋은 투자자로서, 또한 올리패스라는 기업의 더 큰 성공 사례를 통한 좋은 본보기를 보여주셨으면 합니다.

임정희 전무님 – "대통령상에 빛나는 한국 바이오헬스 분야의 벤처 투자 리더"이십니다. Start-up company ~ 상장 벤처 기업 ~ 상장된 제약기업 등 전체 기업들의 대한 가치 평가 및 이에 기초하여 적절한 시기에, 적절한 규모의 투자를 할 수 있는 분입니다. 최근 3년간 바이오제약 부문에 좋은 투자 환경도 만들어 주셨고, 성공 사례도 보여주셨는데, 앞으로도 계속해서 좋은 리더가 되어 주시길 바랍니다.

<<<<<<<<< 이승진 박사 (메디포스트 아메리카 대표)

1. 현재 있는 회사 및 역할에 대한 설명?

MEDIPOST America Inc. 메디포스트 아메리카는 한국 KOSDAQ 상장사인 메디포스트(주)의 미국법인&자회사로서 줄기세포 치료제의 연구·개발 및 북/중/남미, 유럽연합&오세아니아 시장에서 줄기세포치료제의 상용화를 위한 각 시장별 전략수립 및 라이센싱&파트너링 업무를 주도하고 있습니다. 현 미국법인 대표이사로서 본인의 역할은, 현재 미국에서 진행중인 메디포스트의 줄기세포 치료제의 임상시험 관장, 미국/유럽/캐나다/호주 등 해당국가의 규제기관들과 임상개발 및 메디포스트의 줄기세포 치료제의 상용화를 위한 협상 및 전략수립, 그리고 외부 투자유치 및 해외 파트너사들을 통한 라이센싱 및 사업개발 업무에 주력하고 있습니다. MEDIPOST America Inc. 한국 KOSDAQ 상장사인 메디포스트(주)의 미국법인&자회사로서 줄기세포 치료제의 연구·개발 및 북/중/남미, 유럽 및 오세아니아 시장내의 상용화 전략수립 및 라이센싱&파트너링 주도

2. 현재 분야에 어떻게 참여하게 되었는지, 향후 비전에 대한 설명부탁드립니다.

본인은 학부 및 석사 과정으로 인체해부학과 구조생물학을 전공한 후,

박사과정으로 발달생물학&태생학 분야의 근육계 줄기세포 생성 및 재생을 연구하였습니다. 박사 후 연구원 과정으로 호주 시드니소대 유전질환 연구소, 시드니 대학, 뉴사우스웨일즈 대학 연구소 등에서 5년간 소아 유전자 근육질환의 일종인 Muscular Dystrophy치료를 위한 성체 줄기세포와 유전자치료를 복합한 재생의학개념의 치료제 개발 프로젝트를 주도하였습니다. 대학연구소의 교수진과 병원에서 직접 환자를 대하는 의료진이 한 팀을 이룬 전임상단계의 파일럿 프로젝트를 통해 unmet medical need인 Muscular Dystrophy를 위한 새로운 개념의 줄기세포를 치료제 개발을 첫단계부터 시작하는 경험을 통해 대학교 연구실에서만 존재하는 지식과 기술에, 임상의들로부터 '임상적 현실'을 접목하여 연구방향을 잡는 것에 대한 중요성을 절실히 느꼈습니다. 하지만, 이렇게 대학 연구소와 병원에서 시작된 신개념의 줄기세포 치료제가 연구 · 개발 및 임상시험 과정까지 모두 거쳐 상용화가 되기에는 너무나 많은 과정이 필요합니다. 저는 이러한 줄기세포 기술력을 기반으로 연구 · 개발을 사업화하여 창업을 이룬 commercial company들 중 활발한 진척과 성과를 보이고 있던 한국의 바이오업체들에 관심을 갖게 되었고, 그 중 메디포스트와 인연을 맺게 되었습니다. 줄기세포 치료제 분야에서 한국은 이미 2011년에 자가줄기세포 치료제autologous stem cell product, 2012년에 동종타가줄기세포 치료제allogeneic stem cell product가 연달아 식약처의 품목허가를 받았습니다. 이렇듯 줄기세포치료제 분야에서 가장 앞서가는 상용화정책은 전세계에서 크게 주목 하고 있는 실정입니다. 줄기세포를 포함한 세포치료제 시장은 이미 해외에서도 그 가능성을 인정받고 상용화 물결이 시작된 상태이며, 한국기업들의 경우, 선진시장보다 앞서 국내에서 축적한 줄기세포분야의 경험 및 기술력을 최대한 활용하여 효율적인 글로벌 시장진출을 위한 임상/개발/제품화 전략이 절실한 것으로 사료됩니다.

3. 국내 경험에 비추어 미국 바이오산업의 가장 다르거나 인상 깊었던 특장점은?

본인은 학부와 대학원 및 박사 후 연구원 생활 10여년 모두를 뉴질랜드, 호주, 영국에서 보낸 이후 한국 바이오기업메디포스트 서울본사에 입사하여 2년여간 근무하였고, 최근 2년여간 메디포스트 미국법인을 맡아서 미국에서 근무하고 있습니다. 본인의 개인적 경험을 토대로 한미국을 포함한 해외의 연구 환경과 국내 바이오 업계기업들의 연구개발 활동의 성향을 비교했을 때 조금 아쉬운 부분은, 한국 내에서는 기업–대학 혹은 기업–병원 간의 산학합동연구industry-academia alliance가 굉장히 활발하게 이루어지고 있는 반면, 국내에서 축적한연구/임상 경험 및 결과를 토대로 해외에 있는 해당분야 전문기관/대학/병원 그리고 Key Opinion LeaderKOL들과의 공동연구나 협업이 상대적으로 저조하다는 점입니다. 위에 언급했다시피, 전세계의 주목을 받으며 업계의 선두주자 역할을 하고 있는 줄기세포 치료제 분야의 경우, 특정 질병 혹은 연구분야에 세계적 전문성을 인정받고 있는 해외의 그룹들과 연구개발 초 · 중기 혹은, 임상개발 단계에서 협업을 활발하게 진행한다면, 한국에서 개발된 바이오 기술 및 제품의 선진시장 진출을 위한 시간적, 금전적 기회비용 절감에 큰 도움이 될 것으로 사료됩니다. 미국 바이오산업, 특히 재생의학 및 세포치료제 분야의 예로 특장점이라면, 미국이라는 내수시장 규모 또한 전세계의 개발사들의 미국시장 진출 시도를 위한 미국 내 임상개발 및 상업화 시도에 힘입어, 연구 · 개발 업체들 뿐만 아니라 신성장 업종인 재생의학 및 세포치료제 분야 전반의 생산, 장비, 품질관리 및 각종 서비스 제공 등의 제반 산업분야가 동시에 태동하고 성장하여 industry-wide growth를 통한 critical mass building이 이루어 진다는 점이 눈에 띄었습니다. 나아가서, 신성장 업종인 재생의학 업계와 학계 각계각층의 member들로 구성된 industry lobby group인 Alliance for Regenerative Medicine 이라는 단체까지 발족하여, 미의회 및 식약청 등의 재생의학관련 법안 및 규제 제정 등의 과정에 통일화된 업계측의 의견과 학계측의 자문을 제공하는 등 정치, 사회적으로 고차원적인 lobby 및 업계 영향력 구축과 발전을 도모하고 있습니다. 이러한 신성장 업계 구성원들간의 연합을 통한 대정부적 상업화 path-finding의 노력은 같은 업계 내에서는 서로 경쟁사가 될수도 있는 구성원개발사들 간에 재생의학 업계라는 pie 자체를 키우고 활성화시키며 서로 협력하여 동맹을 맺는다는 개념에서 상당히 발전적인 현상이라 보여집니다.

4. 현재 계신 회사의 연구분야 등 회사(연구실)소개 부탁드립니다.

MEDIPOST America는 한국 KOSDAQ 상장사인 메디포스트(주)의 미국법인&자회사이며, 메디포스트는 제대혈 유래 중간엽 줄기세포Umbilical Cord Blood-derived Mesenchymal Stem Cells를 사용한 동종타가 줄기세포 치료제allogeneic stem cell products의 연구 · 개발 및 제조 · 판매를 하고 있으며, 현재 대한한국 식약처로부터 2012년 바이오의약품 허가를 받아 국내시장에서만 3,000명 이상의 환자가 시술을 받은 무릎연골손상 치료제인세계최초 동종타가 줄기세포 치료제 카티스템®을 비롯하여, 현재 임상개발 단계에 있는 미숙아 폐질환 치료제인 뉴모스템®과 알츠하이머병 치료제인 뉴로스템®등의 pipeline을 가지고 있는 회사입니다. 본인이 재직중인 MEDIPOST America는 메디포스트의 세포치료제 pipeline에 대한 북/중/남미, 유럽연합 및 오세아니아 지역 판권을 가지고 서구시장 진출 및 임상개발 전략수립, 해외 기관 및 업체들과 공동연구 · 개발 추진, 서구 시장으로의 기술이전 추진 및 투자유치 활동을 펼치고 있습니다.

5. 한국 내 기업의 신약개발 가능성 및 현황에 대한 의견 부탁드립니다.

한국기업의 독자적 R&D를 통한 신약개발 성공 및 글로벌시장 진출의 전례는 거의 전무 하였으나, 최근 한국 제약 · 바이오 벤처업체들도 10여 년 이상의 장기적 연구 · 개발을 통한 신약의 글로벌 아웃-라이센싱, 바이오시밀러 제품의 유럽시장 허가 그리고 세계최초 동종타가 줄기세포 치료제 국내 품목허가 등 기존의 의약품 제형 뿐만 아니라 신개념 · 신기술의 신약 및 치료제 분야까지 다양한 기술력과 제품이 글로벌 무대에서 인정을 받기 시작했다는 것은 상당히 고무적입니다. 이러한 성과가 초석이 되어 앞으로 더 많은 국내 바이오 벤처 기업들이 활성화될 것으로 기대되는데, 최근 제약 · 바이오 업계의 글로벌 성과는 특히 국내의 기관/개인 투자자들에게 제약 및 바이오벤처 sector에 대한 신뢰성을 높여주는 역할을 하였고, 이는 향후 국내 제약 · 바이오 업계의 확장과 성장에 중요한 밑거름 및 촉매 역할을 할것으로 생각합니다.

6. 바이오산업에 대한 뉴리더로서 한국 바이오헬스케어 산업에 대한 의견은?

한국의 제약 및 바이오헬스 산업은 기본적으로 한국이 보유하고 있는 높은 수준의 의료기관과 의료진 그리고 건강관련 신기술과 제품에 대해 높은 관심과 우호, 적극적인 대중, 국민이 함께 뒷받침을 해주고 있어 매우 비옥한 환경이라 사료됩니다. 하지만, 제약 및 바이오산업은 다른 산업분야에 비해 상대적으로 장기간의 연구 · 개발과정을 통한 시간적 금전적 투자가 요구되는 분야이기도 하므로, 단기간 내의 가시적 성과 혹은 투자 결과물을 요구하는 조직문화가 고착화되어있는 한국의 전형적인 대기업 성향과는 상반되며, 이러한 요소를 극복 혹은 완충시켜 줄수 있는 기업문화의 변화 혹은 제도적 장치가 동반될 수 있다면, 지금보다 훨씬 더 폭넓고 가속화된 바이오 산업분야의 성과를 기대 할 수 있을 것으로 사료됩니다.

7. 미국 바이오헬스케어 시장과 한국 시장의 차이는?

너무나 자명한 내수시장 규모의 차이와 미국 식약품 규제 기관인 FDA의 국제적 기준점 역할에 따라 미국 내에서 연구 · 임상개발 등의 사업활동중인 미국 및 해외업체들의 절대적 숫자의 차이를 제외 한다면, 바이오헬스 분야의 start-up venture company들의 창업을 초기에 독려, 육성 하고 이들의 연구 · 개발 활동을 활성화시키는 데에 없어서는 안될 초기 투자자본 유치 · 조달을 위한 source angel investor, venture capitalists, family offices, private equity 등등가 다양하고 풍부하다는 점을 들수 있습니다. 또한 한국과는 대조적으로 미국의 경우 바이오 헬스케어 분야의 다양한 소-중-대 규모의 바이오텍 및 제약 업체들이 컨소시엄 형식의 hub를 이루어

직식공유는 물론 다양한 측면의 inter-disciplinary 교류 및 융합적 개발을 도모하는 valley 혹은 corridor 라고 표현되는 바이오 · 헬스 분야의 community 형성이 지역별로 이루져 있으며, 또한 사무실 및 연구실 공간의 공유는 물론 지적재산권보호를 포함한 법률&재무 자문 및 투자유치기회 등의 opportunity and cost-sharing을 도모하는 biotech venture/start-up 회사들을 위한 incubator 들이주정부 혹은 시의회 차원에서 활발하게 운영되고 있습니다. 또한 새로운 아이디어와 기술력을 이용한 '상용화'의 첫걸음을 내딛는 신생업체들이 공존하며 자생력을 키울수 있도록 도모하는 환경이 잘 갖추어져 있다는 점을 꼽을 수 있습니다. 물론 최근 한국에서도 이와 비슷한 취지로, 판교 테크노벨리와 같은 지방자치단체의 주관 하에 형성되고 있는 hub들이 있는 것으로 알고 있습니다.

8. 미국 의료보험체계와 미국 바이오산업의 성장 또는 산업화와의 상관관계는?

여느 선진국가와 마찬가지로 미국의 의료보험체계 역시 의약품의 약가와 의료행위에 대한 의료서비스 비용으로 나뉘어 구성되는데, 현 시점에서 미국의약가를 포함한 의료 · 보건비용의 지나친 고비용 문제는 사회적 이슈를 넘어서 국가적 중대 이슈로 대두되고 있는 실정입니다. 과거에는 물론 최근까지 이어지고 있는 제약사들의 비윤리적 혹은 횡포성 약가 책정 혹은 인상을 놓고 국민들의 뜨거운 비판이 이어지고 있고, 전세계 최고의 의료 서비스비용진료/수술 및 입원비용 덕분에 어떤 therapeutic intervention 이든 환자의 입원이나 병원체류 기간을 최소화하는 것을 너무나도 중요한 요소로 꼽고 있는 실정입니다. 이러한 현실속에서, 향후 미국시장을 겨냥하여 현재 연구 · 임상 · 개발 중인 후보제품들특히 신개념/신기술을 기반으로한 바이오의약품의 임상 · 개발단계에서 간과해서는 안될 중요한 세가지 요소를 들자면; 1) cost of goods원가를 절감할 수 있는 고수율 저원가의 생산 기술 · 기기 공정에 대한 투자, 개발; 2) 수술 혹은 입원의 필요성이 없는혹은 최소화한 route of administration투여경로을 보유한 product profile 개발 · 구축; 3) 허가 후 pharmacoeconomics 약학적경제성 평가에 활용할 수 있는 clinical endpoint/outcome 구축 및 data collection을 임상시험 단계에서 동시에 최대한 진행한다고 할수 있습니다.

9. 한국업체가 바이오신약으로 글로벌 메이저업체가 될 가능성은?

일반적인 개념의 "글로벌 메이저 업체" 라함은 궁극적으로 연구 · 임상개발 단계를 거쳐, 미국이나 유럽과 같은 선진 시장에서 의약품의 허가와 보험급여등재 이후 판매 및 유통까지 직접 수행하는 operational company를 의미한다고 생각할 수 있겠으며, 한국업체가 자체적으로 초기 연구 · 개발을 시작한 바이오신약 후보제품을 가지고 상기와 같은 의미의 미국, 유럽 등지의 시장을 아우르는 글로벌 메이저 operational company가 되기까지에는현존하는 해외 글로벌 메이저 제약사의 인수 혹은 합병이 경우를 제외하곤 상당한 시간과 노력이 필요할 것으로 사료됩니다. 그 이유는 미국과 유럽 두곳의 메이저 시장만 놓고 보더라도같은 후보 바이오신약에 관해서도 서로 다른 규제적 요구사항 및 허가를 위한 충족사항이 요구되기 때문입니다. 또한 이것은 미국 혹은 유럽연합의 단일 시장내에서도 지역적으로 너무나 다양한 보험급여 체계와 마케팅과 판매 조건 및 임상적 현실 등을 감안해야 하기 때문입니다. 이러한 맥락에서 많은 한국업체들이 개발한 바이오신약으로 글로벌 메이저 "효과"를 누리기 위해서는; 1) 한국 내에서의 연구 · 임상개발의 초기성과 및 clinical proof-of-concept를 가장 빠르고 효율적으로 진행하되 선진시장의 바이오신약부문 규제 눈높이에 맞출 수 있는 비임상자료 구축 및 임상디자인 적용; 2) 상대적으로 대규모 비용이 요구되는 pivotal 임상에 대한 투자 및 co-development를 함께 할 수 있는 partner 발굴 및 라이센스 아웃; 3) partner사의 경험과 인력을 바탕으로 한 허가 및 보험급여등재 전략 및 해당시장의 전문인력을 활용한 마케팅&판매 실현 등과 같은 단계적 전략을 거쳐 선진시장에서 공동개발 파트너와의 협업을 통한 바이오 신약이라는 "제품"의 출시 및 판매를 이루는 전략을 펼치는 방법이 가장 효율적일 것으로 사료됩니다.

10. 오바마케어와 귀사의 바이오헬스케어 산업과의 영향은?

앞서 미국 의료보험체계에 관하여 언급했던 바와 마찬가지로, 미국의 현재 '오바마케어'의혹은 2016년 11월 미국 대통령 선거이후 바뀔수도 있을 새로운 의료보험 정책 경우, 바이오 신약을 포함한 약가책정에 대한 압력 그리고 해당 신약의 투여를 위해 동반되어야 하는 의료서비스 비용의 부담에 대한 압력이 점차 높아질 것으로 예상됩니다. 이러한 현상은 이미 유럽 제약시장에서도 가시화 되고 있으며, 이를 극복하기 위해서는 '효율적' 임상개발 전략 및 초기단계에서의 설계가 필요하고, 동시에 개발단계에서 생산원가 절감을 위한 노력이 동시에 이루어져야 할 것으로 사료됩니다.

11. 미국 FDA ANDA 프로그램에 대한 설명은?

Abbreviated NDANew Drug Application는 일반의약품drug 허가에 해당하

는 제도로서 generic drug의 bioequivalence생물학적 동등성 만을 입증하여 generic drug의 허가 절차 및 기간을 단축시키는 제도이므로, FDA로부터 BLABiologics License Application 판매허가를 획득해야 하는 바이오의약품의 경우 직접 해당사항은 없습니다. 하지만, 바이오의약품의 generic 개념인 biosimilar 제품들이 활발하게 개발되고 있는 가운데 최근 미국 FDA의 첫 biosimilar 제품Novartis사의 Zarxio® 허가가 2015년 3월에 이루어졌고, 곧이어 이 제품의 original 제품격인 Neupogen®의 판권을 가지고 있는 Amgen사에서 미연방법원에 Zarxio®의 판매금지신청을 요청했으나 기각되었습니다. 기존chemical 혹은 small-molecule 의약품들의 명확한 '복사본' 격인 generic drug들과는 달리 large molecule로 구성되어 있는 바이오의약품의 generic격인 biosimilar 제품은 전체 분자구조 중 일부 치료적효능을 가지고 있는 부분therapeutically active portion을 제외한 나머지 분자구조는 기존original 바이오 의약품과는 다르기 때문에 ANDA가 적용되는 기존 개념의 generic drug와는 다른 관점과 강도의 bioequivalence를 입증해야 할 필요에 대한 업계의 의견이 분분한 실정입니다. 하지만 위에서 언급한 Zarxio®biosimilar 제품의 첫 FDA 허가와 연이은 Amgen사의 판매금지신청 기각의 전례는 biosimilar 뿐만 아니라줄기세포 치료제를 포함한)그외 여러 종류의 바이오의약품을 개발 중에 있는 개발사들에게 시사하는 메시지가 크다고 사료됩니다.

12. 미국에서 활동하고 있는 한국인 바이오기업은?

한국에 모회사를 두고지사 혹은 독립법인 개념으로 미국에 진출해 있는 대표적 한국계 바이오기업중 개발사 MEDIPOST America메디포스트 자회사,

NeoImmuneTech제넥신 자회사, Tissue Gene코오롱생명과학 자회사, 메디톡스 등이 있으며, 서비스제공 업체로는 마크로젠, DNA Link 등이 있습니다. 이외에도 꽤 많은 미국내 한국인 바이오기업들이 있을 것으로 사료됩니다.

13. 줄기세포 시장에 대한 전망은? 미국과 한국 모두!

줄기세포 시장은 전세계적으로 주목받고 있는 바이오의약품 시장이며 큰 성장 가능성을 가지고 있는 분야입니다. 현재 한국의 경우 줄기세포 치료제 시장이 전세계에서 가장 앞서가고 있다고 해도 과언이 아니며, 이는 2016년 1월 기준, 줄기세포 치료제를 바이오의약품의 일부로 구분하여 규제 및 관리하고 있는 7개국미국, 유럽연합, 캐나다, 호주, 뉴질랜드, 한국, 일본 중 단일 국가로는 가장 많은 숫자인 4개자가줄기세포 3개, 타가줄기세포 1개)제품이 허가를 받아 시판되고 있습니다. 캐나다, 뉴질랜드, 유럽연합에서 각 1개의 줄기세포 치료제가 허가를 받은 상태이며, 최근2014년 11월 일본에서 새롭게 시행된 재생의료법에 따라 2015년 말 2개의 줄기세포 치료제가 일본의 의약품 규제기관인 PMDA로 부터 허가를 받아 조건부 3상 임상 시험을 동반하는 형태로 시판에 들어갔습니다. 이웃 국가인 일본의 움직임에 이어, 한국 역시 비슷한 형태로 식약처의 정식허가 이전에도 줄기세포 치료제의 시술을 허용하는 내용을 담고 있는 재생의료법이 2016년 6월 국회에 제출될 예정입니다. 이러한 움직임은 이미 한걸음 앞서가고 있는 한국의 줄기세포 내수시장 및 업계전반적인 국제경쟁력 강화에 촉매 역할을 할 것으로 기대됩니다.

미국의 경우는 한국과는 다소 대조적인 상황으로 2016년 1월 현재 FDA로부터 허가를 받은 줄기세포 치료제품은 단 한제품도 없습니다. 하지만, 미국을 비롯한 세계 각국의 줄기세포 치료제 개발사들이 미국 내에서 FDA의 승인하에 진행중인 줄기세포 치료제 임상시험 건수는 약 570건2016년 1월 현재 clinicaltrials.gov 기준이며, 대학/연구소/병원 등 각종 비영리 단체에서 진행 중인 임상시험 숫자를 모두 포함할 경우 약2,200건2016년 1월 현재 clinicaltrials.gov 기준의 줄기세포 관련 임상시험이 활발하게 이루어지고 있습니다.

이렇듯, 미국시장을 겨냥한 줄기세포 치료제의 임상개발 노력이 활발한 가운데, FDA의 허가를 받은 첫 줄기세포 치료제가 바이오 의약품으로서 미국시장에 등장할 시점이 향후 2~3년 이내로 예측되기는 하나, 앞선 질문에서 언급되었던 미국의 의료보험체계와 높은 의료서비스 비용등을 감안했을때 FDA의 허가를 받더라도해당제품의 타겟 질환/질병의 특성 및 임상적 유효성/효능 정도에 따라 차이는 있겠으나 제품의 가격약가 책정과정의 어려움은 심각한 고민거리가 될 가능성이 높습니다. 이를 뒷받침 할수 있는 예로, 2010년 FDA의 허가를 받았던 자가 세포치료제줄기세포가 아닌 CD54+ 세포를 활용한 immunotherapy 제품 Provenge®의 경우 임상적 유효성 대비개발비와 생산비용을 감안하여 높게 책정된 약가때문에 미국 시장에서 고전을 거듭하던 중 2013년 9월에는 추가로 유럽 EMA의 판매 허가도 취득하였으나 결국 판매중단을 선언하고 2015년 5월 Provenge®의 FDA와 EMA의 허가를 모두 회수하거나 취소하였습니다.

14. 올리패스 박종호 부사장님과 인터베스트 임정희 전무님에 대한 한 말씀

두분 저자께서는 한국 바이오 · 신약개발 업계를 대표하는 전문가로서 신약 및 바이오의약품의 초기단계 연구개발을 비롯하여 임상개발 및 상용화 전략구축까지 이어지는 실무경험을 바탕으로, 바이오벤처 기업의 운영경험, 더 나아가서는 투자유치 및 전문 바이오 투자심사역까지, 한국의 바이오업계의 생태를 연구소에서부터 투자심사위원회까지 다양한 입장에서 몸소 경험하셨고, 그러한 현장경험을 바탕으로 현재 한국 바이오업계의 견인차 역할을 하고 계십니다. 이번에 출간된 "대한민국 미래경제를 살릴 바이오헬스케어 박종호, 임정희의 바이오헬스케어산업 예측 보고서"는 대한민국의 바이오업계가 지나온 과거를 돌이켜 보며 점점 더 빠르게 진화하며 발전해 가고 있는 대한민국 제약 · 바이오의약품 · 헬스케어 산업 전반의 현주소와 snap-shot을 제공해 주는 소중한 자료라고 생각합니다. 더욱 값진 것은 점점 빠른 속도로 확장하며 팽창하고 있는 글로벌 바이오헬스케어 시장 속에서 국내 외에서 활동하고 있는 우리 한국의 바이오기업들과 전문인력들이 직접 현장에서 부딪히며 겪고 느꼈던 소중한 경험과 의견을 업계 내외의 독자들과 나눌 수 있는 기회를 제공해 주셨다는 데 대한 깊은 감사를 드립니다.

<<<<<<<<<<<<< <<< 박세웅 박사 (코넬의과대)

1. 현재 있는 회사 및 역할에 대한 설명?

현재 근무하고 있는 학교는 Cornell Medical College of Cornell University이며, Weill Cornell Medicine으로 최근 이름을 변경하며, 보다 의학분야를 강조하고 있습니다. 코넬의과대는 하버드, 라커펠라 대학교Rockefeller Univ., 메모리얼 슬론케터링 암센터Memorial Sloan-Kettering Cancer Center, 매사츠세츠 주립대UMass 등과 함께 결핵분야의 연구팀을 이루어, 세계적으로 가장 결핵연구의 선두에 있는 그룹입니다. 이 그룹에서 transposon sequencing을 기반으로 신약을 만들기 위한 표적 단백질의 검증 및 이 단백질에 작용하는 신약 후보를 발굴하고 있습니다.

제가 있는 코넬의과대의 결핵연구팀은 6명의 PI로 구성되어 있고, 전체 연구인력은 100여명입니다. 대표적인 연구로는 2015년 다른 6개의 기관과 함께 7년간 약 4천6백만달러를 NIH로부터 지원받아 잠복기에 있는 결핵을 대상으로 하는 치료제나, 기존의 약제에 내성을 보이는 결핵균의 치료 목적으로 새로운 결핵치료의 표적 단백질 발굴과 발굴된 단백질에 대한 작용 매커니즘의 이해를 연구하고 있고, 이렇게 확인된 표적 단백질의 저해제를 개발하고 있습니다. 또한, 아이티Haiti에 결핵 치료 및 연구를 위한 병원을 설립하여, 연구실에서만 뿐만 아니라 실제 현장에서의 연구도 진행 중입니다.

2. 현재 분야에 어떻게 참여하게 되었는지, 그리고 향후 비전은?

연세대학교에서 학위과정 및 연세대학교 세브란스 병원에서 박사후 연구원을 수행하는 동안, 계속 결핵에 대한 연구를 해왔습니다. 미국 내에서도, 결핵 연구에 대해 경험이 풍부한 연구인력이 충분하지 못하기 때문에, 상대적으로 풍부한 연구 경험을 바탕으로 코넬의과대에서 지원하여 연구를 수행하게 되었습니다. 일반적인 결핵균은 거의 100% 완치가 가능하나, 다제내성 결핵균MDR-TB과 광범위약성내성결핵균XDR-TB은 완치율이 낮아, 아직도 결핵에 대한 새로운 치료제가 필요한 실정이며, 실제로 미국 NIH 및 Bill & Melinda gates foundation의 풍부한 지원 하에 활발한 연구가 진행 중입니다. 특히, 요즘 바이러스나 세균에 의한 감염성 질병들이 급격하게 퍼지는 경우가 많이 나타나고 있어, 새로운 약에 대한 개발 수요가 많으리라 생각합니다.

3. 국내 경험에 비추어 미국 바이오산업이 한국과 가장 다르거나 인상 깊었던 특장점은?

국내 바이오산업과 미국의 바이오산업의 가장 다른 점은 상업화라고 생각합니다. 국내 바이오산업은 대부분 아직 국내시장을 목표로 하고 있기에, 시장이 무척 작습니다. 그렇다고 해외로 진출하기에는 낮은 인지도 때문에 제품이 특별히 좋거나, 한국인 의사나 과학자 등이 돕지 않는 이상 시장에 진출하기가 어렵습니다. 따라서, 국내 바이오산업은 이미 성공이 어느 정도 보장된 부분에만 주력하고, 새로운 제품 개발은 벤처 회사에서 주로 이루어지며, 이러한 개발로 결국은 큰 회사로 특허를 넘기는 정도로만 목표를 세우는 것 같습니다. 하지만 미국의 바이오산업은 엄청니게 많은 연구비를 가지고전세계에서 연구비가 가장 많은 나라가 미국이며, 두번째가 일본인데, 미국의 연구비는 일본의 2배가 넘는다고 알고 있습니다, 새로운 주제의 연구를 많이 수행하고 있으며, 이러한 새로운 연구가 실제 상업화로 많이 이어지는 것 같습니다. 여러 회사 등에서 연구 용역과제를 많이 발주하여, 그 연구 성과가 실제로 상업화로 이루어지는 경우가 있는데, 제가 한국에서는 그러한 경우는 경험해본 적이 없었습니다. 결론적으로, 산학협력 시스템과 풍부한 자본, 그리고 넓은 시장이 미국의 장점인 것 같습니다.

4. 한국 내 기업의 연구소에서부터 신약개발 가능성 및 현황에 대한 의견

개인적으로는 안타깝게도 아직 한국 내 기업의 신약개발가능성은 높지 않다고 생각했습니다. 1999년 SK케미칼에서 처음 신약을 만들었고, 2004년 LG생명과학에서 항생제 신약을 FDA로부터 승인을 받았지만, 현재 약 30종 내외의 신약만이 국내에서 개발된 것으로 알고 있습니다. 작년 자료를 찾아보니, FDA에 승인된 국내 제약회사의 신약은 하나도 없었으며, 한국에 허가된 신약 34개 중에 5개만이 국내 제약회사 제품이었습니다. 물론 국내 제약회사들도 꾸준히 신약을 개발하고 있지만, 소위 블록버스터급이라 불리는 신약의 개발이 필요하다고 생각했습니다. 그런데, 최근 한미약품이 HM71224를 Eli Lily에 6억 9000만달러에 기술이전 계약을 성공시킴으로써, 국내 제약회사가 블록버스터급의 신약을 개발할 가능성이 높아졌다고 인식되었으며, 최근 국내 제약회사가 미국의 학회에서 발표하는 신약개발 내용을 보니, 그 가능성이 가능성만 으로 그치지 않을 것 같다는 생각입니다. 또한 최근 큐리언트가 개발중 인 Q203도 제가 연구하고 있는 결핵신약분야에서 매우 높은 관심을 가 지고 지켜보고 있는 신약으로, 한국 내 기업의 신약개발가능성은 차츰 높아지고 있다는 것 같습니다. 하지만, 아직은 개발 비용이 큰 신약개발 보다는 기존 약품을 치료 목표에 정확하게 전달될 수 있게 변형시키거 나, 새로운 전달 방법 자체를 개발하는 것이 보다 효과적이지 않을까 하 는 생각입니다.

5. 바이오산업에 대한 뉴리더로서 한국 바이오헬스케어 산업에 하고 싶은 충고와 조언은?

미국에서 연구하다 가장 크게 느끼는 것은 네트워크입니다. 연구비가 많고, 최첨단의 기계가 있는 것도 중요하지만, 가장 절실히 필요하다고 느끼는 것은 네트워크입니다. 한국의 바이오산업이 성장하려면 해외에 있는 많은 과학자, 연구자, 기술자들과 네트워크를 만들고 유지시켜야 한다고 생각합니다. 네트워크는 형성하기도 힘들지만, 유지하기도 힘든 것 같습니다. 과학기술의 최첨단을 연구하는 과학자이지만, 그 과학의 중심에는 역시 사람들이 끊임없이 대화하고 토론하고, 실험에 실패를 반복하고 있습니다. 다른 과학자들의 경험을 바탕으로 보다 빠르게 성장할 수 있는 한국의 바이오산업이 이루어지길 바랍니다.

6. 미국 바이오헬스케어 시장과 한국 시장의 차이는?

미국의 인구는 한국의 인구의 약 6배입니다. 제가 가끔식 마켓을 둘러

보다가 편리하기는 하겠지만, 그다지 살 필요가 없는 제품, 예를 들어 오렌지 깎는 도구 같은 것을 보면, 있으면 좋겠지만 '그냥 칼로 깎지 뭐'하는 생각을 합니다. 하지만 이건 저의 생각이고 저와 다른 생각을 가진 사람들이 6배나 많은 미국에서는 이것이 팔리니까 제품화하는 것이라 생각합니다. 미국은 사람이 많을 뿐더러 인종도 다양합니다. 인종이 다양한 만큼, 수많은 다른 질병이 다른 형태로 발전할 수 있기에, 미국에서는 대형 제약사들이 관심없어 하는 작은 분야라도 충분히 시장가치가 있다고 생각합니다. 또한 미국의 국토는 한국의 국토 면적의 100배입니다. 제품의 운송이 시장의 가치를 크게 좌우할 수 있습니다. 집 근처에는 다양한 종류의 마켓이 있어 물건을 쉽게 구매할 수도 있지만, 시간적 여유가 있으면 대부분 온라인 배송으로 제품을 구매합니다. 싸고 편리하기 때문입니다. 국토 면적이 넓은 미국에서는, 제품을 잘 만드는 것 뿐만 아니라 제품을 정확하게 배송하는 것도 중요합니다. 한국처럼 택배문화가 잘 되어 있지 않습니다.

7. 미국 의료보험체계와 미국 바이오산업의 성장 또는 산업화와의 상관관계는?

제 개인적인 의견으로는 오바마케어의 등장으로 보다 많은 사람들이 보험혜택을 받는 반면, 보험회사는 그만큼 이익을 많이 보기 힘들게 되어, 의료의 질은 상대적으로 떨어질 것으로 생각됩니다. 수익을 맞추기 위해, 보험회사들은 병원에 계속 효과는 비슷하나 보다 가격이 저렴한 제네릭쪽으로 투약을 요구할 것이기 때문에, 제네릭 시장이 성장하리라 생각합니다.

8. 미국 저소득층을 위한 메디케이드에 대한 의견?

제가 의료 보험에 대한 전문가는 아니지만, 메디케이드는 최소한의 치료를 받기 위한 복지정책으로 생각됩니다. 하지만 앞으로 노인층의 인구가 많아짐에 따라 65세 이상의 노인을 위한 메디케어의 비용이 급증함에 따라, 메디케이드까지 미국 정부가 부양할 수 있을까에 대한 의문도 생깁니다. 노인층의 증가는 의료보험 구조 자체를 다시한번 조정할 수 밖에 없는 결과를 만들 것 같다는 의견입니다.

9. 한국업체가 바이오신약으로 글로벌 메이저업체가 될 가능성은?

한국업체가 바이오신약의 메이저업체가 될 가능성은 희귀병 질환 분야 정도라고 생각합니다. 물론 많은 사람들이 앓고 있는 질병에 대한 신약이 개발되야, 메이저업체가 될 수 있겠으나, 한국업체의 그 가능성은 높지 않다고 판단됩니다. 하지만, 최근에 어떤 이유인지는 모르나, 바이러스 또는 세균으로 인한 질병들이 유행하는 경우가 많습니다. 과거 일부 지역 또는 일부 민족에 국한되어 발생하였던 질병이 세계적으로 확산되는 경우는 종종 접할 수 있습니다. 한국업체들은 그러한 질병에 초점을 맞추고, 이를 발판으로 메이저업체로의 도약을 노려보는 것이 어떨까 합니다.

10. 혹시 해치-왁스만법이 사업성에 영향이 있는지?

저희 연구는 이미 특허권을 가지고 있는 회사들과 연계하여 연구를 진행하고 있기에 해치-왁스만법에 대해서는 문제될 만한 여지가 없어보이나, 제네릭을 기반으로 연구를 하는 국내기업들은 영향이 없을 수는 없겠습니다.

11. 아시안 100지놈 프로젝트에 대해서 아시는지, 의견은?

아시안 100지놈 프로젝트는 한국을 포함하는 아시안 100명의 유전자를 분석하는 프로젝트로 알고 있습니다. 기술의 발전과 함께 이제 인간의 유전자 전체를 확인하는 일은 큰 어려움이 없을 듯 합니다. 문제는 확인된 유전제의 분석인데, 제 개인적인 의견으로는 이러한 유전체의 분석결과를 metabolomics 결과와 비교해보고, 더 나아가서는 장내 미생물의 분석결과와도 함께 연계하여 분석하는 것이 보다 유용한 정보를 제공할 것이라 생각합니다.

12. 줄기세포 시장에 대한 전망은? 미국과 한국 모두!

줄기세포 시장은 현재 활발히 연구가 진행되고 있는 분야이고, 그 성공가능성이 높다고 판단됩니다. 하지만 윤리적인 문제와 함께 법적인 문제가 연구에 많은 발목을 잡고 있는 것이 사실입니다. 제 생각에는 연구의 성과는 확실히 곧 가시화될텐데, 그에 따른 시장이 개방될지가 문제일 것 같습니다. 법적인 문제를 제외하고는 줄기 세포 시장에 대한 전망은 무척 밝다고 할 수 있습니다.

13. 올리패스 박종호 부사장님과 인터베스트 임정희 전무님에 대한 한 말씀

제가 올리패스를 접한 것은 약 3년 전으로 기억되고, 박종호 부사장님은 한번 뵌 적이 있습니다. 제가 학계에 있고, 한국을 떠난지 8년이 지났기 때문에 한국의 바이오헬스케어 산업에서의 올리패스 및 박종호 부사장님의 영향력은 판단할 수가 없습니다. 하지만, 올리패스가 가지고 있는 기술에 대한 설명을 들으면서, 한국의 신약개발 사업에 가장 적합한 방법을 찾은 기업인 것 같습니다. 제 생각으로는 새로 시작하는 기업이, 신약분야에서 성공하기 위해서는 희귀병에 대한 약의 개발 또는 기존 약품을 치료 목표에 정확하게 전달될 수 있게 변형시키거나, 새로운 전달방법 자체를 개발하는 것이라 생각하고 있습니다. 올리패스는 획기적인 방법으로 새로운 약품전달 매개체를 개발하였기 때문에, 이러한 회사를 주도하시는 박종호 부사장님도 한국의 바이오헬스케어 산업에서 영향력을 점점 넓혀가시리라 생각합니다.

임정희 전무님의 인터베스트에 대해서 아는 것은 투자회사 정도였는데, 2-3년전 중앙일보 특파원과 함께 인터베스트 임원을 만난 적이 있습니다. 인터베스트는 그 당시 미국의 실버타운에 온라인으로 약이 배송되는 시스템 구축에 관심을 보이고 있었습니다. 요즘 드론을 통한 배송이 현실화되고 있는 만큼, 미국에서의 상품 배송문제는 가장 큰 사업 중 하나이며, 이동이 불편한 실버타운의 노인분들에게는 더욱 더 배송이 절실한 문제일 것입니다. 그 당시, 그 사업적인 안목을 높게 평가하였는데, 이러한 회사의 전무로 계시는 임정희 전무님 또한 그러한 안목을 가지고 한국의 바이오헬스케어 시장에 적합한 회사를 발굴하여 성공적으로 발전시키리라 생각합니다.

14. 기타 본인업체에서 진행하고 계시는 사업대상으로 계획 및 비전과 한국바이오산업에 대한 충고

앞서 말씀드렸듯이, 연구를 하다가 가장 절실하다고 느끼는 것은, 훌륭한 과학자들과의 네트워크 형성과 그 네트워크를 이용한 토론입니다. 앞으로 한국에서 바이오 산업을 진행하실 때, 국내외에 있는 많은 한인 과학자들과의 네트워크를 형성하시고, 이를 기반으로 다른 외국인 과학자들과의 네트워크 형성에 힘쓰시길 바랍니다. 그들의 머릿속에 있는 미발표된 많은 지식들을 공유할 수 있기를 기대합니다.

Chapter 6.

바이오신약

대한민국에도 메이저 신약업체가 나오는가?

대한민국 바이오헬스케어 산업을 성장시키려면
글로벌 신약개발이 필수적입니다.
그러나 개개 회사의 힘만으로는
다국적 메이저 제약회사를 이길 수 없습니다.
그래서 필요한 것이 한국형 오프형 이노베이션입니다.
같이해야 가치가 올라갑니다.
신약후보물질에 대한 기초연구부터 신약개발단계까지
플랫폼을 통합하여 비용과 시간을 획기적으로
개선하는 오픈 이노베이션, 예를 들면 바이오콘같은 것은
우리나라 신약개발을 위해 최적의 시스템이라 할 수 있습니다.

신약개발은 대표적인 High Risk, High Return 산업

최근 한미약품의 8조원 대 기술이전으로 인해 신약 개발이 주목받고 있지만, 아직도 대부분의 제약사들은 R&D 투자액과 비교해 수익창출이 매우 어려운 상황이다. 제약사들의 신약개발이 녹록지 않은 이유는 재현 시험이 어렵다는 점과 제대로 된 수익모델을 찾기 어렵다는 것 그리고 만성질환에 맞는 실험 시스템 부재 등 3가지 요인을 들 수가 있다. 신약개발에서 새로운 타겟을 찾는 것도 쉽지 않고 설사 찾는다고 해도 초기 물질이 실현 가능성이 높은 물질인지에 대한 면밀한 검토를 위해 재현 시험을 해야 하는데 그게 생각만큼 쉽지가 않다는 것이다. 따라서 사실 새로운 발견이라고 해도 타이밍을 놓쳐 신약 개발로 상품성을 이어가기가 어려운 경우가 허다하다. 예를 들어 당뇨병 신약은 '심혈관 합병증'과 관련한 연구 데이터를 추가로 제출해야 한다. 즉 임상시험 3단계를 모두 마쳐도 또다시 수천 명에서 수만명의 환자를 대상으로 추가 연구를 수행해야 한다. 이 연구에만 평균 1조 5천억원이라는 천문학적인 비용이 드는 것으로 알려졌다. 이처럼 투자 대비 시장성을 장담할 수 없어 울며 겨자 먹기 식으로 임상을 중도 포기하는 사례가 수두룩하다. 영세한 벤처형 제약회사는 임상시험을 시작할 엄두도 못 낸다. 국내 임상시험 실패율은 90%에 이른다.

신약개발의 투자가치는 비용효율성 확보가 가치 창출의 핵심이다. 제약사들이 실패 가능성을 가지고 뛰어드는 만큼 새로 만든 신약은 현재 시중에 있는 약과 제네릭이 만료되는 약들과의 차별화를 통해 높은 수익성을 가져와야 한다. 기본적으로 신약 개발은 'High Risk High Return'의 구조이기에 카피약보다 5배, 10배 이상의 가치를 인정받아야 한다는 제약사들의 부담이 크다. 과거에는 제약사들이 약효에 안전성의 문제로 임상시험을 2상까지 진행하고도 신약 개발을 포기하는 경우가 많았지만 최근에는 가격부문의 전략적 경쟁에서 포기하는 경우가 늘고 있다. 국가와 국민의 기대치가 다른 점도 제약사의 부담이다. 국민들은 의료비 부담을 많이 느끼고 있고, 국가는 가격이 낮은 약을 찾기 위한 혁신을 원한다. 그러나 제약회사 입장에서는 대체 불가능한 혁신약 개발로 수익성을 확보하는 것에 초점을 맞추고 있다.

제약산업이 신약개발을 중심으로 발전해온 이유는 엄청난 비용이 투자되는 것에 비해 성공확률이 매우 낮은 리스크가 높은 비즈니스이지만 성공할 경우 평균 10년 정도의 시장 독점권을 특허 법에 의해 보호받고, 비싼 가격으로 높은 수익을 창출할 수 있는 특징을 가지고 있기 때문이다. 물론 시장에서 기존의 의약품으로 치료되지 않는 질병에 대한 수요가 존재하고 있기 때문이기도 하다. 신약개발은 평균 10~15년 이상의 긴 연구개발 기간과 수천억원에 달하는 막대한 투자가 필요하며, 성공확률은 0.01% 내외로 낮지만 개발에 성공하면 이익률 50% 이상의 고수익이 기대되고, 블록버스터가 될 경우 전세계 매출 수조원을 기대할 수 있을 뿐 아니라 수년간 시장 독점권이 보장되는 장점이 있다. 2013년 발표된 미국 제약협회 자료에 따르면 한 개의 신약을 개발하기 위해 약 12억달러가 투자되고, 제약회사들은 매년 매출 대비 16.4%의 연구개발비를 투자하고 있으며, 약 5,400여 개의 약물이 임상 단계에 진입해 있다.

신약개발 단계는 크게 Discovery후보물질 탐색 및 발굴단계, Development비임상과 임상, 상용화규격화, 생산 및 시판 후 임상 3단계로 구성된다. Discovery는 질병의 작용 메커니즘에 대한 연구, 약물 타겟에 대한 연구와 유효물질Hit compound 연구를 포함하는 과정이다. 여기서 찾아진 수많은 유효물질 중에서 가장 효과적인 의약품 후보물질을 찾는 선도물질Lead compound 연구와 최종적인 신약 후보물질Candidate 도출 단계, 그와 관련된 일련의 연구들초기 약물성 평가, 효능검증, 단백질 결정구조 연구, 물질 다양성 연구 등도 Discovery 단계에 포함된다.

두 번째 단계는 Development 단계다. 이 단계는 비임상전임상과 임상 단계로 이루어진다. 비임상 단계는 후보물질의 독성과 유효성을 평가하는 단계로 동물 또는 세포를 대상으로 실험이 이루어진다. 신약 후보 물질에 적절한 동물모델을 대상으로 후보물질의 흡수, 대사, 배설, 분포 등 약동학적 실험과 독성 및 부작용 여부, 여러 장기 기능에 미치는 영향 등을 확인하는 과정이다. 임상 단계는 동물모델에서 독성과 효능이 평가된 물질을 환자 대상으로 안전성과 유효성을 검증하는 단계로서 1상은 임상약리시험, 2상은 치료적 탐색시험, 3상은 치료적 확증시험으로 구성된다. 임상 1상은 임상약리 전문가가 약물의 내성용량투여가능 용량을 포함하여 안전성을 평가하기 위한 약물동태학Pharmacokinetics, 약물의 흡수, 분포, 대사, 배설을 연구하여 혈중 농도를 예측하는 것 연구를 수행하는 단계이다. 건강한 사람을 대상으로 시행되며 안전한 용량 내에서 부작용이 없을 경우 환자를 대상으로 유효성을 검증하는 임상 2상 단계로 넘어가게 된다. 임상 2상은 소규모 환자를 대상으로 약물의 약효와 부작용을 평가하는 단계이다. 2상에서 약물의 약효가 어느 정도 입증이 되면 대규모 환자를 대상으로 하는 임상 3상을 실시하게 된다. 임상 3상에서는 낮은 확률로 발생할 수 있는 부작용을 관찰하고, 시판되어 있는 약물과 비교임상을 실시하기도 하며, 장기 투여시 안전성 및 약물상호 작용 등 추가적인 데이터를 확보하기 위해서 진행되기도 한다.

2009년 Datamonitor 자료에 따르면 전체 신약개발 비용 13억달러 중 초기단계 연구와 비임상 단계에 투자되는 연구개발비는 3.5억달러27%, 임상 1상은 1억달러8%, 임상 2상 1.7억달러13%, 임상 3상 3.7억달러28%에 이른다고 발표되었다. 전체 연구비 중 50%가 임상단계에 투자가 되고 있으며, 6~7년으로 신약개발 단계 중 가장 긴 시간이 소요되고, 임상 1상 단계 진입한 후보물질이 신약으로 허가에 성공할 확률은 20%로서 리스크가 가장 큰 단계가 Development 단계이다.

마지막 3단계는 상용화 단계다. 상용화 단계는 약물의 품목허가 과정과 규격화, 제제 및 대량생산 등을 포함한다. 또한 임상 4상을 진행하기도 하는데 이는 시판 허가 후 장기 투여 시 나타날 수 있는 부작용을 검토하고 이를 통해 안전성을 확립하는 과정이며 시판 후 조사라고 한다. 또한 추가적인 적응증 탐색, 특수 환자군 대상 임상실시, 3상 자료 보완

등을 목적으로 한 시판 후 임상연구도 포함하고 있다. 임상이라는 것은 의약품, 특히 신약개발에만 존재하는 특수한 과정으로서 제품개발 후 품목 허가까지 길게는 7년 이상이 걸리는 과정이다. 따라서 각국은 임상기간을 고려하여 의약품 특허에 한해서 최대 5년까지 연장해주는 제도를 가지고 있으며, 추가적인 임상 실시소아임 상, 제형변경 등에 따라 3~7년까지 독점권 보장에 따른 인센티브로서 특허권 외에 마케팅 독점권을 인정하는 제도도 있다.

정부는 2020년까지 글로벌 신약 10개 개발을 목표로 3백억원 규모의 펀드를 조성하고 규제 완화를 손질하는 등 바이오산업 육성에 박차를 가하고 있다. 이에 걸맞게 업계의 폐쇄형 R&D도 변화하고 있다. 최근에는 교수, 의사, 제약사 등 다양한 직종의 사람들이 기획 단계에서부터 협력해 리스크를 줄여야 한다는 목소리가 나오고 있다. 그동안 중소 바이오 벤처사는 혁신적인 신약 아이디어를 가지고 있어도 인적 · 물적 인프라 등의 문제로 임상시험을 진행하기 어려웠다. 이에 따라 삼성서울병원 · 고대안암병원 · 경북대병원 · 가천대길병원 · 분당차병원 등이 범부처신약개발사업단과 함께 자문 · 기술사업화 등의 서비스를 제공하고 있어 주목받고 있다.

범부처신약개발산업단의 주상언 사업단장은 "생리학 · 생화학 등 모든 부문의 전문가들이 신약 개발의 기초 리서치부터 참여하면 실패율을 줄일 수 있다"며 "오픈 이노베이션으로 약을 개발하면 신약 개발 성공률이 약 3배 증가한다는 통계가 있다."고 얘기하고 있다.

국내 신약개발의 현황은 어떨까?

우리나라의 신약개발은 1987년 물질특허가 도입된 이후 본격적으로 시작되었다. 1987년 과거 과학기술부의 특정연구개발사업으로 항생제, 항암제, 심혈관계, 천연물, 유전공학 제품 개발 등 제한적인 분야를 시작으로 신약개발이 시작되었고, 초기에는 항생제 합성을 중심으로한 원료 의약품 개발과 재조합 기술을 이용한 단백질 의약품 개발을 하면서 주로 제네릭 사업의 근간이 되는 기술이 발전하였다. 1990년대 들어서서 범 정부차원의 선도기술 개발사업G7 프로젝트의 추진으로 선진시장의 신약개발 기술을 습득하기 시작하였고, 해외 CRO를 이용한 기술 및 연구 아웃소싱도 시작되었다. 이후 1997년 국내 최초의 신약인 SK의 항암제 선플라 주가 국내 식약청의 허가를 취득하였고, 바이오벤처들이 대거 등장하면서 신약개발에 대한 관심과 투자가 계속되었다. 2003년 LG생명과학의 팩티브가 국내 최초이자 유일하게 미국 FDA의 품목허가를 받았고, 2002년 국내 식약청의 허가를 받아 6호 신약이 된 스티렌은 매출 900억원 규모의 블록버스터로 상업적 성공까지 이루었다.

국내에서 개발된 신약의 평균 R&D 비용은 약 430억원 규모이며, 이 중 정부 투자비는 6.4% 정도로 대부분 기업의 투자로 신약개발이 추진되어온 상황이다. 평균 10년 정도의 투자 기간이 소요되었고, 연구개발비가 가장 많이 투자된 약은 '팩티브'로 약 3,000억원GSK 83% 부담이며, 일양약품의 놀텍이 개발기간 22년으로 가장 오랜동안 신약개발을 한 것으로 파악 된다. 신약개발 인프라가 거의 없었던 우리나라에서 비교적 짧은 기간 동안 FDA 허가 신약 뿐 아니라 국내 신약 20개 개발에 성공한 것으로 매우 양호한 성과라고 평가되며, 향후 신약 개발 성공 가능성은 더욱 높아질 것으로 기대된다.

국내 제약사의 신약개발 임상시험 건수는 2014년에 비해 크게 증가하였다. 제약사 중에선 종근당이 가장 많은 임상을 실시하였고 한국노바티스, 한국얀센, 한미약품 순으로 임상을 진행하였다. 식품의약품안전처는 2015년 임상시험계획 승인현황을 분석한 결과, 전체 승인건수는 675건으로 전년652건비 3.5% 증가했다고 밝혔다. 제약사별로는 국내 제약사의 경우 종근당이 30건으로 가장 많은 임상시험을 승인받았고 한미약품18건, 일동제약11건 등의 순이었다.

아직 국산 신약의 상업적 성공 가능성은 낮은 편이다. 지금까지 국산 신약으로 허가 받은 제품 중 100억원이 넘는 매출을 올린 품목은 LG생명과학의 팩티브, 유한양행의 레바넥스, 동아제약의 자이 데나와 스티렌, 부광약품의 레보비르에 불과하다. 특히 2000년대 초 허가를 받은 제품들은 매출이 매우 미미하여 상업적으로는 실패했다고 볼 수 있다. 따라서 국내 식약청의 허가뿐 아니라 해외 국가 등록을 통해 수출이 가능하여 상업적 성공을 기대할 수 있는 혁신신약 개발이 필요하다고 할 수 있다.

그래도 긍정적인 것은 최근 허가받은 국산 신약들의 실적이다. 동아제약동아ST의 자이데나, SK케미칼의 엠빅스, 일양약품의 놀텍, 보령제약의 카나브, 중외제약의 제피드 등 최근 성공 가능성을 보인 국산 신약들이 대부분 First in Class 약물이 아니고, 기존 약물의 구조와 유사한 Me too Drug이기는 하지만 국내에서의 매출도 100억을 가뿐히 넘어 블록버스터로 성장하고 있으며, 해외 기술 이전, 수출 계약이 이어지고 있다. 또한 동아제약동아ST의 자이데나는 미국 품목허가 신청을 앞두고 있으며, LG생명과학의 당뇨치료제 제미글로는 다국적제약사 사노피아벤티스로 기술이전되었으며, 국내에서 개발은 진행되고 있지 않지만 동아ST가 기술 이전한 슈퍼항생제가 내년 초 미국 FDA 품목허가를 획득할 것으로 기대하고 있다.

신약개발의 성과들이 주목받고 있기는 하지만 여전히 국내 대부분 제약사들의 사업구조는 제네릭에 의존하고 있다. 국산 신약의 매출은 아직 블록버스터급에 이르지 못하고 있고 해외수출로 인한 실적발생은 2014년 이후에나 기대해볼 만한 상황이다. 계속되는 정부의 약가인하 정책으로 상위제약사들은 매출 성장을 유지하기 위해 다국적제약사들의 상품을 도입하여 판매를 대행하고 있으며, R&D 비용의 상당부부분을 개량신약 개발에 투자하고 있다. 국내에서도 오리지널 의약품들이 대거 특허만료에 직면하면서 국내 제약사들은 제네릭 출시로 고성장세를 이어갔으며, 실제 2008년 상장 제약사들의 매출 성장률은 +16.3%에 이르렀다. 하지만 계속되는 약가인하 정책으로 2011년 +3.9%로 성장률은 둔화되었고, 일괄약가인하가 있었던 2012년에는 거의 성장하지 못했을 것으로 추정하고 있다. 영업이익률도 2008년 10.9%에서 2011년 9.4%까지 하락하였으며, 2012년에는 5% 내외에 그쳤을 것으로 추정된다.

판매촉진 활동에 의존적인 제네릭 비즈니스를 하면서 국내 제약사들의 판관비는 글로벌 제약 사 대비 8%p 가량 높은 수준이며, R&D 투자는 매출액 대비 평균 6.0%로 글로벌 제약사들의 14.9%의 반에도 미치지 못한 상황이다. 최근 대규모 약가인하로 제약사들의 경영성적이 저조하여 급격한 투자 증가를 기대하기는 어려운 상황이나 장기적으로는 신약을 통한 고수익을 창출하고, 수익의 상당 부분을 다시 R&D에 투자하는 선순환 구조를 만들 필요가 있다는 판단이다.

정부는 미래 전략 산업으로 제약산업을 육성하기 위해 다양한 지원 정책을 발표하고 있다. 약가인하와 동시에 강력한 리베이트 정책으로 산업을 규제하고, 산업 구조조정을 유도한 후 신약개발을 통해 산업이 성장할 수 있도록 하겠다는 의지로 판단된다. 2015년 7월에 발표된 '제 1차 제약산업 육성 · 지원 5개년 종합계획'은 2020년까지 세계 7대 제약강국으로 도약하기 위한 세부 국정과제로서의 내용을 담고 있다. 2017년까지 수출 11조 달성, 글로벌 신약 4개 창출을 위해 5년간 민관 합동 R&D 투자를 10조원으로 확대하고, 제약기업의 대형화와 전략적 제휴 지원을 위한 투자, 금융 환경 조성을 위해 5년간 5조원을 투입하겠다는 목표를 발표하였다. 구체적인 정책 실행 방안이 발표되지 않아 제약산업 및 신약개발에 어떤 효과가 있을지 가늠하기 어렵지만 정부가 제네릭 비즈니스에 대한 규제는 계속하겠지만 신약개발과 관련된 R&D 투자에는 정책적 지원을 아끼지 않겠다는 의지는 중요한 의미를 지닌다는 판단이다.

국내외 제약업계의 M&A 현황과 전망

최근 국내의 중견제약사가 글로벌 제네릭 제약기업으로 M&A인수 · 합병되는 것이 결정되었다. 미국의 알보젠Alvogen사의 근화제약 인수가 바로 그것이다. 알보젠의 인수목적은 이미 포화상태인 국내 제네릭 의약품시장 진출보다는 성장하고 있는 주변 아시아시장 진출을 위한 생산거점 마련이라고 알려지고 있다. 또한 세계 최대 글로벌 제네릭 제약기업인 테바Teva도 국내 제약기업 인수를 위해 검토 중인 것으로 전해지고 있다. 이번 사례에서 보듯이 국내 제약기업의 생존 및 성장전략도 글로벌 제약환경의 직접적인 영향권에 있다고 할 수 있으며 글로벌 제약기업의 성장전략상에서 국내 제약사들도 인수합병 등의 직접적인 영향권에 있어 향후 국내 제약산업계에 적지 않은 변화가 있을 것으로 추정할 수 있다.

글로벌 제약시장에서 M&A 현황을 살펴보면 1980년대 이후 시작되어 2008년 전후 전세계 제약산업의 급격한 변화를 가져온 메가 M&A는 블록버스터 의약품의 특허만료에 따른 글로벌 제약기업의 성장전략에 의한 결과이며 2012년까지도 진행형이다. 국내의 경우 최근까지도 신약개발에 의해 성장해온 제약 및 바이오 기업은 없다고 할 수 있는 바 글로벌 제약시장에서 벌어진 M&A 광풍과 국내 제약산업 내에서의 M&A는 온도차가 분명 존재한다. 그러나 M&A라는 부분이 기업생존 및 성장에 있어서 목적이 아닌 중요한 전략의 하나인 만큼 국내 제약 및 바이오산업 현실에 있어서 산업효율화 및 성장전략이라는 측면에서 지속적으로 검토되었고 일부 성사된 사례도 있다.

이 책에서는 전통적 제약산업과 바이오산업을 합해서 '의약품산업' 혹은 '바이오 헬스케어 산업'이라 통칭하겠다. 이미 글로벌시장에서 20위 이내 의약품 중 리피토Lipitor를 포함한 화학합성의약품이 12품목, 휴미라Humira를 포함한 바이오의약품이 8품목을 차지하고 있는데 의약품이라는 관점에서는 그 구별이 무의미한 상황이다. 2009년 11월 독일의 제약사 머크Merck가 라이벌업체인 쉐링푸라우Schering-Plough를 470억달러에 인수한 것은 메가 M&A의 사례로 볼 수 있으며, 이후 2011년 프랑스의 제약사인 사노피-아벤티스Sanofi-aventis가 세계 최대 유전병 치료제 바이오회사인 젠자임Genzyme을 인수한 것은 최대의 M&A이자 기존 화학합성의약품회사와 바이오의약품회사의 경계를 허문 대표적인 사례라 할 수 있다.

국내 제약기업의 대표적인 최근 M&A 사례

제약기업들이 M&A를 추진하게 되는 경우는 기존 사업분야의 강화 또는 합리화, 새로운 제품라인의 도입, 새로운 시장의 개척 및 새로운 사업기회의 도입을 추진하는데 있어서 그 효과를 극대화하고자 하는 시도라 할 수 있다. 2010년 이전의 국내 제약기업의 M&A는 2004년 KT&G의 영진약품 인수사례에서 보듯이 주로 대기업이 새로운 사업기회를 도입하고자 하는 측면에서 부실한 중소 제약사를 인수하는 경우가 대부분이었다. 2010년 이후에는 국내 제약산업의 M&A 전개에 있어서 새로운 가능성을 보여주는 트렌드 사례가 나타났다.

녹십자의 이노셀 인수, 한독약품의 제넥신 인수, JW홀딩스중외제약의 지주회사의 크레아젠 인수 등은 새로운 사업기회의 도입을 시도하는 기존 화학합성위주의 제약기업과 연구개발력은 있으나 연구개발자금 조달능력과 마케팅 추진능력에 한계가 있는 바이오기업 간의 결합으로 의미 있는 사례라 할 수 있고 향후 비슷한 사례가 국내 제약 및 바이오기업 간에 M&A 트렌드의 가장 주요한 부분으로 차지할 것으로 예상된다. 이제 국내의 몇 가지 M&A 사례들을 살펴보고자 한다.

녹십자의 이노셀 인수

2012년 9월 녹십자는 면역세포치료제 전문기업인 이노셀을 인수하였다. 이것은 지난 6월 이노셀 유상증자에 녹십자가 150억원 규모로 참여하여 2581만 7556주지분율23.43%를 취득함으로써 이루어진 것으로, 2008년 5월 크레아젠(주)를 JW홀딩스가 인수하여 면역세포치료제 신약개발분야에 진입한 사례와 유사하다고 할 수 있으며 전통적 제약사업을 하는 제약사가 바이오 사업분야로 진출하는 대표적인 사례로 꼽을 수 있을 것이다. 이노셀은 기존 이뮨셀-엘씨Immuncell-LC 간암치료제 판권을 녹십자에게 62억원에 매각하여 녹십자의 영업과 마케팅을 활용하게 되었고 또한 녹십자랩셀과 공동으로 새로운 세포치료제를 개발할 수 있는 자금력과 연구력을 확보하게 되었으며 녹십자는 세포치료제 사업영역으로 진출을 가능하게 하였다.

한독약품의 제넥신 인수

한독약품은 이미 2012년 2월 바이오베터와 바이오신약 개발을 위한 전략적 협력계약을 체결한 제넥신에 2012년 9월 163억원 규모의 유상증자와 167억원 규모의 전환사채 발행에 참여함으로써 사실상 기업 인수를 확정지었다. 이 경우는 글로벌 제약사에서 성장하고 있는 바이오기업의 인수사례를 벤치마킹하는 시도로 한독약품과 제넥신 측은 로슈와 제넨텍이 보여준 서로의 기업문화와 독립적 의사결정을 보장하여 바이오벤처 특유의 연구개발과 대형제약사의 마케팅 성과를 극대화한 것과 같이 공동개발하고 있는 지속형 성장호르몬제와 이외 다양한 신약개발을 원활히 추진하려는 시도라고 언급한 바 있다.

동아제약의 삼천리제약 인수

동아제약은 2010년 5월 500억원을 투자하여 원료의약품 전문제약사인 삼천리제약을 인수하였다. 국내 1위 제약사인 동아제약은 그간 원료의약품 생산시설이 부족하다는 평가를 받아왔다. 삼천리제약은 에이즈 치료제인 지도부딘 합성기술을 개발했고 항바이러스제 의약품 원료 및 중간체를 개발하는 등 원료분야개발의 기술력을 보유하고 있다는 평가를 받아왔으나 모회사가 제약분야의 성장에 대한 명확한 의지를 보여주지 못해 성장이 정체되어 있었으며 이번 동아제약의 인수는 화학합성의약품 분야에서 기존사업분야의 강화에 적합한 M&A 사례로 양사의 성장에 도움이 되는 결과가 예상된다.

알보젠의 근화제약 인수

2012년 10월 미국계 다국적 제네릭 전문기업인 알보젠사는 근화제약 주식 50.5%를 인수하기 위해 1,000억원대를 투자하기로 하였다. 알보젠은 신주로 228억원을 투자하여 23.1%를 확보하고 기존 근화제약 대주주의 지분을 인수하여 대주주 지위를 확보하였다. 이번 인수에는 크게 두 가지 의미를 부여할 수 있다. 먼저 2000년대 초 악타비스Actavis를 인수하여 20여 개국 직원수 1만1천 명의 글로벌 다국적 제약사로 성장시켜 2011년 왓슨파마슈티컬즈Watson Pharmaceuticals Inc.에 45억유로에 매각한 로버트 웨스만Robert Wessman 회장이 2009년 인수한 회사인 알보젠이 인수했다는 점이다. 알보젠의 근화제약의 인수는 제2의 악타비스를 만들고자 하는 전략의 연장선상에서 국내시장 진출 및 국내의 우수한 생산시설을 활용하여 급속히 성장하고 있는 아시아 시장 진출을 비롯한 새로운 시장개척 전략의 일환으로 국내 근화제약이 대상이 되었다는 것을 의미한다. 또한 국내 제약기업 대주주에 대해서는 국내제약사 중에서 새로운 신약개발 여력이 미약한 제약사가 선택할 수 있는 여러 옵션 중의 하나로 최대주주의 매각 모델을 제시했다는 점이 국내 M&A 전략상 검토할 중요한 요소가 되었다 할 수 있다. 해외 글로벌 제네릭 전문 제약기업에 의한 국내 제약기업의 인수 시도는 앞으로 더 이루어질 것으로 전망되며 세계 1위 제네릭 업체인 이스라엘 테바Teva사도 국내제약사의 인수를 추진 중으로 알려지고 있다. 글로벌 제네릭 제약기업이 국내 내수시장 환경에 진입할 경우 제약산업 구조조정을 위한 추가적인 M&A가 성사될 수 있을 것으로 전망된다.

대웅제약의 한올바이오파마 인수

2015년 7월 대웅제약은 제품 포트폴리오 강화 및 R&D 파이프라인 확대를 위해 한올바이오파마 최대주주 지분을 480억원에 인수하였으며, 추가적인 566억원 규모 유상증자를 실시하였다. 대웅제약은 총 1,046억원을 투자하여 토미포란 등 한올바이오파마 제품을 대웅제약의 영업력으로 매출확대하며 신약개발파이프라인을 더욱 활성화시키겠다는 계획이다. 2016년 3월 대웅제약과 한올바이오파마는 공동으로 안구건조증 신약 HL036 개발에 나서고 있다.

외국 제약기업의 M&A 동향

1980년대부터 최근까지 이루어진 제약업체간 M&A 유형에 대하여 '제약기업의 성장을 위한 M&A 역할'윤수영, LG Business Insight 2009. 3. 18.이라는 리포트에서 저자는 다음과 같이 4가지 유형으로 분류한 바 있다. 첫째, 규모의 경제확보를 위한 대규모의 M&A, 둘째, 제품 및 기술확보를 위한 중 · 소규모의 M&A, 셋째, 글로벌 진출을 위한 특정지역 회사의 M&A, 넷째, 신규사업 진출을 위한 M&A로 분류하였다. 최근의 동향은 이 네가지 분류 유형의 일부 또는 전부가 혼합되어 이루어지는 경향이 있다. 최근의 산업동향이 저분자 화학합성 위주의 전통 제약산업으로 바이오산업이 편입되는 시점에서 향후 M&A 동향은 기존 제약기업이 바이오산업 및 관련기업과 어떤 관계를 형성하느냐에 달린 것으로 파악될 수 있다. 외국의 M&A 동향을 살펴보자.

메가 M&A 트렌드

1980년대 후반부터 시작된 규모 확보를 위한 거대 제약사간의 메가 M&A는 2000년대 초반 화이자Pfizer, 아스트라제네카AstraZeneca, 글락소스미스클라인GlaxoSmithKline, GSK가 현재의 모습을 완성하면서 일단락되었다고 할 수 있다. 현재 전세계의 제약회사 중에 매출액 1위를 유지하고 있는 화이자는 이러한 메가 M&A를 통해 새로운 제품을 확보하는 동시에 영업, R&D 및 마케팅의 역량을 강화하였다. 화이자는 기존 공동마케팅을 진행하던 워너램버트를 블록버스터급 고지혈증 치료제 Lipitor를 확보하기 위해 2000년에 890억달러에 인수하고 세계에서 매출액 1위 제품으로 성장시켜 회사의 매출과 영업력을 크게 증대하였다. 이후 2003년에 또 파마시아Pharmarcia를 600억달러에 인수함으로써 처방약 매출규모가 2002년 290억달러에서 2003년 420억달러로 성장할 수 있었다.

최근 화이자는 새로운 M&A 트렌드를 보여주고 있는데 2009년 세계 9위2007년기준인 바이오제약기업 와이어스Wyeth를 680억달러에 인수한 것이 그것이다. 이는 기존 최대 합성의약품 부문회사와 최대 바이오의약품 회사의 결합이라 할 수 있으며 전세계 의약품시장이 기존 합성의약품 중심 시장에서 바이오의약품, 특히 단백질의약품, 항체의약품, 백신을 포함한 예방의약품, 유전자치료제 등으로 확대되고 있음을 보여준다.

2007년 세계적 고혈압치료제인 노바스크의 특허만료에 이어 2012년 리피토의 특허만료로 기존 합성의약품 중심의 사업모델로는 성장에 한계가 있음을 경험하고 있는 화이자가 바이오의약품의 강자인 와이어스를 인수한 것은 M&A 동향의 당연한 흐름을 보여준다고 할 수 있다. 동일한 흐름으로 2011년 사노피-아벤티스가 2010년 시점 세계 4대 바이오의약품 기업 중 하나인 젠자임을 201억달러에 인수한 것을 들 수 있다. 이로서 사노피-아벤티스는 화이자를 제치고 2012년부터 세계 최대 제약사로 새롭게 떠오르게 되었다.

일본의 경우는 미국, 유럽에서 일어난 메가M&A 트렌드와 달리 독자적인 대규모 M&A가 일어났고 제약업계 재편이 이루어졌다. 일본의 제약산업은 1980년대 중반 이후 엔고의 영향으로 전세계 시장점유율의 20%를 상회하기도 하였으나 1990년대 일본이 고령사회로 접어들고 약제비 비중이 높아짐에 따라 약가인하, 약제비 삭감정책으로 저성장국면에 접어들게 되었다. 이를 타개하고자 일본 내에서 선두기업 간 M&A가 진행되어 R&D에 집중하는 구조가 정착되었으며 R&D 성과가 가시화되고 수출이 증가할 때 다시 해외기업의 인수를 통해 일본 제약기업은 지속적인 성장을 하는 기조가 정착되었다. 이러한 기업 중 대표적인 기업은 다케다Takeda, 다이이찌산쿄Daiichi Sankyo, 아스텔라스Astellas라 할 수 있다.

일본 내 내부정비를 마무리한 제약기업은 2000년대 중반 이후 해외기업의 인수를 통해 새로운 제품에 대한 파이프라인을 확보하여 새로운 성장동력을 확보한 것으로 보인다.이러한 사례는 2012년 현시점에서 국내 제약사에 시사하는 점이 크다. 이미 자국 내 제약산업의 어려움을 겪은 일본은 국내산업 정비와 해외진출로 그 돌파구를 찾았다 할 수 있으며 이런 전략은 많은 부분 국내 제약기업이 수용해야할 내용이다.

현재 진행형의 해외 M&A 사례와 특징

2000년대 이후 M&A의 특징은 신규사업 진출을 위한 M&A가 보다 활발해 졌다는 것이다. 기존시설 및 영업, 마케팅을 단순 활용하여 상호 시너지를 낼 수 있는 제품 및 기술확보를 위한 중 · 소 규모의 M&A 이외에도 특히 바이오의약품 관련 기업 및 제품에 대한 M&A 및 제네릭의약품 사업에 신규로 진출하거나 헬스케어 관련 연관 산업에 대한 투자가 바로 그것이라 할 수 있다.

신약개발의 비용 증가, 각국 정부 및 보험사의 약가 인하 압력으로 글로벌 제네릭의약품 시장은 오히려 성장국면을 맞이하고 있다고 할 수 있다. 최근 국내 제약사인 근화제약에 대한 알보젠의 인수도 제네릭의약품 사용의 빠른 성장이 예상되는 지역에 대한 M&A의 사례라 할 수 있다.

바이오의약품 사업진출 관련 M&A 사례로는 아스트라제네카의 예를 들 수 있다. 아스트라제네카는 화학합성의약품 분야에 강점을 가지고 있는 회사였으나 2006년 단클론항체 개발기업인 캠브리지안티바디테크놀로지Cambridge Antibody Technology를 10억달러에 인수하고 2007년 백신 및 감염성, 항암 질환치료제 바이오기업인 메드이뮨MedImmune을 156억달러에 인수하면서 바이오의약품의 비중을 획기적으로 증가시킨 사례가 있다.

로슈의 경우 1990년에 단클론항체의약품 개발기업인 제넨테크Genentech 지분 56%를 인수함으로써 허셉틴 등 블록버스터 바이오의약품을 확보할 수 있었으며 2009년 나머지 지분 44%를 468억달러에 인수하여 바이오의약품 분야에 보다 강력한 우위를 점할 수 있게 되었다. 이외에 2011년 미국 아나디스 파마슈티컬스Anadys Pharmaceuticals를 2억3천만달러에 인수하여 C형간염 신약후보를 확보하는 등 새로운 신약후보군을 위한 M&A를 지속적으로 진행하고 있다.

바이오의약품 개발사는 최종 신약이 개발되기까지 충분한 R&D 자금을 확보하는 것이 필수적이라 할 수 있다. 최근의 동향은 향후 영업 및 마케팅에 들어가는 자금과 사업성에 대한 문제 등에 있어서 이미 M&A로 바이오의약품 개발기업을 인수하여 글로벌 제약 경쟁에 우위를 점한 사례를 등을 볼 때 현금을 보유하고 있는 기존 제약기업들에 의해 선두기술 및 신제품 확보를 위한 바이오의약품 개발기업의 인수는 앞으로 더 많이 추가적으로 일어날 것이라 예측된다. 기존 제약사에 의한 제네릭 산업 진출의 예로는 일본 다이이찌산쿄의 란박시Ranbaxy 인수를 들 수 있다. 2008년 다이이찌산쿄는 인도기반의 글로벌 제네릭 기업인 란박시를 46억달러에 인수하면서 전세계 25개국 이상 국가에 제네릭사업을 본격적으로 진출시킨 바 있다.

노바티스의 안과 전문기업인 알콘Alcon의 인수사례도 연관기업 및 특화분야 진출에 대한 M&A 사례로 흥미롭다 할 수 있다. 2008년 노바티스는 알콘사의 지분 23%를 110억달러에 인수하면서 2010년 52% 지분을 280억달러에 인수할 옵션계약도 확보한 바 있으며 실제 2010년 네슬레가 보유한 지분 52% 및 나머지 잔여지분 23%에 대한 인수를 위해 410억달러를 지불하였다. 이로서 알콘은 노바티스의 핵심사업부가 되었으며 글로벌시장의 70%, 연매출 90억달러 이상을 올릴 것으로 추정되고 있다. 또한 노바티스사가 가지고 있는 눈의학 전문사업부인 콘텍트렌즈회사 시바비전Ciba Vision과 황반변성 치료제를 보유하고 있는 부분과 더불어 완전인수로 인한 시너지효과를 연간 3억달러 이상 기대하게 되었다. 이러한 부분은 국내의 경우 2009년 국내 제약사 휴온스의 휴메딕스 인수사례와의 유사성이 발견된다.

2013년부터 꾸준히 증가하고 있는 글로벌 M&A의 대표적인 특징은 새로운 기술 및 제품에 대한 M&A 시도가 두드러진다는 점이다. 즉 바이오의약품으로 대별되는 항체의약품, 유전자치료의약품 등을 개발하고 연구중심 바이오기업이 대상이 되고 있다는 점이고 또한 많은 M&A 사례가 M&A 이전부터 공동 R&D 수행을 통해 기존 사업분야와의 적합성 및 협력관계 구축 등의 문제를 검토한 이후 이루어진다는 점이다. 제약산업의 신약개발 구조상 아무리 글로벌 제약사라 하더라도 신약개발에 대한 전 과정을 수행하기 어려운 현대 의약품산업의 현실에서 M&A는 기업성장에 있어 가장 중요한 전략으로 유지될 것은 확실하다.

국내 제약기업의 M&A 동향

외국사례와 다른 국내 제약산업의 현실

국내 제약기업에게 최근까지도 M&A는 가능성이 예상되었지만 제약기업 내부에 있어서는 당면과제라 할 수 없는 영역이었다. 그러나 최근 들어 심해지고 있는 R&D생산성 저하 및 약가인하 압력은 제네릭 중심, 내수중심의 기존 사업모델로는 생존자체에 의문을 가지게 되었다. 기존 국내제약사에서 M&A가 활성화되지 않은 이유와 최근 변화 트렌드를 정리하면 다음과 같다.

첫째, 기존 제약사들도 현재의 내수중심, 제네릭 화학합성의약품 중심의 사업모델로는 생존이 보장되지 않음을 잘 알고 있고 이에 대한 타개책으로 M&A를 검토하고 있다. 그러나 현실적으로는 선별등재시스템의 도입과 강력한 약가통제 등 제약산업의 위축을 가져오는 다양한 외부환경에도 국내 제약기업의 매출은 지속적으로 성장했고 영업이익률도 일정수준 이상 유지되고 있다는 점이 국내에서 M&A가 이루어지지 않은 가장 큰 요인이라 할 수 있다. 그러나 이러한 현상은 앞으로 지속되기 어려울 것이며 이에 대한 한계에 이른 제약사들이 M&A 시장에 나올 것으로 보인다.

둘째, 비슷한 제네릭의약품, 내수기반의 제약기업 간 M&A가 긍정적인 효과가 있을지에 대한 비관적인 전망을 들 수 있다. 물론, 글로벌제약기업의 경우 새로운 제품군의 확보와 영업/마케팅 및 R&D 부문에 있어서 규모의 경제 달성이 M&A의 가장 주요한 이유인데 국내 제약기업 간 제네릭부문에 있어서의 결합은 많은 경우 인력감축의 결과만 가져올 뿐이지 상호시너지는 기대하기 어려운 것도 사실이다. 그러나 신약개발을 위해서는 연 매출 1조원 정도의 규모가 되어야 원활한 연구개발이 가능하다는 것도 사실이기 때문에 의약품산업 뿐만 아니라 국내 산업구조의 조정이 필요한 분야에서는 최대주주 지위를 물러나 M&A의 물꼬를 트는 기업인에 대한 상생방안을 마련함으로 제약사 등 구조조정이 필요한 기업의 대형화를 유도할 필요가 있으며, 이 문제의 해결이 국내 상위 제약사간 M&A를 가능하게 하는 요소가 될 것이다.

셋째, 국내 제약기업의 강력한 오너십 문화를 이야기하지 않을 수 없다. 그러나 최근 근화제약의 사례에서 보듯이 제약기업의 외부환경에 의한 요인, GMP 기준 선진화 등에 의한 비용증가 및 약가통제 등에 의한 매출 및 이익 감소 문제가 지속적으로 발생할 것이라 예상되지만 아직까지 회사가치가 유지되고 있는 상황이기 때문에 자발적으로 매각하려는 경향이 있는 것도 사실이다.

넷째, 제약기업 내부의 인수재원에 대한 문제이다. 일반적으로 국내 중견제약기업의 시가총액은 1,000억원을 상회하며 이 경우 안정된 경영권을 확보하기 위해서는 최소한 500억원 이상의 재원이 사전에 준비될 필요가 있다. 이러한 부분은 국내 금융시장에서 재무적 투자자의 도움을 받아 해결 될 수 있는 상황으로 변모하고 있으며 최근 한독약품의 지분

인수나 근화제약의 지분인수에 국내 재무적 투자자가 참여함으로써 그 가능성을 충분히 보여준바 있다.

국내의 M&A 사례

필자는 앞에서 제약기업의 M&A 사례에 대해 신규사업영역 진출을 위한 바이오산업에 대한 국내제약기업의 M&A 사례, 기존사업의 내실화를 위한 사업인수 사례, 글로벌 제약환경에 직접적으로 노출된 해외 글로벌 제네릭기업에 의한 국내제약기업 인수 사례를 대표적으로 설명한 바 있다. 여기서는 기존 M&A의 사례를 언급하고자 한다. 2005년 이전의 국내 M&A는 제약산업을 가지고 있지 않은 대기업이 부실화 중견제약사를 인수하여 제약산업에 진출하는 경우가 대부분이었다. 그런데 최근에 와서는 그 인수한 기업을 중심으로 바이오의약품분야로 진출하는 경향이 강하다. 1984년 유풍제약을 통해 제약업에 진출한 CJ는 2004년 한일약품을 인수했고, LG는 1989년 사내 연구소 설립과 중견제약사인 안진제약 인수를 통해 제약업에 진출하였다. KT&G도 2004년 영진약품을 인수하였으며 그 이전 2002년에는 셀트리온에 200억원의 지분투자를 함으로써 바이오의약품에 대한 사업에 참여한 바 있다. 최근 2011년 대사질환분야의 천연물신약개발회사인 메젠스를 300억원에 지분의 60%를 인수함으로써 제약산업과 바이오산업에 본격적으로 진출하고 있다. 또 SK케미칼의 경우는 2006년 동신제약을 인수하여 백신, 혈액제제 등의 다양한 제품을 확보함으로써 국내 10위권의 제약사로 변신하는 데 성공했다. 대기업의 의약품산업 진출에 있어서 주목할 점은 삼성이 바이오시밀러사업에 진출하는 것을 들 수 있다. 셀트리온의 신약개발, 동아제약의 일본기업과의 합작사 설립, 삼성의 단독 진출 등으로 바이오시밀러 분야에 있어서 국내기업이 일정부문 경쟁력을 확보하고 있으며 이 세 기업을 통해 다양한 기술 및 제품에 대한 중 · 소규모 M&A가 국내외적으로 일어날 것으로 예측되고 있다.

최근까지도 부실제약사 또는 바이오기업에 대한 인수가 M&A 사례의 대부분을 차지하고 있다. 가장 최근의 사례로는 2012년 차바이오앤디오스텍의 스카이뉴팜 인수이다. 차바이오앤이 개발하고 있는 바이오의약품의 생산 및 유통을 위해 국내 제약사의 도움을 받지 않고 직접 부실제약사를 인수하여 정상화시키는 전략을 택한 것으로 평가할 수 있다. 이와 유사한 사례로는 2009년 셀트리온의 한서제약 인수가 있다. 셀트리온은 한서제약을 인수하여 셀트리온제약을 출범함으로써 셀트리온이 가지고 있는 바이오시밀러의 영업 및 유통에 있어 독자적인 역량을 구축하고 있는 것이다. 또 한국콜마의 비알엔사이언스의 인수의 경우는 화장품의 OEM 기업으로 출발한 한국콜마가 제약산업으로 사업분야를 확장하는 중에 비알엔사이언스가 가지고 있는 다양한 제네릭 제품군 및 생산시설을 확보하고자 법정관리기업인 비알엔사이언스를 200억원을 들여 인수한 사례이다. 2009년 휴온스는 영업 부진상태에 있던 히알루론산 전문기업인 휴메딕스를 100억원에 인수하여 히알루론산 관련 의약품에 대한 기술 및 제품을 확보하여 신규사업분야에 진출하였는데 이는 노바티스가 알콘 인수로 안과영역에 특화한 매출을 확보한 것과 같이 특정 사업분야에 새로 진출한 사례라 할 수 있겠다.

해외 글로벌 기업, 특히 글로벌 제네릭 기업에 의한 국내제약사 인수는 수십년 전부터 예측되어왔는데 최근 그 첫 사례가 현실로 나타났다. 알보젠사에 의한 근화제약 인수가 그것인데 이미 국내기업이 가지고 있는 국내시장과 R&D 능력에 대하여 글로벌 제네릭 전문 제약기업이 국내 제약사를 인수한 사례가 된다. 이것은 향후 수년간 국내 제약기업의 M&A 트렌드 중 하나로 될 것이라 예측된다.

약가인하, 신약개발 효율성 저하 등의 문제는 의약품산업 전체가 겪고 있는 공통의 문제이다. 여기에다 화학합성 제네릭의약품을 가지고 영업, 마케팅에만 의존해온 대부분의 국내 제약기업에게는 내부 · 외부환경의 변화가 새로운 생존전략의 수립을 요구하고 있다. 국내 의약품산업 전체를 놓고 생각할 때 개별기업이 기업생존에 필요한 역량을 갖추지 않을 경우에는 단순 생존상태만 유지하는 기업으로 변모되고 국내 의약품산업 전체가 글로벌 경쟁력을 확보할 시간을 잃어버릴 수 있다는 위기감이 있다. 새롭게 성장하는 바이오의약품을 확보하기 위해 기존 제약사는 인수합병을 포함한 새로운 패러다임이 필요하다. 즉, 새로운 제품 및 사업기회 확보를 위한 전략으로서 M&A를 적극 검토할 필요가 있다는 것이다. 최근 원천기술을 가지고 있는 대학을 위해 기술지주회사 설립이 진행되고 있으며 건일제약의 경우 서울대 기술지주회사와 에스티에이치팜STH Pharm이라는 회사를 설립하였다. 이러한 모델이 기존 제약사의 기업가치를 넘어서는 바이오의약품 관련 원천기술을 확보할 수 있는 좋은 사례라고 생각한다.

최근 국내 제약사의 해외 M&A 및 지분투자가 늘고 있다. 한미약품은 2015년 1월 미국 안과 전문 바이오벤처 Allergo Opthalmics사에 2천만불을 투자하였는데, 이를 통해 지분획득과 망막질환치료제 루미네이트에 대한 한국 및 중국 공동개발을 진행할 계획이다. 부광약품은 2014년 9월 덴마크 중추신경계 전문 바이오벤처 Contera pharma를 인수하였다. 녹십자는 2015년 5월 심혈관질환 유전자치료제를 개발중인 미국 Juventas Therapeutics사에 750만달러를 투자하였다. 국내 선두 제약사나 바이오기업은 이제 국제 경쟁력을 확보할 수 있는 기회로 M&A를 염두에 두고 있다. 그 방향은 여러 보고서에 언급된 바와 같이 수출산업으로의 자리매김과 신약개발의 실현이다. 국내기업 중에서 동아제약, 한미약품, LG생명과학, 셀트리온, 메디포스트 등이 이러한 위치에 근접해 있고 이러한 기업을 통해 다양한 방식의 M&A가 이루어질 것으로 예상할 수 있다. 또 하나는 기존 제약사의 원활한 구조조정을 위해 자발적인 인수합병을 진행하는 대주주에 있어서 산업에 공헌하고 산업구조조정을 진행할 수 있는 일종의 특별법을 제정했으면 좋겠다는 생각이다. 예를 들면 제약사간 인수합병을 위한 최대주주의 지분매각시 신약개발을 위한 공공펀드에 매각대금을 출자하도록 유도하기 위해 세제감면 등의 혜택을 부여하여 산업구조조정과 산업발전신약개발 등을 위한 재원 마련을 동시에 달성하게 하는 것이다. 마치 효율적인 부동산 개발을 위해 토지를 수용당한 지주가 동일 목적으로 토지를 구매할 경우 세제혜택을 부여하는 것과 비슷한 방법이다. 이러한 제도가 도입된다면 특히 제약산업은 생존을 위한 경쟁에 사용되는 소모성 비용이 줄어들고 신약개발을 위한 재원으로 전환되어 국내 의약품산업의 선진화에 직접적인 도움이 될 것이라고 확신하는 바이다.

글로벌 신약개발의 길로 거침없이 나가라

우리나라에는 아직까지 연간 매출 1조원이 넘는 제약사가 없다. 글로벌 신약개발은 세계적으로 승인받아 본격적인 유통까지 십수년이 걸리고 비용도 수천억원이 소요되기 때문에 그야말로 꿈에 불과할 수도 있다. 그러나 꿈을 현실로 만들어가는 게 우리의 삶 아닌가. 정부가 건강보험 재정 절감을 이유로 약가 인하 정책을 쏟아내면서 수익성 압박에 시달린 제약사들이 시장으로 내몰리고 있다. 현재 400여 개가 넘는 국내 제약사들은 사실상 특허 시효가 끝난 복제약을 놓고 경쟁 중인 게 현실이다. 이러한 현실에서 살아남는 게 중요하다 보니 신약개발에 대한 투자와 연구는 소홀할 수밖에 없다. 이 문제를 어떻게 극복할 것인가.

업계 전문가들은 신약개발이 인내와 기다림의 미학이 적용되는 분야라고 말한다. 왜 빨리 제품이 나오지 않느냐고 재촉하면 더 어려워지는 게 이 분야다. 또한 실패를 많이 할수록 성공에 가까워지는 분야가 신약개발 분야이기도 하다. 2015년은 우리나라가 신약개발의 기술력 성과를 입증한 한해라고 할 수 있다. 이는 오랜 기간 R&D에 매진한 결과이기도 하다. 한미약품이 수출한 당뇨신약이나 면역질환 치료제 등은 지난 30여년 동안 합성 기술을 연구한 성과라고 할 수 있다. 우리나라 제약사들의 글로벌 경쟁력은 어느 정도 수준일까? 2015년의 실적으로 봤을 때는 다국적 기업을 가진 선진국을 뺀 어느 나라와 비교해도 손색이 없을 정도로 초단기간에 R&D의 성과를 냈다고 본다. 앞으로는 해외로 적극 진출하고 마케팅 영역도 공격적으로 넓혀가야 하는 숙제가 남아있다. 우리나라 제약업계는 신약개발만이 살길이라고 본다. 그리고 글로벌 진출만이 가야할 길이다. 반도체가 그러했듯이 바이오에서도 우리나라는 분명 세계에 두각을 나타낼 글로벌 기업들이 나올 것이다.

그동안 국내 제약산업은 꾸준하게 다국적 제약업체와의 신약개발 기술격차를 줄여왔다. 1990년대 물질특허제 도입 이후, 원천기술 확보에 나섰고, 1999년 첫 신약 1호 개발 이후 현재까지 26개의 신약이 개발되고 있으며 지난해 한미약품은 8조원대의 기술수출 성과를 이끌어 내기도 했다. 업계 관계자는 "국내 제약산업이 이제 혁신신약을 개발하는 단계로 발전했지만, 현재의 가격정책 및 평가기준에서는 혁신신약의 기술적 가치 · 바이오신약의 안전성 가치 · 신약 고유의 R&D 투자 가치를 반영할 길이 없다"며 "정부가 미래 유망산업으로 제약산업을 활성화하기 위해서는 신약의 적정가치 반영을 위한 평가방법과 기준부터 재확립할 필요가 있다."고 주문한다.

신약을 개발하기 위해서는 제약사의 철저한 준비와 꾸준한 연구개발비 투자도 중요하지만 국가 차원에서의 신약개발에 대한 지원이 절실하다. 글로벌 신약개발을 위해서는 정부 · 제약사 · 학계가 함께 노력해야 한다. 현재 국산신약 가운데 자이데나동아제약 · 카나브보령제약 등이 매출 100억원을 달성한 것을 제외하고는 나머지 신약들은 시장에서 외면받고 있는 실정이다. 글로벌 신약이 되기 위해서는 막대한 시간과 비용을 들여 신약을 개발했다고 하더라도 넘어야할 산이 너무나 많다. 해외임상은 물론 이를 진행할 파트너 제약회사를 찾는 것도 쉬운 일이 아니다. 국내 제약사들은 아무리 좋은 신약 후보 물질이 있어도 이를 제품화할 여력이 없어 해외에 기술을 수출하는데 그쳤다. 하지만 이제는 제품화에 성공하는 수준까지 올라왔고, 조금씩 글로벌 시장에 진입하는 여건까지 갖추고 있다.

우리나라 신약개발의 역사는 아주 짧다. 1999년 선플라주SK케미칼가 나오기 전까지 국내 제약사들은 신약개발보다는 제네릭 개발에만 집중했다. 신약개발은 세계적 기업인 화이자나 노바티스 등 거대 다국적 제약사들이나 하는 일로 생각했다. 그러나 국산신약 1호가 나오면서 패러다임의 변화가 시작되었다. 국내 상위제약사 중심으로 R&D 투자비율이 점차 늘어나고, 신약을 개발하기 위한 다양한 노력이 진행됐다. 이 결과 150여개의 신약후보물질이 연구중이며, 신약개발의 가능성을 보여주고 있다. 신약1호가 나온 이후 13년이 지난 지금, 국산신약은 현재 18호까지 나온 상태다.

제약사의 한 관계자는 "짧은 시간동안 국산신약들이 18호까지 나온 것은 대단한 일이며, 중간에 실패를 경험한 제약사들은 오히려 더 큰 신약을 만들 수 있는 값진 경험을 갖게 됐다."고 말했다. 또 "우리나라 제약사들의 신약개발 역사와 경험을 봤을 때 단기간에 18개의 신약을 개발했다는 것은 앞으로 더 많은 신약이 나올 수 있다는 가능성을 보여주는 것이며, 이러한 가능성은 곧 '비아그라'나 '글리벡'과 같은 블록버스터급 신약의 탄생을 예고하는 것"이라고 기대했다. 이 관계자는 "우리나라는 최근 세계적 수준의 임상시험 능력을 갖추고 있는데, 효율적 신약개발을 추진할 수 있는 국가 신약개발 통합 메니지먼트 프로그램 구축이 필요하다."고 제안했다.

국내 제약사들 대부분은 '글로벌화'와 'R&D 투자 증대'를 목표로 세우고 있다 이는 제대로 된 신약을 만들어 세계로 진출하겠다는 뜻이 담겨 있다. 신약을 개발하고도 엄청난 비용 때문에 고민을 했던 국내 제약사들을 위해 정부도 자금 지원을 위한 노력을 하기 시작했다. 신약개발은 로또처럼 한 순간에 '대박'을 낼 수 없다. 어려운 과정을 거쳐 개발한 신약도 시장에서 어떠한 평가를 받을 지 장담할 수 없기 때문이다. 글로벌 신약으로 가기 위해서는 관련시장에 대한 정확한 분석이 필요하고, 신약개발 이후 구체적인 마케팅 전략이 필수적이다. 또 신약을 개발하더라도 국내용으로만 생각하지 말고 해외시장 진출을 고려하는 것이 무엇보다 중요할 것으로 보인다.

제약산업의 리스크와 기회

제약산업은 수익에 대한 기대치도 높지만 리스크가 참 많은 산업이다. 제약업체들의 리스크는 현재 진행하고 있는 신약물질개발에 실패할 경우가 가장 크다 할 수 있다. 이 리스크는 그 어떤 제약사도 피할 수 없다. 투자자들도 이런 부분이 늘 고민이고 그래서 더더욱 투자가 조심스럽다. 신약개발이라는 것이 무조건 100% 성공할 수 있는 게 아니기 때문에 투자위험을 어차피 감수해야 한다. 그래도 어떤 업체가 전망있는 가에 대한 기준은 어느 정도 얘기할 수 있을 것이다. 일단 해당 제약업체가 해외시장에 진출할 준비가 되어 있느냐를 따져볼 필요가 있다. 제약업체의 경쟁력을 결국 내수가 아닌 글로벌에서 결정되기 때문이다. 그리고 국내

업체와 파트너를 맺은 해외업체들이 어느 정도 인지도를 확보한 업체이냐도 중요하다. 마지막으로 신약개발에 대한 역량과 R&D 여건을 따져볼 필요가 있다. 이런 조건을 따져보다 보면 투자 리스크가 어느 정도 줄어들 수 있을 것이다.

국내외 합성의약품 중심의 의약품 시장 성장은 이제 저성장 국면이라 할 수 있다. 이는 오리지널 의약품들의 특허만료가 제네릭 의약품의 비중을 증가시키며 전체적인 가격하락을 유도하고 있기 때문이다. 따라서 제약업체들은 살아남기 위한 변화가 절실하다. 합성의약품 중심의 사업구조를 가지고 있는 국내 대부분의 제약회사들은 이제는 단순 제네릭보다 개량신약이나 신약개발로 R&D를 집중해야 할 것이며, 합성의약품만이 아니라 바이오의약품, 진단, 의료서비스 등으로 사업영역의 확대도 검토해 볼 필요가 있다. 제약업체의 경쟁력을 파악하는 기준은 좋은 약이 나와서 수익을 낼 수 있는지가 중요하다. 최근 상장한 기업들을 볼 때 해당 기업이 좋은 약을 개발할 수 있는 준비를 얼마나 갖췄는지를 잘 따져보아야 한다. 또한 기술 특례를 통해 상장하는 제약 및 바이오 업체들이 실제로 어느 정도의 기술 성과를 보여주는지를 면밀히 검토해야 한다.

글로벌 컨설팅 그룹 맥킨지McKinsey&Company의 악셀 바우어Axel Baur 제약·바이오 총괄 대표는 한국 제약산업이 잘하는 분야가 있는 건 맞지만 엄청난 고릴라와 싸우는 셈이다라고 우리나라 제약산업의 한계점을 지적한 바 있다. 악셀 바우어 대표는 한국이 반도체, 자동차 등 첨단산업의 글로벌 리더이며 튼튼한 교육적 기반을 갖추고 있고, 연구개발R&D 투자도 활발하다고 진단하면서도 바이오헬스케어 분야에서는 글로벌 기업 화이자와 유한양행의 시가총액을 비교해도 50배 차이가 나는 등 '글로벌 시장'이라는 바나나를 뺏기 위해 엄청난 무게의 고릴라들을 상대해야 한다고 지적했다. 하지만 한미약품이 최근 일라이릴리Eli Lilly와 라이센스를 체결한 것은 혁신에 있어 한국이 선두에 나섰다는 의미라고 풀이하고 셀트리온도 세계 최초 단일클론항체 바이오시밀러를 출시했고 한국의 많은 병원도 세계 여러 국가와 협력해 점차 해외에서 입지를 넓히고 있어 전반적으로 기초는 매우 튼튼하다고 긍정적인 평가를 내놓기도 했다.

제약업체들이 아직 여러 가지 리스크요인이 상존하지만 애널리스트들은 2016년에 제약업체들의 실적이 크게 호전될 것으로 전망한다. 주가도 상승하겠지만 크게 등락하지는 않을 것으로 예상하고 있다. 한미약품의 실적이 지렛대가 되어 제약업체가 안정적 성장의 궤도에 오를 것은 틀림없을 것으로 보고 있기도 하다. 애널리스트들는 2016년에 제약업계의 내수와 수출이 모두 증가할 것으로 예상하고 있다. 내수 시장은 3% 내외로 증가하고, 수출은 2015년보다 증가폭이 크진 않지만 10% 이상 늘어날 것으로 전망한다. 2015년에는 국내 산업 전체 수출이 작년에 비해 7% 감소했음에도 불구하고 제약업종 수출은 30% 증가했다. 처음으로 수출액이 20억달러를 넘어섰다. 전체 산업 수출 대비 제약업의 비중도 작년 0.23%에서 0.4%로 늘어났다. 2015년 성과를 고려했을 때 제약업종이 차세대 성장 동력으로 자리 매김했다고 평가할 수 있다.

한국 제약산업의 장애물은 무엇일까? 바우어 대표는 과학기술을 꼽고 있다. 바이오헬스케어 분야는 과학기술이 중요한데 논문수나 특허수는 하버드대학이나 스탠포드대학과 경쟁하기에 무리가 있으며, 성공적인 신약 출시를 위해 10억달러의 돈이 필요하다고 하는데 한국 기업 규모는 아직까지 이런 리스크를 감내하기에 너무 작다고 꼬집는다. 화이자는 일년에 83억9300만달러 규모의 연구개발 투자를 하는데, 우리나라 10대 제약사의 R&D 비용 전체를 합쳐도 4억달러에 불과하다.

우리나라 제약산업이 성장하려면 규제완화도 적극적이어야 한다. 일본은 혁신적인 재생의료제품에 대한 조기승인 제도를 도입해 신약승인 절차가 단축됐으며, 미국도 규제혁명을 통해 가이드라인을 정비 중인데 우리나라도 이런 글로벌 환경 변화를 인식하고 전체적인 규제절차를 검토해야 한다. 바우어 대표는 한국 제약산업의 미래에 대한 조언으로 다음과 같은 말을 하고 있다.

"한국이 의료, 바이오 산업에 있어 몇 개의 성공사례를 배출한 것은 사실이다. 그러나 아직까지 한국 기업들은 구조적 장벽 때문에 글로벌 리더로서 성장하는데 한계가 있다. 미래에 기회를 포착하려면 한국은 소수 분야에 집중해야 한다."

선택과 집중, 그리고 규제완화. 그것이 한국 제약산업의 리스크를 극복할 중요한 열쇠가 될 것으로 보인다.

Chapter 7.

바이오 네이션

바이오 선진국은 어디까지 갔나?

미국은 바이오헬스케어의 대국입니다.

유럽도 미래산업으로서 바이오헬스케어를

집중투자 육성하고 있습니다.

일본과 중국의 바이오헬스케어 산업에 대한 투자는

상상을 초월할 정도입니다.

지금 대한민국은 어디쯤 있습니까?

늦었다고 했을 때가 빠른 겁니다.

줄기세포에 대한 전국민적 관심,

한미약품에 거는 전국민적 기대…

바이오헬스케어산업이 국민들에게 피부로 느껴질 때

대한민국의 바이오헬스케어 산업도 IT혁명 이상으로

세계를 놀라게 할 수 있을 것입니다.

바이오 선진국은 어디까지 갔나?

미국의 바이오산업 실태

미국, 전 세계 생명공학 특허의 37% 보유

오바마 대통령, 국바 바이오경제 청사진 제시

글로벌 바이오산업에서 절대강자는 아직까지 미국이다. 미국의 바이오산업은 높은 성장률을 보이고 있는데 그 중에서도 가장 큰 비중을 차지하는 분야가 의료 · 헬스케어 분야로 68.1%를 차지한다. 다음으로 높은 비율을 차지하는 것이 의료서비스 제공으로 12.1%를 점유하고 있다. 2014년 미국의 바이오 관련 기술투자 규모는 총 60억달러로 소프트웨어에 이어 두 번째로 많았다.

오바마 대통령은 지난 2012년에 바이오경제 창출을 위한 대선공약으로 '국가 바이오경제 청사진'을 발표한 바 있다. 국가 바이오경제 청사진은 미국의 미래 바이오경제 기반 구축을 위한 연구개발 지원 확대, 기초연구 성과의 산업계 이전 촉진을 위한 중개과학 및 규제 개혁, 규제 절차의 속도 및 예측가능성 증대를 통한 진입장벽 낮추기, 교육과정 개선, 대학장려금-학생교육 연계를 통한 일자리수요 창출, 공공-민간의 협력을 통한 자원, 지식, 전문성 공유 등을 제시하고 있다.

미국에서 생명공학 분야는 전통적으로 중요하게 취급하는 투자분야다. 미국 정부의 연구개발 예산을 목적별로 2000년부터 2012년까지 추이를 보면 국방이 53~60%로 가장 높은 비중을 차지하고 있으며 보건 분야가 21~26%로 2위를 유지하고 있고, 우주분야는 4~7% 수준에 불과하다. 2016년 예산안에 따르면 오바마 정부는 중산층 지원에 중점을 두고 미래 신규 사업과 일자리 창출을 위한 연구개발을 집중지원할 계획이다.

미국은 세계 최대의 연구비와 인력 pool을 바탕으로 의료, 환경, 에너지, 식량 등 거의 모든 생명공학 응용분야에서의 기초/응용 연구와 산업화를 선도하고 있다. 특허2010~2013의 경우 미국은 전 세계 생명공학 특허의 37%를 보유하고 있다.

OECD는 2009년 바이오기술이 인류가 직면한 4대 난제 해결과 성장동력 창출의 핵심 기술로서 주목받고 있으며, 바이오기술이 타 기술들과 융합을 지속하여 2030년경에 글로벌 경제에 대규모 변화를 가져오는 바이오경제 시대로 진입할 것으로 전망하였다. 같은 해 미국 과학한림원NRC은 '국가 新생물학 프로그램' 보고서에서 미국 정부의 생명공학 정책의 큰 방향을 바꾸는 권고를 하였다. 이 보고서에서는 생물학 연구개발이 생물학 내 세부학문간 통합, 학제간 융합, 생물학 데이터양 · 질의 폭발적 증가 등으로 변곡점을 맞게 되었고, 식량, 환경, 에너지, 보건 등 사회문제들은 해결책들도 서로 연결되어 있기 때문에 생물학, 물리 · 화학, 컴퓨터, 공학, 수학 등 다학제 융합을 통한 생명시스템의 통합적 이해가 필요하다고 주장하였다.

미국 정부는 이러한 패러다임 변화에 대응하기 위해 2010년 정부 과학

기술예산 지침에서 '21세기 바이오경제 기반 구축을 위한 연구 지원'을 최우선 순위로 설정하였고, 이어 2012년 오바마 대통령은 대선공약의 하나로 미국 바이오경제의 무한한 잠재성을 실현시키기 위한 전략적 목표를 제시한 것이며, 이후 다양한 정책을 통해 바이오경제 선점을 위한 다각적인 노력을 기울이고 있다. 미국 정부는 기술혁신을 통한 경제성장을 위해 공공 R&D 성과물의 기술이전 · 사업화를 촉진하는 다양한 정책을 펼치고 있다. 연방연구소들은 보유기술을 상용화하고 기술이전을 촉진하기 위한 'Lab-to-Market' 정책을 시행하고 있다.

미국 바이오산업의 주요 지표를 살펴보면, 2014년은 상장기업의 각종 지표수익, 시가총액, 종업원 수, R&D 투자와 자본조달의 모든 측면에서 2013년에 비해 크게 증가하였는데 특히, 상장기업의 순이익은 293%, 시가총액은 34%, 조달 자본은 89%가 증가하여 시장의 활력이 크게 높아졌다고 볼 수 있다

세계 의약품 시장 규모는 2007년부터 2012년 동안 32%가 성장7,310억달러 → 9,650억달러하였는데 비해, 바이오의약품 시장은 59%가 성장1,060억달러 → 1,690억달러하여 의약품 시장 확대속도를 크게 넘어섰다. 이 중에서 바이오시밀러의 증가속도가 매우 빠르고, 초기 바이오의약품은 사이토카인 등 생체 내 존재하는 물질을 이용한 것이 많았지만 최근에는 미국 바이오벤처가 주도하는 특정 표적 분자를 저해하는 항체 의약품이 증가하고 있다.

미국의 바이오산업은 샌디에고 바이오클러스터가 구심점이 되어 재도약을 준비중이다. 샌디에고 바이오클러스터, 일명 Biotech Beach는 UC San Diego이하 UCSD를 말하며 샌디에고 바이오클러스터의 형성은 샌프란시스코를 중심으로 하는 북부 캘리포니아 바이오클러스터일명 Biotech Bay의 발전에 크게 연관되어 있다. 1990년대 이후 IT 경쟁력을 기반으로 형성된 북부 캘리포니아 실리콘밸리는 BT분야에서도 스탠포드 대학을 중심으로 바이오클러스터를 구축하고 있다. 한때 침체기에 빠졌던 미국의 바이오산업은 국가정책적 지원과 투자금 유입으로 점차 살아나나는 분위기를 보여주고 있다.

일본의 바이오산업 실태

일본의 바이오, 건강장수사회를 위한 디딤돌

바이오산업 시장규모, 2030년 20조엔으로 육성목표

일본 정부는 미래 유망 신지식 산업으로 주목받고 있는 바이오산업 관련 시장규모를 2030년까지 지금의 6배 정도인 약 20조엔182조원으로 육성하려는 목표 수립하였다. 2015년 현재 일본 바이오산업 관련 시장규모는 3조엔27조원 정도로 추산된다. 일본은 1980년대부터 바이오산업의 가능성에 주목했다. 2010년 일본 문부과학성이 실시한 '2040년의 과학기술'이라는 미래예측에서도 바이오테크놀로지 분야는 일본 및 세계의 미래를 좌우할 중요 산업으로 보고 있다.

2011년 경제산업성은 '바이오산업창조기초조사보고서'를 통해 의료품, 진단약, 의료기기, 식품, 농업과 축산 그리고 수산 관련 바이오 등 14개 분야와 산업을 바이오산업으로 인정하고 있다. 경제산업성이 지정한 24개 클러스터 가운데 5개가 바이오테크놀로지 분야이다. 저출산과 고령화가 가속화되고 있어 의료와 요양 관련 분야에 대한 시장의 확대를 기대하고 있다. 그러나 일본내 전문가들 사이에서는 신약이나 의료바이오의 경우 이미 앞선 유럽이나 미국을 따라잡기 어렵다고 보는 견해도 있다. 신약 한 품목 당 최소 수천억원의 비용과 실험 등 안정성 확보에 최소 10년 이상이 시간이 요구되는 것도 기업으로서는 부담이라는 것이다.

일본은 초고령사회 진입으로 인한 의료비 증가, 평균수명과 건강수명 사이의 괴리 등을 해소하기 위해 건강장수사회의 형성을 중요한 정책적 과제로 인식하고 있다. 더불어 노벨상 수상 등 기초연구 성과는 세계를 선도하는 수준에 이르고 있으나 실질적인 상용화로의 연계는 미흡하다. 그래서 실용화를 서두르는 방향으로 전략을 재편하고 있기도 하다. 일본 정부는 부처별 분산된 연구개발 지원체계, 임상시험진행 제도 미비, 일본 내 의약품 · 의료기기 무역적자액 증가 문제 등 위기의식을 바탕으로 "일본부흥전략-Japan is BACK"에서 건강장수사회 형성을 위해 의료분야의 연구개발 사령탑 기능 창설을 결정2013.6.14.하고 2014년 5월 건강 · 의료전략 추진법과 독립행정법인 일본의료연구개발기구법을 입안한 바 있다. 이에 따라 의료분야의 연구개발 사령탑 본부인 건강 · 의료전략추진본부본부장 : 내각총리대신, 법안근거를 2014년 6월 내각에 설치하고, 기초부터 실용화까지 일원화된 지원을 수행하는 국립연구개발기구 일본의료연구개발기구Japan Agency of Medical Research and Development, 이하 AMED를 2015년 4월에 발족하였다.

일본은 AMED에 연구개발 예산을 집중하여 신약창출, 의료기기개발, 의료기술창출 거점프로젝트, 재생으로 실현, 지놈의료 실현, 암 프로젝트, 뇌질환 극복, 감염병 제어, 난치질환 극복의 9개의 중점프로젝트를 추진하고 있다. 2015년 AMED의 예산은 2014년도 1,215억엔문부성 570억엔, 후생성 476억엔, 경산성 169억엔에서 일부 증액된 1,248억엔문부성 598억엔, 후생성 474억엔, 경산성 177억엔이 요구되었다. 2014년 일본 내 바이오제품 · 서비스 시장의 시장규모는 3조 685억엔으로 2013년 대비 5.2% 증가한 것으로 나타났다. 바이오관련 시장에서 중심이 되는 유전자조작기술을 이용하여 제조된 제품의 2014년도 시장규모는 2013년도 대비 4.5% 증가한 2조 179억엔이었다. 바이오제품 · 서비스 중 조작기술 응용제품을 제외한 바이오제품 서비스 시장의 증가율은 6.6% 증가한 1조 506억엔이었다.

국제적으로 일본 생명공학산업 시장 규모는 일본 내 조사와 차이를 나타내는데, Marketline에 따르면 2014년도 일본 바이오산업 총 수익은 376억달러로, 아시아태평양지역의 바이오산업에서 가장 높은 비중인 48.5%를 차지하고 있으며, 2010년에서 2014년 사이의 연평균성장률CAGR은 3.6%인 것으로 나타난다. 같은 기간 중국과 인도의 연평균 성장률은 각각 12.9%, 12.3%, 2014년도 총 수익은 157억달러, 68억달러로 일본에 비해 총수익 금액은 적지만 빠른 속도로 성장하고 있는 것으로 나타났다.

유럽의 바이오산업 실태

유럽의 바이오텍, 미국 성장률을 추월하다

유럽연합집행위원회, Horizon 2020을 통해 바이오산업 적극 지원

유럽의 최빈국인 스위스하면 시계를 떠올릴 것이다. 그러나 의외로 스위스는 바이오나 의약산업이 발달한 나라다. 노바티스Norvatis, 로슈Roche, 론자Lonza, 아스트라제네카AstraZeneca 등이 스위스가 낳은 세계적인 신약회사이고 이 회사를 중심으로 스위스 의약산업이 빠르게 성장하였다. 레고와 우유의 나라 덴마크도 의약산업의 경쟁력이 높다. 대표적인 바이오브랜드로 인슐린 및 당뇨병 치료제제로 1위인 노보노디스크Novo Nordisk사, 후시딘으로 우리에게도 유명한 리오팜Leo Pharm, 기분장애 정신질환 퇴행성 신경질환 및 다발성 경화증 등의 치료전문 의약품 회사 룬드벡Lundbeck A/S 등이 있다. 유럽에서 두 번째로 큰 항구이자 세계 최대 화학 클러스터인 안트워프 항구를 보유하고 있는 벨기에는 벨기에 최대 화학 · 의약기업인 솔바이그룹Solvay Group, 암 진단 치료기로 유명한 IBA, 바이오와 유산균 배양 기술 전문기업인 갈락틱Galactic사가 세계 1, 2위를 다투는 중간재 생산 기업들이다.

유럽의 심장부에 있는 비엔나는 Life Science의 허브역할을 하고 있다. 480개의 생명공학 조직과 434개의 관련 기업이 있다. 2012년 378개와 비교하면 15% 성장한 것이다. 오스트리아 전체 중에서 53%434개의 기업, 43%2만 2125 종사자, 매출 52%99억 2000유로 그리고 R&D의 60%인 5억 4900만유로를 비엔나가 차지하고 있다. 매년 거주선호도 조사에서 항상

1, 2위를 다투는 비엔나는 유럽에서 가장 오래되고 큰 외과병원을 소유하고 있어 각종 연구개발과 기술이 밀접하게 연결되어 있다. 그래서 세계 바이오산업의 메카로 불리고 있다. 유럽의 경제를 견인하고 있는 국가가 독일이라고 하면, 독일 경제의 든든한 기반은 뮌헨을 중심으로 한 바이에른州 산업이다. 항공, 자동차, 전자 그리고 바이오 산업 등 첨단기술이 포진하고 있는 이곳은 바이오약학 분야에만 2만 9865명, 347개의 기업에 기초과학자들이 1만여명이 있다.

그러나 유럽은 바이오 산업에 뒤늦게 과심을 갖기 시작하여 수익이나 R&D 투자, 종사자 수 등 여러 가지 측면에서 미국에 훨씬 뒤쳐져 있는 실정이었다. 2004년을 기준으로 할 때 유럽의 바이오산업 기업 수는 2163개, 이 분야 종사자는 9만6459명으로 미국에 비해 전통적으로 규모가 작으며 소규모로, 주로 'platform technologies' 즉, 지놈, combinatorial chemistry, 바이오 정보학 등에 집중돼 왔다. 그러나 1980년대 초반부터 여러 기술개발 프로그램의 시행을 통하여 EU 전체의 공동연구와 국가별 경쟁 형태의 산업화를 추진하는 등 유럽 연합을 중심으로 회원국간의 협력과 경쟁을 병행하며 발전하고 있다.

EU 집행위의 기업산업정책 책임자 Gunter Verheugen은 "바이오 테크놀로지는 EU의 성장, 고용 및 경쟁력 제고에 매우 중요한 수단"이라고 밝히며 유럽의 바이오 산업에 대한 강력한 의지를 표명했다. 2020년까지 자동차용 연료에 대해 최소 10%는 바이오 에너지의 사용을 의무화하는 등 바이오산업의 발달을 제도적으로 촉진하는 정책적인 측면에서도 이들의 바이오 산업에 대한 의지를 읽을 수 있다. 빠르게 성장하고 있는 유럽의 발달된 바이오 산업기술을 우리 기업에 도입하기 위해서는 기술 이전 및 투자 등을 통한 기업간 제휴는 물론 유관 단체와 관련 협회간의 자매결연 등을 통한 벤치마킹, 기술 교류를 갖는 것이 중요하다. 바이오 산업은 아직까지 시장 초기이고 응용 영역이 방대하므로 선진 외국들과의 경쟁에 취약한 것이 사실이다. 이를 극복하기 위해서 국내의 후발 업체들은 경쟁이 치열하지 않거나 선진 기업들이 진출하지 않은 틈새 분야를 공략하는 것이 효과적일 것으로 여겨진다.

유럽의 바이오텍 산업은 점차 세계1위인 미국의 성장률을 앞서고 있다. 제약산업 분석 업체인 파마포커스의 자료에 따르면 유럽 바이오텍 부분은 2006년 45% 성장했으며 미국은 12%였다. 유럽 시장은 머크 세르노의 출범 등 인수합병 증가가 성장의 요인이 됐다고 보고서는 평가했다. 2006년 유럽 바이오텍 산업의 성공 이유는 라이센싱인 제품이나 바이오 기업 인수 등을 통한 대형제약사들의 파이프라인이 이를 받쳐주고 있기 때문이다

2010년 유럽연합EU 집행위원회는 유럽 경제위기 극복 및 재건을 목적으로 '유럽 2020 전략Europe 2020 Strategy'을 2020년까지의 미래를 대비하여 수립하였으며, 이를 달성하기 위한 추진방안 격으로 '7개 중점계획Flagship Initiative'도 함께 수립하였다. '유럽 2020 전략'에서는 똑똑하고Smart Growth, 지속가능하며Sustainable Growth, 포괄적인 성장Inclusive Growth을 추구하고 있다. 2011년에는 'EU Framework'로 명명되던 사업명칭을 차기

7년2014~2020의 연구프로그램인 'Horizon 2020'으로 변경하여 발표하였다. 유럽연합EU은 'Horizon 2020'을 통해 혁신의 관점을 강조하여 연구개발을 포괄하고 예산 운영의 탄력성을 높이고자 하며, 기존 제7차 프레임워크 프로그램Framework Programme 7, FP7과 경쟁력향상사업을 통합하여 사업차원에서 혁신과의 연계를 강화하였다. 'Europe 2020 Strategy'와 'Horizon 2020'을 기반으로 바이오 관련 주요 정책 및 과제는 중점추진 영역으로 많은 예산이 투입되고 있다.

2007년부터 시작되어 2013년 종료되는 FP7의 전체 예산은 약 505억 유로이며, 4개의 특정 프로그램들과 1개의 핵심연구프로그램으로 구성되어 있다. 이 중 바이오와 관련 있는 프로그램은 협력 프로그램으로 총 10개의 세부프로그램으로 구성되어 있는데, 건강과 식품, 농업, 생명공학 관련 세부 프로그램들이다. 협력 프로그램의 주요 주제이며 대표적인 세부 프로그램은 건강 관련 세부 프로그램이며, FP7 기간 동안 약 60억유로의 예산이 배정되었는데, 이는 전체 협력 프로그램 예산약 324억유로의 18.5%에 해당되며, 이와 관련된 대표적인 연구 분야는 미생물 저항, HIV/AIDS, 말라리아, 결핵, 전염병 등이다.

'Horizon 2020' 프로그램의 7년 전체 예산은 약 800억유로이며 유럽의 과학 우수성 강화를 위해 약 244억유로유럽연구위원회 130억유로 포함, 산업혁신 강화를 위해 약 170억유로, 주요 사회적 관심사 연구를 위해 약 244억유로를 배정하였다. 산업혁신 강화에는 핵심기술 개발과 중소기업 지원에 대한 투자가 주요 과제이며, 주요 사회적 관심사 연구에는 기후변화, 지속가능한 교통, 재생에너지, 식량 안전 및 안보, 인구 고령화 등이 포함된다. 'Horizon 2020'은 FP7에 이어 유럽이 직면하고 있는 도전과제와의 연관성, 연구 경영 및 관리 개선, 상호 보완적 접근, 로드맵에 기반을 둔 연구수행 등에 중점을 두고 2014년부터 2020년까지 진행될 예정이다.

한편 유럽연합EU은 에너지 사용을 최소화하고 동시에 재생에너지 활용을 확대하며, 더 나아가서는 폐기물을 에너지로 활용하여 폐기물 발생을 저감하는 에코시스템에 기반을 둔 '바이오기반 경제Bio-based Ecosystem' 구축에 대한 전략을 구체화하고 있다. 따라서 'Horizon 2020'은 유럽연합EU이 산업부문과 정부의 파트너십을 강화하여, 기술적 혁신을 실질적인 상업적 잠재력을 가지는 활용 가능한 제품으로의 발전을 공고히 하고자 한다. 또한 유럽의 중점 연구 분야들에 대한 진보적인 발전을 이끌고자 한다. 이와 더불어 유럽 이외의 국가와 기관들과의 국제협력을 견고히 하여 연구와 혁신을 강화하고자 한다. 이에 향후 세부 프로그램의 진행 등 지속적인 모니터링을 통해 우리나라도 적극 참여 및 협력하는 것을 고려해야 할 것이다

EU의 바이오산업 부문 보유기술 및 기술개발은 우리나라와 비교할 때 매우 높은 수준이다. 특히 환경부문에 있어서 2020년까지 자동차용 연료에 대해 최소 10%는 바이오에너지의 사용을 의무화하는 등 바이오산업의 발달을 제도적으로 촉진하고 있다. 유럽의 발달된 바이오산업기술을 우리기업에 도입하기 위해서는 기술이전 및 투자 등을 통한 기업간 제

휴가 필요할 것이며, 또한 유관단체 및 관련협회와의 자매결연을 통한 벤치마킹 기회 마련 및 기술교류의 기회를 가져야 할 것이다.

중국의 바이오산업 실태

거침없이 성장하는 중국의 바이오산업

2011년 바이오산업 생산총액 2조위안 육박

중국 바이오산업의 약진이 심상치 않다. 중국 바이오산업은 제약 · 바이오와 의료기기 및 서비스 업종의 고른 성장에 힘입어 연 평균 15%의 고성장세를 이어가고 있다. 중국의 헬스케어 시장 규모는 이미 2조위안을 넘어섰으며 미국, 일본 등 선진국의 헬스케어 산업 성장 동력이 고령화와 저성장이라면 중국은 고령화와 소득 확대가 산업의 성장을 주도하고 있다. 그러나 중국의 바이오산업은 헬스케어 수요는 크게 늘고 있는 반면 의료 서비스 가격 왜곡이 심하고 산업의 인프라는 여전히 낙후한 상황이다. 이는 의료 서비스 가격에 대한 규제가 지나쳐 병원 수익이 약품 판매에만 의존하고 있기 때문이다. 뿐만 아니라 전체 병원의 90%는 공립병원으로 늘어나는 환자 수에 비해 의료 기관 수가 절대적으로 부족하다.

2014년 기준 중국의 60세 이상 인구는 2억명을 넘어섰고, 당뇨병 환자만 1억1000만여명에 달한다. 이 중 60세 이상 당뇨병 환자는 2,200만명으로 전체 당뇨 환자 비중의 20%를 차지한다. 또한 중국의 암 발병은 전세계 2위 수준이며 매년 220만명의 신규 암 환자가 늘어나고 있다. 반면 암으로 인한 사망률은 약 30%에 달해 헬스케어 산업의 발전이 절실한 상황이다. 중국 정부는 이러한 문제를 해결하기 위해 오는 2020년까지 헬스케어 산업 규모를 8조위안약 1450조원까지 확대하겠다는 목표를 제시하고 약가 재정비 및 민영병원 유치를 전략적으로 추진하고 있다. 또한 복잡한 약품가격 결정시스템 개선을 위해 국가기본약품목록EDL제도를 도입했다. 중국의 제약 · 바이오 업체 또한 자체적으로 연구개발R&D 투자와 외국 기관과의 인수합병M&A을 확대해 나가며 신약 개발에 적극적으로 나서고 있다.

《2012 공업 바이오기술BT 연례보고서》에 따르면, 2011년 중국 바이오산업이 2조위안에 육박하는 생산액을 창출하며 새로운 발전단계로 올라섰고 2012년에는 산업규모가 25% 성장할 전망이라고 밝혔다. 중국바이오기술발전중심中國生物技術發展中心 부주임은 포럼에서 "바이오산업은 현재 가장 잠재력 있고 활발한 산업분야 가운데 하나다. 공업 BT 적극 발전 및 바이오산업 육성은 중국 경제/사회 발전의 전략적인 선택이며 혁신형 국가 실현의 시급한 과제"라고 밝힌 바 있다. 중국정부는 BT의 발전을 국가발저전략의 하나로 매우 중시하는 분위기다. ≪국가 중장기 과학기술 발전규획 강요≫에서 BT를 과학기술 5대 발전전략 중점의 하나로 지정했고 2010년에 국무원이 바이오산업을 국가가 중점 육성하는 7대 전략적 신흥산업의 하나로 선정했다.

중국과학원 생명과학/바이오기술국生命科學與生物技術局이 작성한 ≪2012 공업 BT 연례보고서≫에서는 국내외 공업 BT분야의 전반적인 발전추세를 상세하게 기술했다. 런즈우任志武 국가발전개혁위원회 고기술산업사 부사장은 연례보고서에서 "경제/사회 발전에서 바이오산업 중요성이 날로 커지고 있다. 2011년 중국 바이오의약산업 생산총액은 1조 6,369억 7,000만위안을 기록했고 2,500만개 이상의 일사리를 창출했다. 바이오 육종시장은 650억위안 규모로 세계 두 번째로 큰 시장으로 성장했고 바이오 발효제품 생산액은 2,500억위안을 돌파했다. 그리고 바이오매스 에너지규모는 2,676만톤표준석탄 기준으로 이산화탄소 배출량을 약 3,800만톤 줄일 수 있을 정도로 늘었다."고 밝혔다.

현재 중국 생명공학 규모는 커지고 성과는 날로 높은 수준으로 발전하고 있으며, 국제협력도 활발하여 여러 분야에서 세계 경쟁에서도 뒤지지 않는 실력을 갖추게 되었다. 또한 국내시장은 치열한 국제적 경쟁에 직면하고 있고, 지속적인 발전을 거듭해온 제약 산업의 기술혁신과 구조개혁은 도약 발전하는 계기를 필요로 하고 있다.

2014년 시진핑習近平주석은 생명공학기술이 경제성장을 위한 신성장동력을 창출할 것이며, 유전자기술, 단백질공정, 우주활용, 해양개발, 대체에너지 및 신소재의 발전을 통해 중대한 혁신성과를 창출하여 국민의 생활수준과 삶의 질을 향상시킬 것이라고 강조했다. 1981년 덩샤오핑이 "농업문제 해결은 최종적으로 생명공학이 해결할 수 있으니, 관련 첨단기술에 의지해야 한다."고 언급한 이래, 1986년 중국 정부는 '863계획'을 발표하고 생명공학을 우선분야로 하여 집중 지원하였다. 또한 1988년 중국 국무원의 비준을 받아 중국 과학기술부에 의해 실시되고 있는 '횃불계획첨단기술산업발전계획'은 첨단기술성과 상품화, 첨단기술상품 산업화, 첨단기술산업 국제화를 목표로 ▶첨단기술산업 발전을 위한 환경조성 ▶첨단기술산업개발구 건설 ▶첨단기술창업서비스센터 건설 ▶세부프로젝트 실행 ▶과학기술형 중소기업기술창업기금 조성 ▶첨단기술산업의 국제화 ▶인재양성이라는 7대 활동을 통해 중국 첨단기술 산업화의 중추적 역할을 수행하고 있다. 아울러 1997년부터 실시된 ▶'973' 계획은 미래 기술을 중점 연구하는 정부의 선행 연구 프로젝트로 중국의 미래 산업 발전에 필요한 최첨단 기술 기초연구와 응용 기초연구로써 질병유전자학 등을 수행하고 있다.

중국은 풍부한 생물자원을 보유하고 있다는 장점을 바탕으로 생물산업 발전을 가속화하고 있다. 중국에는 동식물, 미생물이 26만종이 있으며 세계에서 천연자원과 생물다양성이 가장 풍부한 국가 중의 하나이다. 이미 3,000여 가지의 질병 근원 미생물 수집에 성공하였고, 농작물 재배에 유용한 천연 생물자원도 32만종이나 확보하여 그 수치는 단연 세계 1위를 차지한다. 그밖에 형질전환기술, 단백질공학, 복제기술 등을 포함한 현대 생명공학기술은 개발도상국가 중 우위를 차지하고 있으며 일부는 세계 수준으로 평가받고 있다. 최근 중국의 생명공학 관련 특허 및 논문의 빠른 증가는 관련 연구계로부터 크게 주목 받고 있다.

"2020년까지, 중국 의약 위생 관련 산업의 생산액은 4만억위안에 달할 것이고, 생명공학 관련 산업의 생산액과 합쳐서 6만억위안을 넘을 것이다全國人大常委會 위원장 桑国卫." 생물 의약 산업은 전략 산업 뿐만 아니라 미래의 기간산업이 될 것이고, 앞으로 중국 GDP의 10% 또는 그 이상 차지할 것이다. 2010년 국무원은 생물산업을 중국의 전략산업으로 제시하고, 경제발전방식 전환과 산업구조 격상 및 경제사회 추진으로 지속적인 발전을 이루게 하고, 또한 세계적으로 경쟁력을 가진 전략을 수립할 수 있는 중국생물산업발전의 방향을 제시하였다.

중국 생명공학 산업은 계속 왕성한 성장력을 보이며 바이오제약, 생물농업, 생물공정 등 모든 분야에서 발전하였다. 산업이 빠르게 성장하고, 기업이윤이 높아졌으며, 국내외 자금 유치능력도 높아졌고, 생산기지 건설이나 연구기지 건설 모두 호황을 보였다. 특히 주된 두 가지 이유는 국내의료위생개혁과 중국의 신흥기업이 창업하는데 유리한 자본조달 시장 때문이다.

중국은 2009년 〈생물산업발전정책추진〉에서 생물산업을 하이테크분야의 중심산업으로 규정하고 빠른 발전을 수행하고 있다. 업계 분석가들은 생물 의약 산업은 산업구조를 격상시키고, 기술혁신을 추진하고, 국가과학기술경쟁력을 높이는 중대한 임무를 지니며, 국가는 재정, 세금, 은행신용 등과 같은 방면에서 지원를 해주어야 하고, 예산투자를 확대하면 미래의 생물의약은 발전의 황금시대를 맞이할 수 있다고 판단하고 있다. 2009년부터 추진하고 있는 중국 공공위생의료체계개혁에 따라 면역백신과 진단시약의 수요가 증가했고, 이를 통해 의료시장에서 거대한 수요를 창출하여 생명공학 제약산업의 발전을 기대하고 있다.

바이오를 쉽게 이해하는 키워드 50

1. 바이오시밀러

시밀러는 비슷하다는 의미인데, 쉽게 말해 특허가 만료된 바이오의약품을 대상으로 비슷하게 만들어낸 복제약generic을 말합니다. 바이오시밀러는 오리지널 의약품과 다른 방식으로 비슷한 성분 · 함량 등을 유지하여 만들기 때문에 오리지널 의약품에 비해 약값이 저렴합니다. 최근 2010년을 기점으로 의약품 시장에서 특허권을 가진 미국과 유럽 등 제약업체들의 단백질 의약품의 특허가 끝나는 제품이 많아 바이오산업의 새로운 블루오션으로 주목되고 있습니다.

2. 바이오마커

바이오마커란 생명체의 정상 또는 병리적인 상태, 약물에 대한 반응 정도를 객관적으로 측정해줄 수 있는 표지자를 말합니다. 바이오마커는 혈중 포도당 같이 저분자 물질에서 단백질이나 특정 핵산 같은 고분자물질까지 다양합니다. 당뇨의 진단에 쓰이는 혈중 포도당은 의학적 진단과 신약개발에 두루 쓰이는 바이오마커로서 가장 오래되고 널리 알려진 예입니다.

3. 바이오 CMO

바이오 CMOContract Manufacturing Organization : 제약업계에서 많이 사용되

는 용어로 바이오의약품을 대행 생산하도록 아웃소싱을 맡기는 것을 뜻합니다. 화학합성 의약품과 달리 유전자 재조합 기술과 세포배양 기술 등 새로운 생물 공학 방식을 이용해 기술 난이도가 높습니다. 전자업계 OEM이나 반도체 파운드리와 유사한 개념입니다.

4. 바이오레즈Violeds 기술

바이오레즈 기술은 UV LED 솔루션기업 서울바이오시스와 미국의 SETi가 10년 이상 공동 개발한 기술로 세계 최초의 단파장 LED기술력을 활용한 신개념 청정기술. 바이오레즈 기술은 이미 우주정거장을 무균상태로 유지시켜 우주인들의 건강을 유지시키는데 활용되고 있으며 인체에 무해하고 물, 공기, 표면 등의 살균 및 정화, 탈취 등의 용도로 활용할 수 있습니다.

5. 바이오피드백 게임

바이오피드백 게임은 바이오피드백의 원리를 기초로 해 사용자의 생리적인 상태를 스스로 확인하면서 진행하는 컴퓨터 게임을 뜻합니다. 바이오피드백은 인체에 생물학적 활성을 측정할 수 있는 센서를 부착하고 여기서 측정되는 생리적인 신호를 컴퓨터와 같은 가시적인 장치를 통해 스스로 확인하면서 조절할 수 있도록 합니다. 이때 조절하는 대상은 주로 자율신경계뇌, 심장, 체온 등를 포함한 여러 가지 신체의 생리적 상태입니다.

6. 바이오베터

바이오베터biobetter는 재조합 DNA 기술을 응용해 만든 바이오 신약의 효능 등을 개선시킨 바이오 의약품입니다. 바이오시밀러biosimilar가 기존 바이오 신약을 유사하게 복제한 것이라면 바이오베터는 효능, 투여 횟수 등을 차별화한 것이 특징입니다. 바이오시밀러에 신규 기술을 적용함으로써, 기존 바이오신약보다 좋은 효과를 내는 것이 목표기 때문에 '슈퍼 바이오시밀러'라고도 합니다.

7. 바이오메트릭스

생체 인증이라고도 불리는 바이오메트릭스는 사람의 신체적, 행동적 특징을 자동화된 장치로 추출하고 분석해 정확하게 개인의 신원을 확인하는 기술을 말합니다. 넓은 뜻으로는 생물 데이터를 측정, 분석하는 기술을 의미지만 IT에서는 주로 지문, 눈의 망막 및 홍채, 음성, 얼굴 표정, 손 측정 등 인증 목적으로 사람의 신체 특성을 측정, 분석하는 기술을 말합니다.

8. 펩타이드 신약 Peptide drug

소량의 아미노산으로 이루어진 짧은 단백질 신약을 펩타이드 신약이라 합니다. 일반적으로 아미노산 30개 미만을 말합니다. 체내에서 호르몬이라 불리는 물질 중 대다수가 펩타이드인데 대표적으로 간에서 글리코겐을 포도당으로 분해를 촉진하는 글루카곤glucagon이 있습니다. 글루카곤은 아미노산 29개로 이루어진 펩타이드입니다.

9. 합성신약 Synthetic drug

화학적 합성 반응에 의해서 제조되는 신약으로 전세계 시장의 80%를 차지하는 신약의 종류입니다. 시중에서 구입해서 먹는 약의 대부분이 합성신약에 해당합니다. 일반적으로 합성신약은 분자 하나의 무게분자량이 적기 때문에 저분자 화합물small molecule, 화학 의약품chemical drug 등으로도 불립니다.

10. 후보물질 Candidate

신약개발 과정에서 여러 가지 대상 물질을 개발하게 되는데, 최종 비임상 단계에 진입할 대상으로 확정되는 물질을 후보물질이라 합니다. 비임상단계와 임상단계부터는 비용이 많이 들기 때문에 가장 가능성이 높은 1~2개 물질을 후보물질로 선정하고 다음 단계인 비임상시험을 진행하게 됩니다.

11. 계약연구 사업 Contract Research Organization 또는 CRO

계약연구 사업은 연구를 대행해 주는 사업으로 크게 동물시험 연구 대행업과 임상 시험 대행업으로 구분됩니다. 신약 개발에 있어 새로운 연구방법이 계속 개발되고, 개발 과정의 실패 가능성이 높기 때문에 세분화된 계약연구 사업은 점차 증가 중입니다.

12. 계약제조 사업 Contract Manufacturing Operation 또는 CMO

계약제조 사업은 생산 시설을 지닌 기업이 주문 받은 의약품을 생산해주는 사업을 말합니다. 일반 제조업에서의 위탁생산으로도 볼 수 있는데, 차이점은 의약품 생산은 매우 엄격한 관리감독이 요구되고, 시설의 비용이 매우 비싸기 때문에 진입 장벽이 높습니다. 단백질 의약품 중 특히 동물세포를 통해서 생산되는 경우, 시설 비용과 운영이 어렵기 때문에 계약제조 사업이 활발합니다.

13. 도즈 또는 용량 Dose

한번에 복용하는 약의 양을 말합니다. 몇 개, 몇 그램 또는 주사약의 경우 몇 cc 등으로 표현됩니다. 용량이 많으면 부작용이 많을 수 있기 때문에 신약개발 과정에서 후보물질을 개발할 때 저용량에 고효능을 찾는 것이 중요합니다.

14. 미국 식품의약국 Food and Drug Administration 또는 FDA

미국에서 식품과 의약품의 허가와 안전을 담당하는 정부기관입니다. 특히 신약의 임상시험 진입을 위해 서는 FDA로부터 허가를 받아야 합니다. 임상시험은 1상, 2상, 3상으로 구성되는데, 각 임상에 들어갈 때 진행 여부에 대한 허가를 FDA로부터 획득해야 진행이 가능합니다. 3상 이후에는 FDA가 최종 심사를 하여 통과되면 의약품의 시판이 가능합니다. 한국에서는 식약청이 FDA와 같은 업무를 담당하고 있습니다.

15. 바이오 Biotechnology 또는 Bio

바이오는 넓은 의미에서는 살아있는 생명체와 연관된 분야를 말하는데, 제약과 구분하기 위한 좁은 의미에서는 단백질, 펩타이드, 유전자, 세포 등을 이용한 의약품을 만드는 분야를 말합니다. 유전자를 이용한 기술을 활용한다는 점에서 전통적인 제약과는 구별되며, 최근 세포, 장기 등으로 그 영역이 확대되고 있습니다.

16. 배아 Embryo

수정란은 몸 속에서 세포분열 과정을 거쳐서 임신 기간 후 출생하게 되는데, 초기 세포분열 단계의 세포 덩어리를 배아라고 합니다. 배아는 임신 기간이 지나면, 완전한 하나의 생명체이기 때문에 특히 사람의 배아에 대한 생명의 기준 시점에 대한 논란이 있습니다. 현재는 특정 기간까지만 성장한 배아만을 연구 목적으로 허용하고 있습니다.

17. 비임상시험 Preclinical test

후보약물을 사람에게 투여하기 전에 실험동물에게 투여하여 효능과 안전성을 알아보는 과정입니다. 일반적으로 설치류와 비설치류개, 원숭이 등 두 종류의 동물을 대상으로 시험결과를 확보해야 합니다.

18. 세포치료제 Cell therapy

살아있는 세포를 직접 약으로 사용하는 것을 말합니다. 합성신약, 단백질 신약 등은 화합물이나 단백질 등 무생물을 체내로 투입하여 질병의 치료를 노리는 반면, 세포치료제는 살아 있는 세포를 직접 주사, 시술 등의 방법으로 체내로 투여한 후 그 세포로부터 몸에 유용한 물질을 직접 분비해서 질병을 고치게 만드는 방식입니다.

19. 수정란 Fertilized egg

정자와 난자가 결합하여 생성된 온전한 유전물질을 지닌 세포를 수정란이라 합니다. 일반적으로 생명체 안에서 수정이 이루어지며, 실험실에서 인위적으로 수정을 만들기도 하는데 이를 체외 수정In Vitro Fertilization 또는 IVF이라고 합니다.

20. 인간지놈프로젝트

인간지놈프로젝트는 인간 지놈의 모든 염기 서열을 해석하는 프로젝트로서, 1990년에 시작되어 2003년에 완료되었습니다. 이 프로젝트는 원래 15년 계획으로 잡혀 있었지만 그 동안 생물학 기술이 발전하면서 13년 만에 완료할 수 있었습니다. 이 프로젝트에는 세계 각국의 유전자 센터나 대학 등에 의한 국제 인간지놈서열 컨소시엄에 의해 조직되었으며, 현재까지도 프로젝트를 보완하는 발표가 계속 이루어지고 있습니다.

21. 바이오에너지

바이오매스를 통해 얻을 수 있는 에너지로, 신재생에너지 중 재생에너지 중 하나입니다. 식물유기물 및 동물유기물 등을 열분해하거나 발효시키면 메탄 또는 에탄올, 수소와 같은 액체 · 기체의 연료를 얻을 수 있는데, 이러한 모든 생물유기체바이오매스를 통해 얻을 수 있는 에너지를 말합니다. 옥수수 · 보리 · 콩과 같은 곡물이나 나무 · 볏짚 · 사탕수수 등의 식물이 이용됩니다.

22. 신약 라이센싱 New drug licensing

신약 라이센싱은 신약의 물질, 개발권, 판매권 등 특정 권한을 계약 상대 기업에 넘기는 계약으로 우리말로는 기술수출로 번역되곤 합니다. 라이센싱 아웃과 인으로 구성되는데, 팔면 아웃, 사오면 인으로 통칭합니다. 국내 신약개발 기업은 주로 임상 시험 단계의 신약을 라이센싱 아웃하는

데 주력 중이며, 해외에서 개발 완료된 약의 국내 판권을 라이센스인하는데 노력을 기울이고 있습니다.

23. 신약 파이프라인 New drug pipeline

하나의 신약이 개발되기 위해서는 연구단계를 지나, 비임상, 임상 1, 2, 3상 시험, 그리고 허가심사 단계를 거쳐야 합니다. 모두 5~10년 걸리는 오랜 기간입니다. 따라서, 기업에서는 각각의 단계에 따른 많은 신약 후보를 개발 중인데 그 과정이 파이프를 따라서 이동하는 것 같다고 하여 파이프라인이라고 명명합니다. 신약 파이프라인에 개발 중인 물질이 많으면 R&D 투자가 활발한 것으로 이해할 수 있습니다.

24. 염색체 Chromosome

DNA가 서로 촘촘히 꼬여진 형태를 말하며, 세포 분열 시에 효율적인 세포 분열을 돕기 위해서 일시적으로 나타나는 구조물입니다. 사람은 모두 46개의 염색체로 구성되어 있으며, 사람의 모든 체세포의 핵 안에는 46개의 염색체가 세포 분열시 나타납니다.

25. DNA Deoxyribonucleic acid

DNA는 생명체의 정보를 담고 있는 유전물질로 세포나 세포의 핵 안에 존재합니다. 모두 4종류의 서로 다른 염기로 구성되어 있는데, 아데닌adenine 또는 A은 티민thymine 또는 T과 구아닌guanine 또는 G은 사이토신cytosine 또는 C과만 결합하는 특정한 패턴을 지니고 있습니다. 흔히 A-T 결합, G-C 결합이라고 합니다. 두 가닥으로 서로 상보적인 염기 서열로 이루어져 있는 것이 구조적 특징입니다.

26. RNA Ribonucleic acid

DNA 서열에 따라 생성된 한 가닥의 유전물질 서열을 RNA라 합니다. DNA의 ATGC 서열에 따라 각각 상보적인 RNA가 결합하는데, DNA에 있었던 티민 대신에 유라실uracil 또는 U이 붙는 것이 가장 큰 차이입니다. 따라서, RNA에서는 아데닌adenine, 유라실uracil, 구아닌guanine, 사이토신cytosine 등이 서로 연결되어 한 가닥의 서열을 이룹니다. RNA 서열에 따라 단백질을 만드는 아미노산 배열이 달라지기 때문에 DNA와 함께 RNA의 올바른 서열의 유지는 매우 중요합니다.

27. 줄기세포

줄기세포는 생명체에 존재하는 분화와 증식 능력이 매우 뛰어난 세포로 조상세포 또는 원시세포로 이해할 수 있습니다. 줄기세포의 종류는 크게 ① 배아 줄기세포와 ② 성체 줄기세포로 구분되며, 성체 줄기세포 중 제대혈 안에 존재하는 줄기세포를 별도로 ③ 제대혈 줄기세포로 구분하기도 합니다.

28. 천연물 의약품 Herbal drug, Botanical drug

동물, 식물을 포함하는 천연물의 추출물로 만들어진 약을 말합니다. 일반적으로 천연 식물로부터 추출을 많이 하기 때문에 영어로 herbal drug, botanical drug이라고도 불립니다. 시장에서 천연물 의약품과 천연물 신약을 혼용해서 사용하는데, 천연물 신약은 천연물에서 유래한 단일 분자로 이루어진 약을 말하고, 천연물 의약품은 추출물을 말한다는 점에서 서로 구분됩니다. 즉, 천연물 의약품은 수백~수천 가지의 분자가 함께 섞여 있고, 서로 상호작용에 의해서 약효와 독성이 달라지는 특성이 있습니다. 시장 규모는 합성신약과 단백실 신약에 비해 매우 작은데 그 원인은 수많은 분자의 혼합형태이기 때문입니다. 국내 대표적인 천연물 의약품은 동아제약의 위염치료제인 스티렌쑥 추출물을 꼽을 수 있습니다. 일반적으로 임상시험에 소요되는 시간은 질병과 환자의 수에 따라 다르지만, 한국은 5~6년, 미국은 7~8년이 걸립니다. 각 단계별로 임상시험을 통과할 확률은 약 50%이며, 특정 후보물질이 임상 1상에서 3상까지 모두 통과할 확률은 50%×50%×50%로 12.5% 수준으로 보고 있습니다.

29. 체세포 Somatic cell

줄기세포가 분화가 끝나서 더 이상 분화하지 않는 최종 변형된 형태의 세포를 체세포라 합니다. 체세포는 모두 줄기세포에서 출발했지만, 심장, 피부, 혈액, 지방 등 각 조직의 특성에 맞게끔 분화된 형태로 모양과 특성이 서로 다릅니다. 체세포는 더 이상 분화되지 않고, 수명이 다하면 사멸되어 분해, 배출됩니다.

30. 체세포 복제 배아 Cloned embryo by nuclear substitution of somatic cell

체세포에서 핵을 제거한 후 핵이 제거된 배아에 주입해 만들어진 배아를 말합니다. 일반적으로 배아는 정자와 난자를 제공한 부모와 유전자가 서로 다른데, 원인은 반은 아버지, 반은 어머니로부터 받았기 때문입니다. 체세포 복제 배아는 체세포를 제공한 사람과 유전자가 같기 때문에 향후 발생 가능한 면역 거부 등을 피할 수 있을 것으로 기대되었습니다. 하지만, 시장에서 복제인간에 대한 우려가 높아지고, 황우석 사태 등으로 인해서 연구가 매우 위축된 분야입니다.

31. 전문의약품 Ethical drug 또는 ETC

전문의약품은 의사의 처방전을 통해서만 구입 가능한 약을 말합니다. 일반적으로 일반의약품 보다 관리 감독이 철저한 의약품에 해당합니다. 처방전 없이 전문의약품을 구입하거나 유통하면 법적인 처벌 대상이 됩니다.

32. 제약 Pharmaceutical 또는 Pharma

제약은 합성신약을 만드는 과정을 말합니다. 제약회사는 유기화학에 기반한 의약품을 만드는 회사를 칭합니다. 1980년대 이후 바이오가 급부상하면서 최근에는 전통적인 제약사들이 바이오회사를 인수하면서 화학의약품뿐 아니라 바이오의약품에도 뛰어들고 있습니다. 대표적인 글로벌 제약사는 화이자Pfizer, 머크Merck 등이고, 국내사로는 동아제약, 한미약품, 유한양행 등이 있습니다.

33. 일반의약품 Over the counter drug 또는 OTC

전문의약품과 달리 의사의 처방전 없이 약국이나 슈퍼마켓에서 소비자가 살수 있는 약을 말합니다. 미국은 약국이나 슈퍼에서 구매 가능하며, 국내는 약국을 통해 약사와의 상담 후 구매 가능합니다.

34. 임상시험 Clinical trial 또는 Clinical test

임상시험은 신약 개발 과정의 후보약물을 사람에게 투여하여 효능과 안전성을 검증하는 과정을 말합니다. 크게 임상 1상, 2상, 3상으로 구성됩니다. 임상 1상은 건강한 사람을 수십명을 대상으로 후보약물의 안전성 독성을 검사하는 과정입니다. 임상 2상은 수백명의 환자를 대상으로 후보약물의 효능 확인 및 최적 용량을 결정하는 단계입니다. 임상 3상은 수천명의 환자를 대상으로 후보약물의 효능과 안전성을 최종적으로 확인하는 과정입니다.

35. 유전자 치료제 Gene therapy

유전자를 체내로 주입하여 약으로 사용하는 것을 말합니다. 유전자는 생명체의 정보를 지닌 물질로 DNA, RNA 등을 말합니다. 유전자 치료제는 아직 의약품 시장에서 일반화되지 못하고 있지만, 유전자 조작기술, 유전자 체내 투여기술이 꾸준히 발달하고 있기 때문에 미래형 치료제로 많은 연구가 진행되고 있습니다.

36. 기술특례상장

기술력이 우수한 기업에 대해 외부 검증기관을 통해 심사한 뒤 수익성 요건을 충족하지 못하더라도 상장 기회를 주는 제도로 2005년 도입되었습다. 기술특례로 상장하려면 거래소가 지정한 전문평가기관기술보증기금, 나이스평가정보, 한국기업데이터 중 두 곳에 평가를 신청해 모두 BBB등급 이상을 받아야 하고, 이 중 적어도 한 곳에서는 A등급 이상을 받아야 합니다. 이후 상장심의위원회를 통과하면 코스닥시장에 이름을 올릴 수 있습니다. 주로 연구개발R&D에 투자를 많이 하는 바이오 · 헬스케어 업체가 대상입니다.

37. 바이오테크놀로지

생물공학 또는 생명공학이라고도 합니다. 생물체 또는 그 일부를 이용하는 기술이라고 할 수 있습니다. 바이오테크놀로지는 고부가가치의 의약품의 제조로 시작되어, 더욱 넓은 의미에서 의약품, 식품의 생산, 농업 등으로 확산되고 있습니다. 생물체를 이용하는 바이오테크놀로지의 특징을 가장 잘 살린 분야는 건강식품인데, 새로운 바이오테크놀로지의 발전은 화학 공업, 광업, 환경 등으로도 응용되고 있으며, DNA 재조합 기술을 응용한 여러 가지 새로운 과학적 방법 등도 이에 속합니다.

38. 레드바이오

생명공학이 의학 · 약학 분야에 응용된 개념입니다. 혈액의 붉은색을 본따 붙여진 명칭입니다. 질병 예방, 진단, 치료와 관련된 신약 개발, 진단시약, 줄기세포 등이 레드바이오에 포함됩니다.

39. 그린바이오

생명공학이 농수산업 분야에 응용된 개념입니다. 가공되지 않은 1차식품에 바이오 기술을 가미해 기능성소재와 식물종자, 첨가물 등 고부가가치 제품을 만들어내는 것을 말합니다.

40. 화이트바이오

산업 생산 공정에 생명공학이 응용된 개념입니다. 옥수수 · 콩 · 사탕수수 · 목재류 등 재생 가능한 식물 자원을 원료로 하여 화학 제품 또는 바이오 연료 등의 물질을 생산하는 기술을 말합니다.

41. 융합바이오

바이오 기술을 기반으로 IT 등을 융합하여 제품을 개발하는 분야로 생체 신호 진단 기기 개발, 바이오 장비 제작, U-헬스케어용 바이오센서 개발 등을 포함합니다.

42. 나노 바이오기술

바이오기술에 나노를 접목한 나노바이오기술. 생명체를 구성하는 바이오 물질을 나노미터 크기의 수준에서 조작, 분석하고 이를 제어할 수 있는 과학과 기술을 지칭합니다.

43. 세포융합

2개의 다른 종류의 세포를 인공적으로 융합시켜 잡종세포雜種細胞를 만드는 방법으로 그 결과 잡종세포는 1개 세포 내에 2개의 핵을 갖게 됩니다. 세포융합은 바이오테크놀로지의 핵심기술로 임상진단, 암치료에서 식물 품종 개량에까지 응용되고 있습니다.

44. 단클론항체

단일 항체 형성세포가 생성하는 항체로, 1차 구조아미노산 배열가 균일한 것.

모노클로널 항체라고도 합니다. 오직 1개의 항원 결정기만을 인식합니다. 보통 단일항원으로 면역되어도 얻어지는 항체는 불균일한 분자의 집단인 다클론 항체이지만 최근에 단클론 항체를 쉽게 얻어지는 방법이 개발되어 많은 생물학적 연구에 이용되고 있습니다.

45. u-헬스케어 [Ubiquitous Health Care]

각종 정보통신기술을 활용하여 언제 어디서나 개인이 건강 관리를 받을 수 있는 원격 의료 서비스. 전국 각지 병 · 의원과 u-헬스 서비스 네트워크를 구축해 주치의에 의한 맞춤형 개인 건강을 관리할 수 있고, 도서나 산간 오지 지역민들이 화상시스템을 갖춘 보건진료소를 방문해 진료를 받고, 이상 징후 발생 시 병원선 · 이동보건차량이나 대형종합병원의 전문 의료진과 실시간으로 의료상담이 가능합니다.

46. DNA컴퓨팅

DNA 컴퓨팅DNA computing은 전통적으로 쓰여 왔던 실리콘 기반의 컴퓨터 기술을 사용하지 않고 DNA, 생화학, 분자생물학을 사용하는 컴퓨터 처리의 한 형태입니다. 이 영역의 R&D는 이론, 실험, DNA 컴퓨팅의 응용에 관여합니다.

47. 복제양 돌리

세계 최초의 포유동물 복제로 태어난 새끼양으로 다 자란 양의 체세포를 복제해서 태어났습니다. 1996년 영국의 이언 윌머트 박사 등이 6년생 양의 체세포에서 채취한 유전자를 핵이 제거된 다른 암양의 난자와 결합시켜 이를 대리모 자궁에 이식하여 태어났고 2003년 노화에 따른 폐질환으로 안락사시켰습니다.

48. 중간엽줄기세포 [Mesenchymal Stem Cells]

골수와 제대혈에서 채취하는 줄기세포의 하나로 체내에 대략 100만개가 존재하는 것으로 알려져 있습니다. 섬유모세포의 모양을 띄고 있으며 실험관에서는 무한정 증식이 가능하며 혈액줄기세포와 달리 지방, 골세포, 연골세포와 같은 중요한 세포계열로 분화할 수 있습니다.

49. 조혈모세포

주로 골수에 존재하면서 증식과 분화 등을 통해 백혈구, 적혈구 및 혈소판 등의 혈액세포를 만들어내는 능력을 지닌 세포입니다.

50. 제대혈

출산 시 태반과 탯줄에 있는 혈액. 간엽줄기세포근육 뼈 연골 등으로 분화, 조혈줄기세포백혈구 적혈구 등으로 분화 등을 함유하고 있다. 최근 들어 '성체줄기세포의 저장고'로 의료바이오업계에서 각광받고 있습니다.

한국 바이오헬스케어산업, 이제 첫걸음을 떼다!

김선형 후배 ▷넉달만에 형님들을 다시 뵙습니다. 처음에 뵐 때는 과연 어떤 책을 만드실까 궁금했는데 지금 초고를 보고나니 제 투자감각을 심각하게 반성하게 됩니다. 주식시장에 대해서도 좀 안다고 생각했는데 형님들 덕분에 초심으로 돌아가게 되었습니다. 그리고 산업의 트렌드를 본다는 게 어떤 의미인지, 현장에서 바라보는 미래예측이라는 게 얼마나 정확한지 뼈저리게 느끼게 되었습니다.

박종호 부사장 ▷우리가 바이오헬스케어에 관심을 가진 게 어언 10년은 넘는 거 같네. 처음에는 벤처투자에 집중하다가 산업의 흐름이 바이오로 이동하면서 바이오벤처 투자를 연구하기 시작했지. 내 박사학위 논문도 줄기세포 분야였고. 나는 바이오헬스케어가 분명 반도체 다음의 주력산업이라고 확신했었어. 요즘들어 바이오 관련 책은 많이 나오고 있지만 아직 일반인들이 쉽게 다가가지는 못하는 거 같아. 우리가 힘을 합쳐 이 책을 쓰게 된 분명한 이유는 바이오헬스케어를 일반인들에게 어떻게 하면 쉽게 접근시킬 것인가 하는 고민에서 시작된 거지. 아직까지 일반인들이 보기에 어려운 말들이 많은 게 사실이긴 하지만.

임정희 전무 ▷ 이 책을 쓰면서 우리도 우리나라의 바이오헬스케어 산업의 장밋빛 전망은 물론 한계도 만나게 되었지. 더 발전할 수 있는 여지가 충분한데도 우리나라만의 제약, 병원간의 고착된 구조 때문에 바이오헬스케어가 발목잡히고 있다는 생각이 들더라구. 선형이 너무 잘 알겠지만 마케팅이나 투자는 선점전략이 참 중요해. 일단 한번 뒤처지면 따라가는 게 무지 힘들거든. 우리나라는 반도체처럼 바이오도 후발이었다가 리더가 될 수 있는 충분한 힘이 있는데 그 시기를 놓친 거 같아. 그 시기를 잡으려면 몇몇 벤처기업들의 힘만으로는 안 되지. 의료 소비자인 전 국민이 바이오헬스케어에 대한 필요성을 인식하고 함께 투자하고 함께 키워가야 하지 않을까 생각해.

김선형 ▷ 이 책을 만들면서 해외에 있는 바이오 뉴리더들의 얘기도 많이 들으신 거 같네요. 저는 그분들의 활약이 참 대단하다는 생각이 들던데. 제넥신, 메디포스트는 이미 글로벌 기업으로 갈 수 있는 충분한 역량을 가지고 잇는 거 아닌가요. 앞으로 제2의 한미약품, 제2의 메디포스트를 키워야 하는데 어떤 기업들이 유망한지는 대부분 잘 모르는 거 같아요. 형님들이 그 가이드를 좀 주셔야 하지 않을까 싶어요.

박종호 부사장 ▷ 그렇지. 그게 우리가 할 일이지. 이 책은 그 동안 우리가 바이오헬스케어 분야에서 활동한 것을 정리한 첫 번째 책에 불과해. 이 책을 시작으로 그 다음 단계의 책이 정작 우리가 해야할 일이라고 봐. 이 다음 책의 방향은 우리나라 바이오헬스케어 기업들의 현황과 전망 등 선형이가 지적한 바비오헬스케어 산업의 지표를 보여주는 책으로 가려고 해. 바이오 관련 기업들의 면면을 체계적으로 정리해서 일반인들이 보다 쉽게 투자할 수 있는 문을 열어주고 싶어.

임정희 전무 ▷ 사실 정부에서도 바이오벤처 기업들에 대한 투자의지가 적극적으로 바뀌었어. 다양한 펀드 조성으로 투자환경이 10년전에 비해 몰라보게 좋아졌다고 할 수 있지. 그러나 정확한 투자정보는 부족한 상황이야. 황우석 이후 관심도 높아지고 증권사에서도 체계적인 정보관리를 했었는데 어느 순간 증권사 담당들이 이 분야를 떠나더라고. 그러니 바이오 기업에 대한 투자정보가 맥이 끊기게 된 거지. 우리는 이 책을 통해 그 투자분위기를 재점화시키려고 하는 거야.

김선형 ▷ 주식시장에서도 바이오 관련주가 당분간 상승세를 탈 거 같네요. 우리나라에도 세계적인 바이오 관련 기업이 나오고 있고 삼성도 바이오를 차세대 먹거리로 정하고 전략적으로 움직이고 있잖아요. 그런데 저 같은 일반인은 아직까지 바이오 헬스케어 산업에 대한 개념이 어려워요. 이 책이 그래서 더 필요한지도 모르겠지만 조금 더 쉽게 풀어서 설명해주시면 안될까요?

박종호 부사장 ▷ 일단, 네가 이해하기 쉽게 구분해볼게. 일반적으로 제약제, 알약으로 나오는 약이 화학 제약이거든. 화학성분으로 만들었던 제약품들이지. 그것을 카피한 것을 제네릭이라고 해. 그 유명한 한미약품이 제네릭을 주요 사업 포인트로 가지고 있던 회사지. 최근에 만든 바이오는 쉽게 얘기하면 사람 몸 안에 있는 단백질을 가지고 만든 제약품을 말해. 이것을 새롭게 만든 것을 바이오신약이라 하고, 이를 복제 비슷하게 해서 만든 것을 바이오시밀러라고 해. 우리나라에서 코스닥 시가총액 1위 기업은 셀트리온인데, 이 회사가 바이오시밀러 회사야. 삼성도 바이오시밀러쪽이야. 바이오신약을 개발하려면 기간도 오래 걸리고 재정과 기술수준도 높아야 해. 우리나라 상황에서는 쉬운 게 아니지. 그래서 우리나라는 남들이 잘 만들어 놓은 상품을 카피해서 따라가는 추격자 전략이 필요하지. 추격자 전략으로 봤을 때 우리나라 바이오헬스케어 시장은 분명 전망이 밝기는 한데 주식시장에서 옥석가리기가 필요하지 않을까 싶네.

임정희 전무 ▷ 바이오헬스케어 산업이 전망이 밝은 이유는 국민 건강과 직결되기 때문일 거야. 단순한 산업의 문제라기보다 삶의 질의 차원에서 접근하기 때문에 중요성이 커지는 거지. 바이오 분야의 대표적인 제품군은 신약, 바이오시밀러, 바이오베터, 개량 신약, 줄기세포 신약, 고부가가치화 식품, 그리고 바이오헬스 분야 등일 거야. 우리나라도 인구고령화에 따른 삶의 질을 높이기 위해 20년전부터 바이오헬스케어 산업에 꾸준히 투자를 해오고 있지만 BT산업군의 산업화 속도가 아주 늦은 특성상 고전을 면치 못한게 사실이야. 근데 최근들어 정부의 강력한 창조경제의 의지와 그간의 지속적인 투자, 그리고 기업들의 공격적인 연구력이 합쳐져 조금씩 경쟁력을 확보해 가고 있는 상황이야.

김선형 ▷ 우리나라 바이오헬스케어 산업의 미래를 보려면 두분 형님의 말씀이 나침반이 되겠네요. 저도 형님들 얘기를 담은 책을 다시한번 보면서 바이오헬스케어 산업에 조금 더 신중하고, 긍정적인 투자를 생각해 볼까 합니다. 형님들의 사업이 건승하기를 빌겠습니다.